Wahrnehmungsförderung
behinderter und
schulschwacher Kinder

Vorwort der Herausgeber

Aspekte von Wahrnehmung, die kaum in einer wissenschaftlichen Publikation zu finden sind, aber dennoch eine große Bedeutung für das mitmenschliche Zusammenleben haben, sollen hier im Vorwort skizziert werden. Sprachlich-linguistische, ethymologische aber auch umgangssprachliche Gesichtspunkte sollen neben dem kommunikativen Aspekt Beachtung finden.

Wahrnehmung ist demnach eine Art Sammelbegriff z.B. für die Beschreibung sinnlicher, denkpsychologischer, erkenntnistheoretischer sowie neurophysiologischer, neuropsychologischer und nicht zuletzt kommunikativer Prozesse.

Bezogen auf die Sinnesorgane hat „wahrnehmen" viele Synonyme oder Bezeichnungen im Sinne von „pars pro totum" wie z.B.:
- sehen oder
- beobachten, etwa wie zielgerichtetes, bewußtes, konzentriertes, als sichtliches Sehen, Hören usw. oder
- hören,
- schmecken,
- riechen,
- tasten usw.,
- als Aufnahme im Sinne von Informationsaufnahme über vielfältige sinnliche Kanäle oder
- als physiologische Empfindung über die klassischen fünf Sinne, wobei auch innerkörperliche sensorische Vorgänge mit einbezogen und
- erkennen im Sinne vielfältiger denkpsychologischer Prozesse etwa der Codierung, Umcodierung wie auch der Strukturierung.

So ist es auch ethymologisch interessant, daß der Wortbestandteil „wahr-" im Wort „wahrnehmen" nicht vom selben Wortstamm wie „Wahrheit" kommt, sondern erklärt sich, wie im Duden angeführt, aus „dem untergegangenen Substantiv Wahr", was soviel bedeutete wie Aufmerksamkeit, Acht, Hut, Aufsicht usw. als Verb „wahrnehmen" etwa heißt: „in Aufsicht nehmen, einer Sache Aufmerksamkeit schenken".

Um abschließend die Komplexität von Wahrnehmungsprozessen deutlich zu machen, wird die folgende – gewiß nicht für alle Wahrnehmungsprozesse in gleicher Weise gültige – Hierarchisierung eines Wahrnehmungsprozesses aufgeführt:

1. Ich nehme etwas wahr:
   - globale Aussage für alle sinnlichen wie auch körpereigenen Empfindungen.
2. Ich nehme jemanden wahr:
   - zumeist auf den optisch-visuellen Bereich (aber z. B. auch akustisch-auditiv oder olfaktorisch möglich) bezogene Aussage über das Sehen bzw. Erkennen einer Person.
3. Ich nehme wahr, daß jemand etwas wahrnimmt:
   - die Interpretation einer Beobachtungssituation, die sich darauf bezieht, daß ich jemanden sehe, der etwas betrachtet und aus seinem Verhalten bzw. seiner Reaktion darauf schließe, daß er etwas betrachtet oder angemutet wird.
4. Ich nehme wahr, daß jemand mich wahrnimmt:
   - Interpretation einer Beobachtung wie unter 3., die sich nun nicht auf Gegenstände oder innerkörperliche Abläufe bei einem anderen bezieht, sondern auf mich selbst.
5. Ich nehme wahr, daß jemand wahrnimmt, daß ich ihn wahrgenommen habe:
   - Interpretation von Reaktionen eines anderen auf die Beobachtungssituation.

Und ganz zum Schluß:

„Sagen, was man sieht, und vor allem – was weit schwieriger ist – sehen, was man sieht"

Le Corbusier

„Andere kennen verlangt Wahrnehmung. Sich kennen verlangt Einsicht"

Laotse

Die Herausgeber

Inhaltsverzeichnis

**Visuelle Wahrnehmungsförderung sprachlich retardierter
Kinder im Schulkindergarten**
Von Marianne Borstel 69

**Der Einfluß eines Wahrnehmungstrainings auf die
HAWIK-Leistungen 8– und 9jähriger Schüler einer
Sonderschule für Lernbehinderte**
Von Elisabeth Sander 83

**Förderung der visuellen Wahrnehmung bei geistig
Behinderten und lernbehinderten Schulanfängern**
Von Wolf-Rüdiger Walburg 93

**Neuere Ergebnisse zur visuellen Differenzierungs-
fähigkeit im Vorschulalter, ihre entwicklungstheoretische
und praktisch-pädagogische Bedeutung**

Zur optischen Wahrnehmung von einfachen Zeichen

**Tangosensorische Wahrnehmung und ihre Förderung
bei Kindern**

**Erkundungsstudie über Zusammenhänge zwischen gestörter
auditiver Diskriminationsfähigkeit und Schulversagen**

Über Störungen der Artikulation und Lautdiskrimination bei lernbehinderten und legasthenen Schülern

Von Ansovine und Hans Wocken 219

HÖREN – Einführung in eine Übungsfolge zur auditiven Wahrnehmungsförderung

Von Christia Fritze / Werner Probst / Erika Reinartz / Anton Reinartz 227

„Schalleigenschaften" Unterrichtsbeispiel zur Förderung der auditiven Wahrnehmung

Von Christa Fritze 245

Verzeichnis der Verfasser

Billich, Peter, Assistent u. Sonderschullehrer
Päd. Hochschule Heidelberg
FB Sonderpädagogik
Abt. Sprachbehindertenpädagogik
Zeppelinstr. 1
6900 Heidelberg

Borstel, Marianne, Dipl.-Päd.
Schmeddingstr. 103
4400 Münster

Fritze, Christa, Dr. paed.
Päd. Hochschule Ruhr
FB II Sondererziehung u. Rehabilitation
Kreuzstr. 155
4600 Dortmund 1

Kerkhoff, Erika, Soz. päd. grad.
Rohrlandweg 10
4401 Sendenhorst-Albersloh

Kerkhoff, Winfried, Prof. Dr.
Rohrlandweg 10
4401 Sendenhorst-Albersloh

Kornmann, Reimer, Prof. Dr.
Päd. Hochschule Heidelberg
FB Sonderpädagogik
Abt. Lernbehindertenpädagogik
Im Nauheimer Feld 293
6900 Heidelberg

Nickel, Horst, Prof. Dr.
Lehrstuhl für Psychologie
Universität Düsseldorf
Universitätsstr. 1
4000 Düsseldorf

Probst, Werner, Prof. Dr.
Auf dem Aspei 69a
4630 Bochum

Reinartz, Anton, Prof. Dr.
Attenbergstr. 4
5804 Herdecke/Ruhr

Reinartz, Erika, Sonderschulkonrektorin
Attenbergstr. 4
5804 Herdecke/Ruhr

Reiser, Helga R., Dr. paed.
Harnackstr. 31
4600 Dortmund 1

Sander, Elisabeth, Dr. phil.
Päd. Hochschule Rheinland
Abt. Aachen
Ahornweg 55
5100 Aachen

Spiekers, Rudolf, Dr. phil.
Wallgasse 6
4400 Münster

Walburg, Wolf-Rüdiger, Prof. Dr.
Ragniter Ring 15
2305 Heikendorf

Wocken, Ansovine, Sonderschullehrerin
Driburger Str. 8
4600 Dortmund

Wocken, Hans, Dr. paed.
Driburger Str. 8
4600 Dortmund

Förderung der Wahrnehmungsfähigkeiten als Grundlage pädagogischer Maßnahmen

Von Anton Reinartz

Wenn an dieser Stelle den Wahrnehmungsfähigkeiten im Rahmen pädagogischer Maßnahmen bei behinderten und von Behinderung bedrohten Kindern besondere Beachtung geschenkt wird, so heißt das keinesfalls, daß einer isolierten Wahrnehmungsförderung das Wort geredet werden soll.

Lernen muß immer alle Entwicklungsbereiche eines Kindes einbeziehen wie z. B. Sensomotorik, auditive Wahrnehmung, visuelle Wahrnehmung, taktil-kinästhetische Wahrnehmung, Sprache, Denkfähigkeit, Gedächtnis und sozial-emotionale Entwicklung. Bei einer solchen Aufzählung wird deutlich, daß Wahrnehmung als solche „kritiklos und unbelehrbar" ist, wie es *Betz* (1974) klar präzisiert. Mit anderen Worten: Eine einseitige, isolierte Wahrnehmungsförderung im Sinne eines Funktionstrainings ist nie gemeint, sondern es geht hier um die Verknüpfungen der verschiedenen Lernbereiche, wobei als spezielle Sichtweise in den Artikeln dieses Buches die Wahrnehmung oder Perzeption im Mittelpunkt steht.

Kobi (1976, S. 60f.) hat eine gute Übersicht über die Lernbereiche und ihre gegenseitigen Verknüpfungen zusammengestellt, an der auch für den Bereich der Wahrnehmung diese klaren Verbindungen zu den Lernbereichen der Psychomotorik, der Sprache, der Kognition und der Soziabilität deutlich werden. Nur unter Beachtung solcher und anderer Verknüpfungen ist eine Wahrnehmungsförderung sinnvoll (s. Abb. 1).

1

Abb. 1: Zur Förderung von Lernprozessen innerhalb und zwischen Fähigkeitsbereichen. Beispiele zur Illustration

von der zur	**Psychomotorik**	**Perzeption**
Psychomotorik	*Psychomotorisches Training:* Koordination . (einschließlich Rhythmus, Flexibilität, Geschwindigkeit, Geschicklichkeit, Kraft, Gleichgewicht, Ausdauer (nach *Frostig*)	Durch Bewegung Geräusche erzeugen. Figuren laufen, mimen, malen. Durch Bewegung Raum- und Zeitdimensionen erschließen
Perzeption visuell auditiv taktil/kinaesthetisch (gustatorisch) (olfaktorisch)	Bewegungen steuern gemäß akustischen (Rhythmen, Melodien, Signale), optischen (Gesten, Symbole), taktil-kinaesthetischen (Berühungen, Vibrations-, Temperaturempfindungen) Leitzeichen.	*Perzeptions-Training* optische (Form-, Farb-, Größen-, Weiten- usw. Differenzierungen), akustische (Höhen-, Stärken-, Klang- usw. Differenzierungen), taktilkinaesthetische (Druck-, Temperatur-, Bewegungs- usw. Differenzierung)
Sprache Artikulation Redefluß, -rhythmus Stimmklang Phonation Syntax, Grammatikalisierung	Bewegungsanweisungen ausführen in diversen raum-zeitlichen Zuordnungen Lautsprache in Gebärden umsetzen: Lautgebärden, Phonomimik, Pantomime, Scharaden, gebärdendes Rezitieren, mimetische Spiele	Expressive Sprachgestaltung: artikulatorisch, phonatorisch; mimisch, gestisch; bildhaft, malerisch; melodisch, rhythmisch, schrift-symbolisch
Kognition Abstraktion Begriffsbildung Kombination Vergleich Logik, Konsequenz Symbolik	Handelndes Experimentieren (auch mit Bewegungsideen und -vorstellungen), Durchprobieren von Handlungsentwürfen. Probleme (Rechenaufgaben, z. B.) in Handlung (Sketch) umsetzen, nachvollziehen	Probleme, Ideen, Pläne: via Zeichnung, Skizze, Modell, Symbol versinnlichen, zum Ausdruck und zur Darstellung bringen, ein*sichtig*, ein*fühlbar* machen, Ideen in sinnliche Erfahrung überführen
Soziabilität Eigenbezug Personenbezüge Gegenstandsbezüge Konfliktbearbeitung	Stimmungen, Affekte, soziale Bedürfnisse in Bewegung („Körpersprache") zum Ausdruck bringen	Soziale Signale nonverbaler Art setzen, Aufmerksamkeit erwecken und Eindruck machen in sozial integrativer, weiterführender Form

Sprache	Kognition	Soziabilität
Bewegungsabfolgen in Sprache fassen, beschreiben (va. auch am eigenen Körper). Von Bewegungs- zu Sprachrhythmen (z. B. bei Zählakt und arithmetischen Operationen). Handlungsbegleitendes (lautes) Sprechen	Bewegungen „verinnerlichen", sich vorstellen. Bewegungsprobleme lösen. Bewegungsplanung in wechselnden Raum- und Zeitverhältnissen. Bedeutung von Handlungsabfolgen erschließen	Koordination von Bewegungsabläufen zwischen Partnern. Gemeinsame, aufeinander abgestimmte Bewegungen (Tanz z. B.) Einander in die Körpersphäre aufnehmen. Bewegungen des Partners nachahmen, weiterführen
Verbalisierung auditiver, visueller, taktil-kinaesthetischer Empfindungen (Gegenstände, Bilder, Zeichen oder eigene, propriorezeptive Körpergefühle betreffend)	Bedeutungszuordnung, Klassifizierung, Assoziation von Perzeptions-Daten (beim Lesen beispielsweise)	Sozial bedeutsame Signale beachten und sinngemäß deuten (Mimik, Hinweisgesten, Sprachdynamik, Tonfall); Erfahrung der Gegenseite machen, auch im Sinne der Vorausempfindung der vorgesehenen Handlung. Selbstwahrnehmung
Sprach-/Sprechtraining Sprach-, Sprech-, Rede-Stimm-, Sprachaufbau- und Sprachgebrauch-Übungen	Kognitiver Nachvollzug sprachlich (mündlich/schriftlich) vermittelter Sachverhalte und Denkinhalte. Sprachkritische Überprüfung z. B. auf Objektivität	Aussprache (sich dem andern mitteilen/dem andern zuhören) – Dialog (aufeinander eingehen). Diskussion (sich gemeinsam auf einen Sachverhalt beziehen). Sich sprachlich adäquat (d. h. unmißverständlich) ausdrücken
Verbalisierung von Überlegungen, Denkprozessen („lautes Denken"). Brainstorming. Der Gedanken habhaft werden durch sprachliche Fixierung (v. a. im Hinblick auf das konvergente, „logische" Denken)	*Denk-Training* Methodologische und methodenkritische Überlegungen (heuristischer, logistischer Art) das „know how" und das Problemlösungsverhalten betreffend	Ergründung, Begründung sozialer Beziehungen, Zusammenhänge und Konflikte. – Aufstellen sozialer Regeln und Konventionen
Bedürfnisse, Meinungen, Wünsche usw. dem Partner in sprachlogischer und situationsgemäßer (unmißverständlicher) Art kundtun	Wirkung der eigenen Person und deren Verhalten auf andere abschätzen und ‚bedenken"	*Sozial-Training* Sich unter wechselnde Systembedingungen in verschiedenen Sozialräumen (Familie; Schule; Altersgenossengruppe) bei Spiel, Arbeit, gemeinsamer Aktion usw. bewegen.

3

Weiterhin ist es wichtig, daß eine Wahrnehmungsförderung nicht nur in den Bereichen statisch-starrer Wahrnehmungsstrukturen durchgeführt wird, sondern daß diese Förderung immer situativ eingebunden und möglichst vielseitig handlungsrelevant erfolgt.

Das sei am Beispiel der nicht selten verminderten Wahrnehmungsfähigkeiten sozial benachteiligter – und damit von Lernbehinderung bedrohter – Kinder deutlich gemacht. Nicht selten ist zu beobachten, daß diese Kinder am Schulanfang dadurch auffällig werden, weil sie in ihrer Wahrnehmungsentwicklung offensichtlich beeinträchtigt sind, ganz besonders im Hinblick auf die Fähigkeiten, die die Schule als sog. Voraussetzungen für das Lernen in der Schule erwartet. Es soll hier nicht diskutiert werden, ob diese Erwartungen richtig oder falsch sind. Letztlich würde es sich dann wohl um eine Organisationsänderung in der Förderung handeln, aber am Inhalt der Förderung würde sich kaum etwas ändern. In ihrer frühkindlichen Sozialisation erhalten diese Kinder aus sozial benachteiligten Familien weniger Anregungen durch Spielsachen oder aus spielförderndem Kontakt mit Erwachsenen, wie Kinder aus anderen Bevölkerungsschichten. Hier wird z. B. an Kreisspiele, sog. Gesellschaftsspiele u. ä. gedacht. Auch die Körperbewußtwerdung dieser Kinder ist ebenso anders strukturiert, wie die sprachliche Förderung den Erfordernissen ihres Lebensalltages und ihrer Umwelt entspricht. Besonders wirkt sich dies bei der Verbalisierung von Handlungen, bei der sprachlichen Bezeichnung von Gegenständen wie auch auf die Gedächtnisleistung aus. Das wird zum „Defizit", wenn diese Kinder in die Schule kommen, besonders deshalb, weil der Unterschied der Lernorte in der häuslichen Umwelt und nun in der Schule so kraß ist und sich so plötzlich vollzieht; denn viele dieser Kinder besuchen keinen Kindergarten. Hier geht es also einmal um eine allgemeine Verbesserung des Lernens am Schulanfang, ein Thema, das wir in mehreren neuen Publikationen in der Gegenwart verfolgen (s. Literaturverzeichnis). Und zum anderen müssen gezielte, pädagogische Maßnahmen ergriffen werden, um diesen Kindern eine entsprechende Förderung zuteil werden zu lassen. Daß dies nicht in der Form eines mit Recht oft negativ beurteilten kompensatorischen Trainings erfolgen darf, liegt auf der Hand. Gezielte pädagogische Fördermaßnahmen müssen immer angebunden an die Lebensumwelt dieser Kinder sein und möglichst die vorhandenen und in ihrer Umwelt erworbenen Kenntnisse, Fähig- und Fertigkeiten berücksichtigen. Hierzu ein Beispiel, aus dem erkannt werden soll, daß Förderung der Wahrnehmung in unserem Sinne etwas völlig anderes ist als einseitiges Funktionstraining: Wir haben für eine Zeitschrift einen Artikel geschrieben (*Reinartz/Reinartz* 1978 b) mit dem Untertitel „Technisches Spielmaterial zur Verbesserung der Lernprozesse am Schulanfang, zur Vorbeugung und Förderung bei Schulschwächen und Lernbehinderungen". Dieses Thema ist gewiß nur ein Teilaspekt zu dem großen

Problemfeld der schulschwachen Kinder (s. *Reinartz/Sander* 1977 u. 1978; *Klauer/Reinartz* 1978). Hier jedoch geht es darum, durch entsprechende Materialien den oben genannten Übergang vom Lernort des familialen Umfeldes in den Lernort Schule zu verbessern. Hätten diese Kinder nämlich die Möglichkeit in mehreren Stunden, die für alle Kinder zusätzlich zum bisherigen Unterricht angeboten werden sollten, etwa mit solchen Materialien frei zu spielen, so würden sie „spielend" die hier im Mittelpunkt stehenden Wahrnehmungsfähigkeiten erwerben, und die Übungsfolgen mit Papier u. Buntstift-Übungen würden auf diese Weise – quasi von selbst – den richtigen, gewiß auch notwendigen Stellenwert im Insgesamt der pädagogischen Fördermaßnahmen erhalten.

Dies sei an einem Einzelbeispiel veranschaulicht, wobei jedoch grundsätzlich vermerkt werden muß, daß den Kindern immer eine Vielfalt von Materialien dieser Art angeboten werden sollte. Abgesehen von dieser Notwendigkeit der Materialvielfalt aber läßt sich das hier Genannte an dem weithin bekannten Spielmaterial aus dem „fischertechnik"-Schulprogramm veranschaulichen. Die technische Ausrichtung dieses Materials soll hier vorwiegend motivierende Funktion haben. So sollte es sich auch primär um die sog. Vorschulmaterialien handeln: die Baukästen 3–6 (Spielbausteine) und 1000v. Die Materialien im Baukasten 3–6 bestehen aus relativ großen und bunten Bauelementen in den geometrischen Grundformen Würfel, Kugel, Dreieck, Rechteck, Säule, Rad und aus figürlichen Bausteinen. Der Baukasten 1000v wird zwar auch noch als „Vorstufenkasten" bezeichnet, seine Bauelemente sind jedoch schon rein technisch ausgerichtet und unterliegen den Prinzipien der Steckschiebe-Verbindung. Daraus ergibt sich schon ein Unterschied in den beiden hier genannten Materialien: Mit dem Baukasten 3–6 können die Kinder ohne weitere Anleitung spielen, die Materialien des Baukastens 1000v müssen den Kindern zuerst erklärt werden. Ganz eindeutig positiv macht sich bei diesem Material die ausgezeichnete Durchdifferenzierung in Verbindung mit einem hohen Aufforderungscharakter bemerkbar. Das Prinzip der steigenden Schwierigkeit kann einerseits vom Pädagogen intendiert oder gleichermaßen vom Kinde selbst erfahren werden. Mit diesem Material wird z. B. die Feinmotorik der Finger in engstem Zusammenhang mit Denkprozessen etwa beim einfachen Konstruieren oder Experimentieren geübt. Bei solchem Spiel können die Kinder aus sozial-benachteiligten Familien auch – eben in engster Verbindung mit Handlung – jene Wahrnehmungsfähigkeiten erwerben, die bei ihnen im Hinblick auf das schulische Lernen noch zu schwach entwickelt sind. Das heißt jedoch keineswegs, daß Übungsfolgen mit Papier-Buntstift-Übungen überflüssig wären. Das wäre ein voreiliger Schluß: Diese Übungsfolgen – so z. B. die Übungsfolge zur visuellen Wahrnehmungsförderung von *Frostig/Reinartz* (1977[2]) – sind so etwas wie ein „roter Faden" für eine gezielte oder umfassende Förderung; denn durch solche

Übungsfolgen kann vermieden werden, daß wichtige Übungsbereiche außer acht bleiben, und vor allem ist die Arbeit mit Übungsblättern notwendig, weil das Kind hier mit Buntstiften zweidimensional tätig ist, während es beim Bauen und Spielen mit dreidimensionalen Materialien hantiert. In der Schule spielt jedoch das zweidimensionale Tun eine hervorragende Rolle. Gleichermaßen erlauben die Übungsblätter eine vorzügliche Möglichkeit zur notwendigen Verbindung zwischen Wahrnehmung und Sprache. Zusammenfassend ist also zu sagen, daß der Gebrauch von Übungsblättern bei der Wahrnehmungsförderung nicht überschätzt werden darf. Andererseits ist es falsch, diese Übungsmöglichkeit völlig negativ zu beurteilen; denn für die positive Wirksamkeit liegen zudem genügend Belege vor (s. die Beiträge und die Lit.-Angaben in diesem Buch).

Hierzu noch ein ergänzendes Beispiel: Die „Testbatterie für entwicklungsrückständige Schulanfänger" (*Kornmann* 1977) enthält mehrere Untertests, die sich der visuellen Wahrnehmungsfähigkeit zuwenden. Bei der Leistungsfeststellung bleibt der Autor im Sinne heutiger Auffassung von Psychodiagnostik nicht stehen, sondern geht im Abschnitt „Verwertung der Resultate" in einem vierten Schritt auf eine „Aufgabenspezifische Analyse von Leistungsschwächen und Durchführung entsprechender Fördermaßnahmen" ein. Hier, wie auch in den anderen Schritten der Verwertung der Resultate, werden viele praxisnahe Beispiele für Beobachtung und Förderung der Kinder durch Materialien gegeben. Auch an diesen Ausführungen sind die Stellenwerte einzelner Übungsformen gut zu erkennen. Das betrifft die Verwendung von dreidimensionalem Material gleichermaßen wie die Arbeit mit Übungsblättern. Gleichwohl sollen Grenzen nicht übersehen werden. So ist ganz klar festzustellen, daß z. B. eine Wahrnehmungsförderung, die direkt das Lesen vorbereiten soll, entsprechend strukturiert sein muß. So sagt z.B. *Valtin* (1977, S. 16): „Daß visuelle Leistungen an Buchstaben- und an Bildmaterial spezifisch und unabhängig voneinander sind, belegt auch der Sachverhalt, daß frühlesende Kinder in der Verarbeitung visuellen bildlichen Materials nicht besser abschneiden als gleichaltrige und nicht lesende Kinder (vgl. *Clark* 1976). Aufgrund dieser Überlegungen werden viele visuelle Übungsformen, die häufig als Vorkurs zum Lesenlernen angeboten werden, neu zu überdenken sein." (vgl. hierzu den Beitrag v. *H. R. Reiser* in diesem Band).

Auch sollte nicht die Aussage von *Elisabeth Sander* (1977, S. 216) unerwähnt bleiben: „Bei genauer Betrachtung der in der Literatur dargestellten Wahrnehmungstrainingsprogramme sowie einzelner Übungsserien zur Förderung der Wahrnehmungsentwicklung muß man feststellen, daß sie – ausschließlich der Programme auf *Piaget*-Basis – im allgemeinen eine breiter angelegte theoretische Fundierung vermissen lassen. Es fällt auf, daß offenbar einfache Differenzierungsübungen in viel stärkerem

Maße konstruiert wurden als komplexe, die etwa das Auffinden von Strukturen höherer Ordnung oder die Differenzierung von Stimulussequenzen üben." *E. Sander* macht auch weitere Aussagen etwa zu Quantität und Qualität von Übungseffekten, zu Transfer-Problemen u. ä. Abschließend kann gesagt werden, daß die Förderung der Wahrnehmungsfähigkeiten gewiß eine für das Lernen allgemein und für das Lernen in der Schule sehr bedeutsame pädagogische Maßnahme ist. So werden z. B. viele Kinder als „unkonzentriert" oder „konzentrationsschwach" gekennzeichnet, die bei genauer Beobachtung gravierende Schwächen im Bereich der visuellen oder auditiven Wahrnehmungsfähigkeit haben (vgl. *Reinartz A.* u. *Reinartz E.*, 1976). Die praktischen Möglichkeiten einer Wahrnehmungsförderung sind schon immer vorhanden gewesen, wobei in neuerer Zeit eine Reihe von Förderprogrammen oder Übungsfolgen zur Verfügung stehen. Solche Materialien werden oft im Hinblick auf quantitative und qualitative Wirkung überschätzt. Sie sollten immer im Zusammenhang mit anderen, handlungsbezogenen und möglichst lebensrealen situativen Übungsformen gesehen werden, dann erhalten auch diese Übungsfolgen ihren richtigen und gewiß notwendigen Stellenwert im Rahmen der Gesamtförderung der Kinder.

Literatur

Betz, Dieter: Psychophysiologie der kognitiven Prozesse, Reinhardt-Verlag, München 1974

Frostig, Marianne u. *Reinartz Anton* u. *Erika:* Visuelle Wahrnehmungsförderung, Übungsfolge für den Elementar- und Primarbereich, Crüwell-Verlag, Dortmund, 2. Aufl. 1977

Klauer, Karl-Josef u. *Reinartz, Anton* (Hrsg.): Sonderpädagogik in allgemeinen Schulen, Handbuch der Sonderpädagogik, Band 9, Marhold-Verlag, Berlin-Charlottenburg 1978

Kornmann, Reimer: Testbatterie für entwicklungsrückständige Schulanfänger (TES) Beltz-Test Gesellschaft, Weinheim 1977

Reinartz, Anton u. *Reinartz, Erika:* Typische Lernstörungen im Normal-Schulbereich, in Ztschr. Westermanns Pädagogische Beiträge Heft 6, 1976, S. 303–308

Reinartz, Anton u. *Sander, Alfred* (Hrsg.): Schulschwache Kinder in der Grundschule, Arbeitskreis Grundschule Frankfurt Bd. I 1977, Band II 1978

Reinartz, Anton u. *Reinartz, Erika:* Förderung durch Lernmaterialien, Zeitschrift Lehrmittel-aktuell (Westermann-Verlag), Heft 1, 1978a), S. 40–46 und in Heft 2, 1978b): Für einen besseren Schulanfang – Technisches Spielmaterial zur Verbesserung der Lernprozesse beim Schulanfang, zur Vorbeugung und Förderung bei Schulschwäche und Lernbehinderungen.

Sander, Elisabeth: Wahrnehmungstraining und kognitive Lernförderung. In: Handbuch der Sonderpädagogik, Band 4, Lernbehindertenpädagogik (Hrsg. G. Kanter u. O. Speck), Marhold-Verlag, Berlin-Charlottenburg 1977, S. 212–219

Valtin, Renate: Bunte Fibel, Lehrerhandbuch, Schroedel-Verlag, Hannover 1977

Fördermaßnahmen mit der Übungs- und Beobachtungsfolge „Visuelle Wahrnehmungsförderung" von Frostig/Reinartz

Voraussetzungen, Möglichkeiten, Beispiele

Von Erika und Winfried Kerkhoff

1. Aufriß

Mit diesen Ausführungen wird die Absicht verfolgt, Voraussetzungen und Möglichkeiten praktischer pädagogischer Arbeit bei der Förderung der visuellen Wahrnehmung nach Frostig an je einem Beispiel aus dem
– Elementar- und
– Primarbereich
aufzuzeigen.
Nachfolgend wird zunächst
– der wissenschaftliche Ausgangsort aufgezeigt (2) und
– das in die Beispiele einbezogene Fördermaterial (3) beschrieben.
– Grundsätzliche Überlegungen und Hinweise zum Einsatz des Materials stehen danach im Mittelpunkt (4).
– Der letzte Abschnitt (5) befaßt sich mit den beiden Förderbeispielen.

2. Ausgang

2.1. Wahrnehmung

Unter Wahrnehmung wird hier ein komplexes Ganzes mit Prozeß- und Ergebnischarakter verstanden. Folgende Subphasen können unterschieden werden:
– die Aufnahme und Weiterleitung der sensorischen Reize
– die Durchstrukturierung im Sinne eines „trial-and-check" (*Santos/Morplay* 1960, nach *Graumann* 1966), hier fließen z. B. Vorstellungen

9

und Erfahrungen des Wahrnehmenden ein, eine Suche nach weiteren Informationen kann erfolgen
– die Bedeutungszuweisung.
In der Regel mündet Wahrnehmung in weitere psychische Aktivitäten ein, z. B. in eine motorische oder Verbalreaktion oder in höhere psychische Funktionen (vgl. *Drever/Fröhlich* [2]1969). Für den einzelnen Menschen übernimmt die Wahrnehmung u. a. die Aufgabe,
– ein rasches Sich-Zurechtfinden in der gegenständlichen und sozialen Umgebung zu ermöglichen,
– das jeweilig Bedeutsame hervorzuheben,
– Ordnungskategorien zur Weltbewältigung zu liefern (vgl. u. a. *Rohracher* 1965).
Von allen Wahrnehmungsfunktionen hat das Sehen und Hören besonderes Gewicht bei zwischenmenschlicher Kommunikation alltäglicher oder spezifischer, gezielter Art (letzteres z. B. in der Schule).

2.2. Zur visuellen Wahrnehmung

Geschieht die Auseinandersetzung des Säuglings bzw. Kleinkindes mit den Objekten seiner Umgebung sehr stark unter Einbeziehung der Nahsinne, etwa
– durch taktilmotorische Eindrücke,
– durch Tasten und Greifen (Mund und Hände),
– durch Geschmackswahrnehmung,
so gewinnen mit fortschreitendem Alter, etwa mit 3; 6 bis 7 Jahren, die Fernsinne dominante Bedeutung, besonders die visuelle – wie auch die auditive – Wahrnehmung (*Nickel* 1972, *Frostig* 1973).
Unter visueller Wahrnehmung wird hier die Fähigkeit verstanden, optische Reize aufzufassen, zu unterscheiden, mit früheren Erfahrungen zu verbinden und zu interpretieren (*Frostig/Reinartz* [2]1977b).
Die Ergebnisse der Forschung auf dem Gebiet der Wahrnehmung lassen erkennen, daß visuellen Wahrnehmungsleistungen für die kognitive und emotional-soziale Entwicklung von Kindern im Vorschul- und Grundschulalter zentrale Bedeutung zugeschrieben werden darf (*Krause/Kossolapow* 1973, vgl. auch *Piaget* [4]1970).
Die visuelle Wahrnehmung übt bei den visuomotorischen Vorgängen, z. B. dem Schreiben, dem Ball-Prellen, dem Gehen und Laufen, Kontrollfunktionen aus.
Das Vorstellungsvermögen, das für Gedächtnis und Denkprozesse von Bedeutung ist, hängt von Erfahrungen der visuellen Wahrnehmung ab (*Frostig* 1973) wie auch die Kreativität (vgl. *Landau* 1971 und dort angeführte Literatur). „Die Fähigkeit, sich etwas bildlich vorzustellen, ist deshalb so entscheidend, weil sie grundlegend für die geistige Tätigkeit und

Abstraktion ist und damit für das Verständnis dessen, was nicht gegenwärtig ist" (*Frostig* 1973, S. 95).
Ob die Wahrnehmung – einschließlich der visuellen – sich angemessen entwickeln kann, hängt zum Teil von der sensomotorischen Erfahrung des Kindes ab. Von der Geburt bis zum Alter von 2 Jahren setzt *Frostig* ([2]1977b) die Periode maximaler sensomotrischer Entwicklung an, in der ohne bewußte Steuerung verschiedene sensorische und motorische Vorgänge eng zusammenhängend ablaufen (*Nickel* 1972), z. B. Hautreiz – Kopfwenden – Saugen.
Der spezifische Materialumgang besonders im zweiten Lebensjahr schafft „ein ‚Grundmaterial' an einfachen sensomotorischen Fähigkeiten und Erfahrungen, auf denen sich die komplexeren zielgerichteten Verhaltensweisen aufbauen können" (*Schenk–Danziger* [5]1971, S. 87).
Eine wichtige Rolle beim Aufbau der visuellen Wahrnehmung spielt die Sprache (*Frostig/Reinartz* [2]1977b). Die Benennung und verbale Qualifikation eines Verhaltes führen bei Wahrnehmungsaufgaben z. B.
– zu schnellerer Identifikation (von Gesichtern) und Tierbildern bei 3- bis 5jährigen Kindern),
– zur Präzisierung und
– zu ausgeprägter Differenzierung (bei Farben; bei Klängen, und zwar die menschliche Stimme schon im 1. Lebensjahr zur Differenzierung von Situationen) (vgl. *Rosemann* 1973 und die dort angeführte Literatur, ebenfalls *Nickel* 1972).
Das darf für das Alter von 3–5 wie auch von 5–7 Jahren angenommen werden.
Es ist aber auch davon auszugehen, daß Wahrnehmung zu einer differenzierten sprachlichen Ausdrucksweise beiträgt, so daß man von einer fördernden Wechselwirkung zwischen Wahrnehmung und Sprache sprechen kann (*Frostig/Reinartz* [2]1977b).

2.3. Adressaten

Sehr wichtige Entwicklungsfortschritte der visuellen Wahrnehmung fallen in die Zeit des Elementar- und frühen Primarbereichs.
Die Erziehungsinstitutionen
– Kindergarten,
– Schulkindergarten und
– Grundschule (Schulanfang u. Fördermaßnahmen)
müssen somit die Förderung der visuellen Wahrnehmung zu einer ihren wesentlichen Aufgaben machen. Dabei ist davon auszugehen, daß visuelle Wahrnehmung (wie auch die auditive) in ihrer Entwicklung in starkem Maße von Umwelteinwirkung und Lernprozessen abhängig ist (*Kemmler/Heckhausen* 1967, *Nickel* 1969 und 1972).

Amerikanische Untersuchungen lassen erkennen, daß Lernanforderungen infolge einer unzureichenden Übung der visuellen Wahrnehmung nicht entsprochen werden konnte (*Frostig/Reinartz* [2]1977b).
Die Auswirkungen einer gestörten, unzureichend geförderten oder verzögerten Entwicklung der visuellen Wahrnehmung sind besonders in einem geschwächten Lern- und Leistungsverhalten bestimmter schulischer Anforderungen, z. B. im Sport und beim Spiel, beim Erlernen des Lesens und Schreibens und Rechnens, beim Erdkundekartenlesen, zu sehen.
Das Bemühen, solche Schwächen von vornherein zu verhüten, wird besonders erforderlich angesichts der Bedeutung, die z. B. der Rechtschreibung bei der Versetzung in der Grundschule (*Kemmler* 1967, *Belser/Küsel* in *Biermann* 1976) und bei der Zuweisung eines Schülers in die Sonderschule (Lernbehinderte) zugeschrieben wird (*Stranz* 1966).
Aus der Tatsache, daß visuelle Wahrnehmung sich durch ein entsprechendes Training wesentlich steigern läßt (*Nickel* 1972, *Frostig/Reinartz* [2]1977b), leitet sich die Forderung nach Förderung visueller Wahrnehmungsfunktionen nicht nur solcher Kinder her, bei denen bereits Schwächen oder sogar Ausfälle festzustellen sind, sondern aller Kinder des Elementarbereichs und der Eingangsstufe der Primarstufe mit dem Ziel der Prophylaxe.

3. Beschreibung des Fördermaterials

„Visuelle Wahrnehmungsförderung – Übungs- und Beobachtungsfolge für den Elementar- und Primarbereich" von *M. Frostig/A.* und *E. Reinartz* (Dortmund 1977, 2. überarbeitete Auflage) bietet in 3 Übungsheften mit einem Anweisungsheft Übungen zur visuellen Wahrnehmung mit steigendem Schwierigkeitsgrad. Die einzelnen Arbeitsblätter sind perforiert. So ist das Heft als Ganzes oder auch blattweise zu bearbeiten.
Die Herausstellung des *Frostig*-Materials in der 2. Auflage als „Beobachtungsfolge" durch die deutschen Herausgeber weist bereits im Titel aus, worauf *Frostig* unter „Methodische Hinweise" aufmerksam macht: auf die Bedeutung der gezielten Beobachtung des Kindes bei der Bearbeitung von Aufgaben aus dem Bereich der visuellen Wahrnehmung. Die Notwendigkeit spezifischer Fördermaßnahmen oder die Angemessenheit der Leistungsforderung und des Arbeitstempos sind hier überprüfbar.
Jedes der 3 Übungshefte enthält einen Erfolgskontrollbogen, in dem Häufigkeit des Einsatzes der einzelnen Aufgabe wie auch Übungserfolg etwa durch Datum festgehalten werden können.

3.1. Wahrnehmungsbereiche

M. Frostig unterscheidet bei der Förderung der visuellen Wahrnehmung 5 Wahrnehmungsbereiche, die sie für die Lernfähigkeit bei Kindern für besonders wichtig hält. Jedes Übungsblatt ist einem dieser Bereiche zugeordnet. Die Bereiche sind:

– Visuomotorische Koordination (= VM)
   Bei der visuomotorischen Koordination geht es um „die Fähigkeit, das Sehen mit den Bewegungen des Körpers oder Teilen des Körpers zu koordinieren" (Anweisungsheft, S. 5)

– Figur-Grund-Wahrnehmung (= FG)
   Bei der Figur-Grund-Wahrnehmung geht es um die Fähigkeit, „sich jeweils auf den wichtigsten Reiz zu konzentrieren" (S. 6).
   Die dafür bereitgestellten „Übungen sollen den Kindern helfen, geschriebene oder gedruckte Formen und Symbole deutlich und in der richtigen Reihenfolge wahrzunehmen, ohne sich von den sie umgebenden Reizen ablenken zu lassen" (S. 6).

– Wahrnehmungskonstanz (= WK)
   Wahrnehmungskonstanz bewirkt, daß „bestimmte Eigenschaften eines Gegenstandes wie seine Form, Lage oder Größe trotz unterschiedlichen Netzhautbildes unverändert" (S. 6) wahrgenommen werden.
   Die Übungen zu diesem Bereich „helfen den Kindern, geometrische Formen unabhängig von Größe, Farbe oder Lage zu erkennen und später Wörter..." (S. 6).

– Raumlage (= RL)
   „Die Wahrnehmung der Raumlage kann definiert werden als Wahrnehmung der Raum-Lage-Beziehung eines Gegenstandes zum Wahrnehmenden" (S. 6).
   Die wahrnehmende Person ist Zentrum, die Gegenstände werden „hinter, vor, über sich oder seitlich von sich lokalisiert" (S. 6). Störungen der Raumlagewahrnehmungen haben Schwierigkeiten in den deutsch-kundlichen Fächern und in der Mathematik – besonders in der Grundschule zur Folge.

– Wahrnehmung räumlicher Beziehungen (= RB)
   „Unter der Wahrnehmung von räumlichen Beziehungen versteht man die Fähigkeit, die Lage von zwei oder drei Gegenständen in bezug zu sich selbst und in bezug zueinander wahrzunehmen" (S. 6). Als Übung wäre z. B. das Perlen-auf-eine-Schnur-Aufziehen zu nennen.

3.2. Die Übungen im Wahrnehmungsprogramm

Das *Frostig*-Programm umfaßt 320 Übungen. Davon entfallen auf die einzelnen Hefte nach unseren Berechnungen folgende Übungen:

Wahrnehmungs- bereich	Anzahl der Übungen insgesamt	davon in Heft		
		1	2	3
VM	82	44	22	16
FG	63	8	35	20
WK	68	22	26	20
RL	37	6	12	19
RB	70	—	17	53
	320	80	112	128

Zu jeder Übung gibt es im Anweisungsheft eine Anweisung. Bei einem großen Teil der Aufgaben wird die Übungsabsicht eingehender dargelegt. Häufig ist die eigentliche Aufgabe durch Hilfs- und Ergänzungsübungen und durch Hinweise erweitert.

3.3. Das Frostig-Programm

Außer der hier eingesetzten „Visuellen Wahrnehmungsförderung" gehören zum *Frostig*-Programm
– „Bewegen–Wachsen–Lernen" (*Frostig-Reinartz* 1974), ein ergänzendes Übungsangebot zur Bewegungserziehung mit einem Begleitheft (vgl. auch *Frostig* 1973)
– „Individualprogramm zur visuellen Wahrnehmungsförderung" (*Frostig/Reinartz* [2]1977a), eine nach den fünf Wahrnehmungsbereichen geordnete Form der „Visuellen Wahrnehmungsförderung", als Folien für das Umdruckverfahren zur gezielten therapeutischen Förderung von Kindern mit gestörter visueller Wahrnehmung.

4. Hinweise zum Einsatz des Materials

Frostig gibt im Anweisungsheft neben der Darstellung der Konzeption und des Aufbaues ihres Materials zahlreiche Hinweise für eine Optimierung der Maßnahmen zur Förderung der visuellen Wahrnehmung. Wesentliche Angaben werden nachfolgend in einer Zusammenschau vorgetragen.

– Die vorgeschlagenen Übungen und Arbeitsanweisungen zu den einzelnen Arbeitsblättern sind Angebot und Richtschnur, aber nicht bindend; Ausweitung, Veränderung oder sogar Verzicht sollten bestimmt sein durch das Motivations- und Leistungsverhalten des zu fördernden Kindes (S. 15, 39, 40).

- Folgende Übungsmöglichkeiten am Arbeitsblatt werden vorgeschlagen:
  Die Aufgabe wird gelöst durch
  O Nachziehen bzw. Umfahren (ohne eine Spur zu hinterlassen, z.B. mit dem Finger) (S. 13),
  O Benutzung von wasserlöslichen Filzschreibern auf dem in eine Plastikschutzhülle gesteckten Arbeitsblatt (mehrmaliger Gebrauch, da abwischbar) (S. 9),
  O mehrmaliges Markieren mit jeweils andersfarbigem Stift (Regenbogenzeichnen) (S. 10),
  O Ankreuzen der Ergebnisse (S. 41).

- Ein isoliertes, auf „Papierebene" beschränktes Üben der visuellen Wahrnehmung ist zu vermeiden.
  Die Arbeitsblätter sind einzuordnen in einen Gesamtförderprozeß, in dem
  O sensomotorische Übungen, sensorische und motorische Aufgaben gestellt werden (S. 12 und 13),
  O Sprache eine entscheidende Rolle spielt (S. 12),
  O höhere Denkprozesse gefordert werden (S. 5),
  O sachliches Wissen vermittelt wird (S. 13 und 39).

- Die Arbeit am Übungsblatt kann Ausgangspunkt oder Ziel in einer Aufgabenstellung sein (s. Text zu den Arbeitsblättern).

- Vor und parallel zu den Aufgaben der Übungsblätter sind Vorbereitungs- und Ergänzungsübungen durchzuführen (S. 16ff.).
  Dabei sind u.a. folgende Bereiche zu berücksichtigen:
  O der eigene Körper (S. 16ff.),
  O Grobmotorik (z.B. Erstarren) und parallel dazu Feinmotorik (z.B. Schneiden, Legen, Kleben) (S. 19),
  O Bewegungseigenschaften (S. 16),
  O Seiten- und Richtungserkennen (S. 16),
  O Augenbewegung (S. 21),
  O Erkennen von Bildern (S. 16),
  O dreidimensionales Material der verschiedenen Wahrnehmungsbereiche (S. 16).

- Der Einsatz folgender Medien wird u.a. vorgeschlagen:
  O Hafttafel (S. 17),
  O Geräte für Wandprojektion (S. 10) (denkbar sind z.B. Overheadprojektor, Dia-Gerät),
  O Plastilin (S. 19),
  O geometrische Körper (S. 25),

○ bunte Pappstücke in Anlehnung an die Übungsaufgabe (S. 9),
○ Krabbelsack („Blind-Tasten" von Gegenständen) (S. 24).

– Die Arbeit am strukturierten Material erfordert eine Ergänzung durch freies Zeichnen (S. 14) und Wahl anderer bildnerischer Gestaltungsmöglichkeiten, die auch mit der jeweiligen Aufgabe in Verbindung stehen können (S. 39).

– Als mögliche soziale Organisationsformen bei den Übungen werden genannt:
○ frontale Aufgabenstellung und -lösung (S. 9),
○ Einzelförderung (S. 9 und 10),
○ Gruppenarbeit (S. 9), Gruppendiskussion (S. 14),
○ Rollenspiel (Arbeitsblatt etwa als Vorlage für eine Geschichte) (S. 17).

„Soziale Aktivität ist bei Kindern mit Wahrnehmungsstörungen besonders wünschenswert, weil die bei ihnen häufig auftretenden emotionalen Störungen durch gute soziale Beziehungen ausgeglichen werden können" (S. 14).

– Die notwendige fördernde Atmosphäre kann erreicht werden durch
○ freundliche Beziehung zwischen Lehrendem und Kind (S. 13),
○ Motivation, Weckung von Interessen (S. 9 und 13),
○ spielerische Form der Aufgaben (S. 9),
○ Vermittlung von Erfolgserlebnissen, vor allem am Beginn der Fördermaßnahmen (S. 9 und 13),
○ sofortige Korrektur, Vermeidung von negativer Beurteilung ohne Hinweis auf Berichtigung (S. 10),
○ Vermeidung von störenden Reizen, z. B. Lärm, grellem Licht (S. 14).

– Die Übungen sollen adressatenadäquat sein:
○ Freude bereiten (S. 13),
○ sich an Lern- und Leistungsverhalten sowie an den -rückständen des Kindes orientieren (durch Beobachtung oder *Frostigs* Entwicklungstest der visuellen Wahrnehmung, Weinheim 1974) (S. 9),
○ den Schwierigkeitsgrad angemessen steigern (S. 9),
○ Kinder mitbestimmen lassen (Einbeziehen in das Planen oder Beurteilen; Selbständigkeitserziehung) (S. 21).

– Eine gründliche theoretische und praktische Vorbereitung der Übungen seitens des Erziehers ist unumgänglich (S. 16).

5. Förderbeispiele

Die hier ausgeführten Übungseinheiten sind mit Absicht durch zahlreiche Medien (s. Abb. 2, 4, 5) erweitert, weil wir u. a. Möglichkeiten, auf die Frostig selbst hinweist, aufzeigen wollen.

5.1. Elementarbereich

Für den Elementarbereich wählen wir als Beispiel eine Fördereinheit über mehrere Zeitstunden zur Übung 1 des 1. Heftes aus dem Angebot zum „Zeichnen mit Führungslinie" aus, um eine Einordnung in den Gesamtförderprozeß zu demonstrieren (Abb. 1).

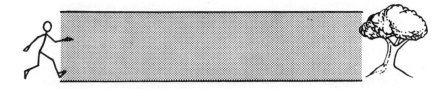

Abb. 1: Übung 1 aus Heft 1 *(Frostig/Reinartz)*

Die gesamte Übungsabfolge kann zusammenhängend erarbeitet werden, zwischen die einzelnen Phasen können aber auch irgendwelche Spielphasen eingeschoben werden. Es wird hier vorgeschlagen, den gesamten Übungskomplex jedoch an einem Tag durchzuziehen.
Alle Übungen aus dieser Gruppe in der *Frostig*-Mappe 1 (Nr. 1–5, 9–12, 20–23, 32–34, 45–50) zeigen schrittweise zunehmende Anforderungen und zielen auf Sicherung der visuomotorischen Koordination ab.

Übungskomplex

Thema: Visuomotorische Koordination
Ziele: Die Kinder sollen sich sicher und umsichtig im Raum bewegen lernen.
Die Kinder sollen Hand und Finger kontrolliert zu führen lernen.
Die Kinder sollen die Begriffe „Mitte", „mittendurch" und „Mittellinie" aufbauen.
Die Kinder sollen Gesichtssinn und Taktilität zur Bewegungskontrolle heranziehen.

Medien: Tische, Stühle, lange Bänke, Bausteine, Häuser usw., Autos, Figuren, Overheadprojektor, Orffsche Musikinstrumente, Pappstreifen, Übungsblätter.

Übungsabschnitt 1: *Bewegung im Raum*
Herrichtung des Bewegungsraumes:
Stühle, Tische, Bänke u. a. werden in den Raum gestellt. Dabei sollen vor allem Gänge zum Durchlaufen entstehen. Die Kinder sollen diese Gänge möglichst selbst planen und stellen. Mit 2 „Zauberschnüren" (Gummischnüren), die man parallel oder schneckenförmig an Tische bindet, können zusätzliche Laufreize geboten werden.

Übungsaufgaben:
Kinder suchen sich ein „Haus" (umgedrehter Tisch, Kiste, Reifen, Ecke u. a.), in das sie nach den Aufgaben dieser Übungsfolge auf Klatschen des Erziehers oder eines dazu beauftragten Kindes immer wieder zurückkehren.
○ Freies Bewegen im vorbereiteten Raum.
○ Nachahmen von Bewegungen: hüpfen, hinkeln, schleichen, galoppieren.
○ Freies Bewegen im Raum mit einem nachgezogenen Gegenstand: Tier auf Rädern, Wägelchen, Dose, Baustein.
○ Auf-Reisen-Gehen: viele Dinge mitschleppen (Spielzeuge, Bälle, Schnüre u. a. m.) und laufen.

Übungsabschnitt 2: *Begriffliche Erarbeitung und motorische Umsetzung*
Begriffe: Mitte, mittendurch, Mittellinie.
Musikalische Unterstützung bzw. Begleitung: singen, klatschen, *Orff*-Instrumentarium, Schallplatte.

Übungsaufgaben:
○ Bekannte Kreisspiele, bei denen Kinder in die Mitte gehen müssen; Mitte wird markiert durch Kreidekreis, Seilchen oder anderes.
○ Kinder bilden 2 Reihen, durch die die Kinder von einem Ende aus paarweise „mittendurch" (Erzieher weist wiederholt darauf hin) durchhüpfen, durchlaufen usw. und sich an dem anderen Ende einreihen; musikalische Unterstützung.
○ Zwischen zwei im Abstand von ca. 1,20–1,50 m stehenden Bänken oder Reihen aus umgedrehten Tischen einzeln „in der Mitte" durchlaufen, die übrigen Kinder prüfen; später laufen alle Kinder nacheinander, wiederholte Verbalisierung „in der Mitte".
○ Jedes Kind erhält einen Pappstreifen. Aufgabe: Wir wollen aus den einzelnen Streifen „den Weg in der Mitte" legen, den wir gegangen

sind (kooperative Aufgabe, Erzieher steuert, falls Schwierigkeiten bestehen).
○ Der Weg wird „Mittellinie" genannt. Kontrolle und Korrektur durch die Kinder.

Übungsabschnitt 3: *Feinmotorische Aufgaben*
Material: Holzhäuschen, Kästchen oder Bausteine, Autos und Figuren

Übungsaufgaben:
○ Aufbau einer Stadt (freie Gestaltung, Partner- oder Gruppenarbeit).
○ Autos fahren sicher (ohne anzustoßen) durch die Stadt; es ist Feierabend, alle fahren nach Hause.
○ Mit dem Finger die Wege, die die Autos fahren können, nachziehen (visuelle und taktile Kontrolle).

Übungsabschnitt 4: *Übung visueller Kontrolle in der zweidimensionalen Ebene*
Der Overheadprojektor wird zur Überleitung vom dreidimensionalen zum zweidimensionalen Bereich eingesetzt.

Übungsaufgaben:
○ Erzieher versammelt die Kinder um den auf einem kleinen Tisch stehenden Overheadprojektor, stellt zwei lange „Bänke" (Bausteine) auf die Lichtplatte, erinnert die Kinder daran, daß sie eben auch zwischen 2 Bänken (oder Tischreihen) durchgelaufen seien. Eine solche Reihe mitten zwischen den „Bänken" sollen sie mit (Halma-)Figuren bilden. Die Kinder stellen nacheinander die Figuren in eine Reihe in die Mitte zwischen beiden Bausteinen. Erzieher weist auf das projizierte Bild an der Wand; Kinder kontrollieren über das projizierte Wandbild, ob die Reihe der Figuren in der Mitte ist.
○ Figuren werden abgeräumt; Kinder zeigen durch Ziehen mit Zeigestock auf der Projektionswand, wo die Reihe stand.
○ Erzieher zeigt den Kindern, die im Halbkreis um den Projektor sitzen, Projektionen von Kindern, die zwischen den Bänken (Bausteinen) gelaufen sind (Abb. 2). Kinder ziehen den jeweiligen Weg in der Luft und am Wandbild nach und stellen fest, wo das Kind in der Mitte bzw. nicht in der Mitte gegangen ist. Erzieher läßt am Schluß noch einmal nur die Mittellinien zeigen und legt eine 2. Folie mit Kennzeichnung dieser Wege (Klappfolie mit breiteren roten Linien) auf.

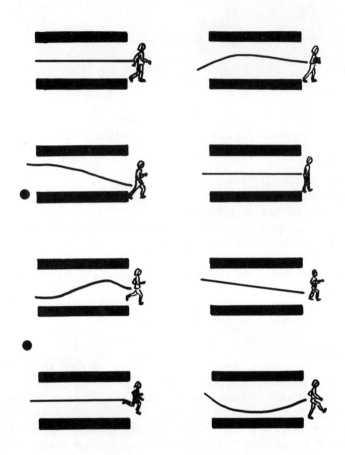

Abb. 2: Folie für Overheadprojektor.

Übungsabschnitt 5: *Arbeit am Arbeitsbogen (Frostig/Reinartz). Die Kinder erhalten Blatt 1 des 1. Heftes aus der „visuellen Wahrnehmungsförderung"*
Anweisung: „Hier seht ihr ein Kind (zeigen). Es denkt, da ist ein Vogel im Baum, und es läuft den Weg entlang (zeigen), um sich den Vogel anzusehen. Nehmt einen Buntstift und zieht eine Linie, die zeigt, wie das Kind in der Mitte des Weges schnurgerade zu dem Baum läuft" (*Frostig/Reinartz* [2]1977b, S. 51).

Übungsaufgaben:
○ Üben auf dem Blatt in Schutzhülle, Faserstift
○ Ziehen mit Faserstiften (Regenbogen)
○ Kontrolle

5.2. Primarbereich

Für den Primarbereich wählen wir als Förderbeispiel Übung 77 des 3. Heftes (Abb. 3). Diese Aufgabe gehört zum Bereich der Wahrnehmung räumlicher Beziehungen. Bereits in den vorangegangenen Nr. 70, 71, 74 und 75 des 3. Heftes waren wie auch hier Muster aus Punkten und Verbindungslinien auf einem Blatt nachzuzeichnen, wobei die Punkte vorgegeben waren.

Als Zeiteinheit für alle nachfolgenden Übungsabschnitte ist eine Unterrichtsstunde anzusetzen. Die Übungsabfolge ist auf das 1. Schuljahr zugeschnitten.

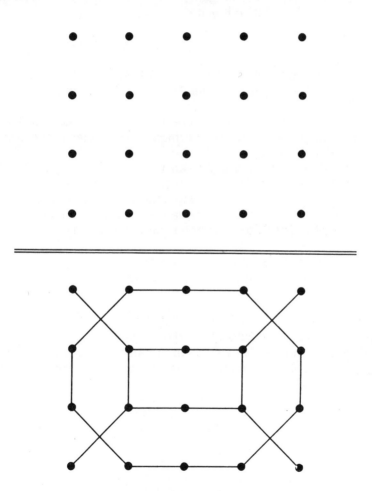

Abb. 3: Übung 77 aus Heft 3 *(Frostig/Reinartz)*

Übungskomplex

Thema: Wahrnehmung räumlicher Beziehungen
Ziele: Die Kinder sollen ein Punkte-Striche-Muster mit realen Gegenständen „nachbauen" können.
Die Kinder sollen ein vorgegebenes Punkte-Striche-Muster auf eine mit Punkten vorbereitete Vorlage nachzeichnen können.
Die Kinder sollen geometrische Formen wie Dreieck, Viereck usw. sicher erkennen und benennen können. Die Kinder sollen Freude gewinnen an geometrischen Figuren.
Die Kinder sollen durch die gemeinsame Bewältigung von Aufgaben bzw. gegenseitige Hilfe dabei ihre sozialen Beziehungen untereinander verbessern.
Voraussetzungen: Erfahrungen der räumlichen Beziehungen sind in zahlreichen ähnlichen Übungen in *Frostigs* „visueller Wahrnehmungsförderung" gemacht worden: Die Bewegungsaufgaben beim Umgang mit Material und bei der Arbeit mit Übungsblättern ähnlicher Aufgabenstellung (Verbinden von Punkten). Dabei sind auch Begriffe wie „rechts", „links", „oben", „unten", „vorn", „hinten" u. ä. gelernt worden; auch geometrische Formen (z. B. Dreieck, Viereck bzw. Rechteck) sind besprochen.
Medien: Hafttafel und Material (Punkte, schmale Streifen), Reifen, Wurfringe, Stäbe, Seilchen, Nagelbrett (4 Reihen mit je 5 Nägeln im Abstand von 2,5 cm, ca. 1 cm Höhe der Nägel (herstellbar z. B. von der Klasse 8 bzw. 9 im Werkunterricht), kleine Packgummi, Übungsblätter.
Soziale Organisationsform: Gruppen- und Partnerarbeit, Einzelarbeit, Spiel.
Verbindung zum Werkunterricht: selbsthergestellte Nagelbretter werden mit weißem Nähgarn bespannt (Wandbilder).

Übungsabschnitt 1: *Umsetzung in die räumliche Dimension*
Von einer Hafttafel werden verschiedene Aufgaben auf den Fußboden übertragen; dazu werden Reifen, Wurfringe, Stäbe bzw. Seilchen benutzt.
Die Aufgabe wird in Gruppen zu je 4 Kindern durchgeführt. Lehrer weist darauf hin, daß „nach oben" auf dem Fußboden „von euch weg" und „nach unten" „zu euch hin" bedeutet.

Übungsaufgaben:
○ Vom Lehrer gegebene Aufgabe wird gelegt (Abb. 4).
○ Ein Schüler erstellt inzwischen an der Hafttafel eine 2. Aufgabe, die ebenfalls von den anderen Schülern gelegt wird.

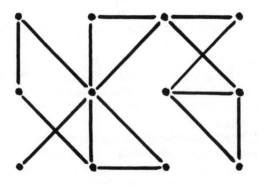

Abb. 4: Möglichkeit einer Aufgabe an der Hafttafel

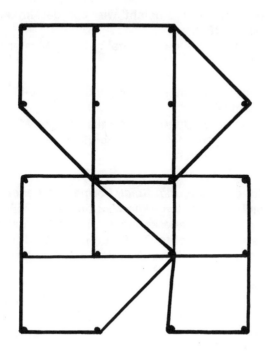

Abb. 5: Möglichkeit eines mit 5 Packgummi bespannten Nagelbretts

Übungsabschnitt 2: *Formen spannen*
Für diese Aufgabe werden Brettchen mit Nagelreihen benötigt.

Übungsaufgaben:
- ○ Jedes Kind erhält 5 kleine Packgummi. Es kann frei Formen spannen. Einzige Einschränkung: Die gespannten Gummibändchen sollen sich teilweise überschneiden (Abb. 5). Partnerarbeit wie „Abgucken" ist erwünscht.
- ○ In Einzel- bzw. Klassenbesprechung werden aus den neu entstandenen Formen Dreieck, Rechteck usw. gesucht und benannt, die Umrißlinie wird jeweils mit dem Finger nachgefahren.
- ○ In Partnerarbeit werden mit einem Packgummi nacheinander Fünfeck, Sechseck, Achteck gespannt.

Übungsabschnitt 3: *Übungsblatt (Frostig/Reinartz)*
Die Kinder erhalten das Übungsblatt 77 des 3. Heftes.
Anweisung: „Seht euch die linke Hälfte der Seite an. Ihr seht Punkte, die durch Linien verbunden sind. Aber auf der rechten Seite seht ihr nur Punkte, keine Linien. Verbindet die Punkte so, daß auf der rechten Seite das gleiche Muster entsteht wie auf der linken." (*Frostig/ Reinartz* [2]1977b, S. 187).
Es ist darauf zu achten, daß das abzuzeichnende Muster links liegt.

Übungsaufgaben:
- ○ Kinder zeichnen auf Blatt in Schutzhülle, dann mit farbigen Faserstiften auf dem Blatt.
- ○ Die geometrischen Formen in dem vollständigen Muster (links) des Arbeitsblattes werden benannt, gezeigt und ausgemalt: 4 Sechsecke, 1 Achteck, 1 Rechteck.

Übungsabschnitt 4: *Bewegung, Spiel, Formen erkennen*
Das Platzsuchspiel (vgl. hierzu *Kerkhoff/zu Stolberg* 1976) wird hier eingesetzt zur Übung des Formenerkennens. Die Kinder suchen sich einen Platz (Reifen, Kiste, umgedrehter Tisch u. ä.); jedoch dürfen nur so viel Plätze zur Verfügung gestellt werden, daß ein Schüler – Spielleiter – übrig bleibt, der die Aufgabe, z. B. „Holt ein Dreieck!", ansagt und zum Start klatscht. Die Schüler – auch der Ansager – laufen daraufhin los, holen die geforderte Form, kehren zu ihren Plätzen zurück. Die Formen (z. B. Dreiecke, Fünfecke, Zahlen, auch komplizierte Formen wie die Übung 77 in Heft 3) auf Papier oder aus Pappe liegen in der Mitte der Plätze, für alle gut sichtbar. Das Kind, das jetzt übrig bleibt, übernimmt die Leitung des Spiels und gibt neue Aufträge. Das Spiel endet, wenn alle Formen geholt worden sind.

Literatur

Belser, H. u. *Küsel, G.:* Zum Sitzenbleiber-Problem an Volksschulen, in: *Biermann, R.* (Hrsg.): Schulische Selektion in der Diskussion, Bad Heilbronn (Obb.) 1976

Frostig, M.: Bewegungs-Erziehung, München/Basel 1973

Frostig, M. u. *Lockowandt, O.:* Frostigs Entwicklungstest der visuellen Wahrnehmung, FEW, Weinheim 1974

Frostig, M. u. *Reinartz, A.* und *E.:* Bewegen–Wachsen–Lernen, Bewegungserziehung, Dortmund 1974

Frostig, M. u. *Reinartz, A.* und *E.:* Individualprogramm zur visuellen Wahrnehmungsförderung, Dortmund [2]1977a

Frostig, M. u. *Reinartz, A.* und *E.:* Visuelle Wahrnehmungsförderung, Dortmund [2]1977b

Graumann, C.-F.: Nichtsinnliche Bedingungen des Wahrnehmens, in: *Metzger, W.* (Hrsg.): Allgemeine Psychologie, Handbuch der Psychologie, Bd. I. 1, Göttingen 1966

Kemmler, L.: Erfolg und Versagen in der Grundschule, Göttingen 1967

Kemmler, L. u. *Heckhausen, H.:* Ist die sogenannte „Schulreife" ein Reifungsproblem? In: *Weinert, F.* (Hrsg.): Päd. Psychologie, Köln–Berlin 1967

Kerkhoff, W. u. zu *Stolberg, E.:* Gedanken zum Spiel in der Primarstufe der Lernbehindertenschule, in: *Kerkhoff, W.,* und *Wüstefeld, W.* (Hrsg.): Rehabilitation lernbehinderter Kinder und Jugendlicher, Bonn-Bad Godesberg 1976

Kiphard, E. u. *Huppertz, H.:* Erziehung durch Bewegung, Bonn-Bad Godesberg 1968

Krause, J. u. *Kossolapow, L.:* Die Förderung der visuellen Wahrnehmung bei Vorschulkindern anhand des *Frostig*-Programms, in: Welt des Kindes, 51 (1973), H. 5, S. 235–251

Landau, E.: Psychologie der Kreativität, München/Basel [2]1971

Nickel, H.: Entwicklungspsychologie des Kindes- und Jugendalters, Bern–Stuttgart–Wien 1972

Nickel, H.: Untersuchungen über den Einfluß eines besonderen Trainings auf die visuelle Differenzierungsfähigkeit 4- bis 5jähriger Kinder, Ber. 26. Kongr. DGfPs., Göttingen 1969

Piaget, J.: Psychologie der Intelligenz, Zürich [4]1970

Reinartz, E.: Visuelles Wahrnehmungstraining und psychomotorische Förderung als prophylaktische Maßnahmen gegenüber Lernschwächen in der Schule, in: *Heese, G.* (Hrsg.): Rehabilitation Behinderter durch Förderung der Motorik, Berlin 1975

Rohracher, H.: Einführung in die Psychologie, Wien–Innsbruck [9]1965

Rosemann, H.: Entwicklungspsychologie, Berlin 1973

Schenk-Danziger, L.: Entwicklungspsychologie, Wien [5]1971

Stranz, G.: Untersuchungen zur Schullaufbahn von Hilfsschulkindern, in: Zeitschr. f. Heilp., 17 (1966), H. 6, S. 265–277

„Zusammensetzen geometrischer Formen"

Ein Unterrichtsbeispiel zur Förderung der visuellen Wahrnehmung

Von Erika und Winfried Kerkhoff

Schulart:
Grundschule, Sonderschule

Schulstufe:
Primarbereich

Fach:
Förderung der visuellen Wahrnehmung mit Verbindung zu Mathematik und Sprache

Lernbereich:
Wahrnehmung räumlicher Beziehungen; Figur–Grund–Diskrimination

Thema des Übungsabschnittes:
Zusammensetzen von geometrischen Formen

Medien:
Visuelle Wahrnehmungsförderung – Übungs- und Beobachtungsfolge für den Elementar- und Primarbereich, W. Crüwell Verlag, Dortmund ^{2}1977, Heft 3, Arbeitsblatt 116; zerschnittene farbige DIN-A5-Blätter, weiße DIN-A5-Blätter, Bierdeckel, Schutzhüllen, Klarsicht-Folien, Papierklebe

Lernziele:
Die Kinder sollen lernen:
– genau zu betrachten
– Form und Größe einer Figur abzuschätzen
– Merkmale einer aufzufassenden Form zu strukturieren und zu behalten

- schnell und sicher die gewünschte Form aus einem Angebot zu identifizieren
- Bezeichnungen für geometrische Formen sicher anzuwenden
- miteinander in einer gemeinsamen Sache zu kooperieren

Inhaltsanalyse und methodische Konsequenzen

Das Arbeitsblatt 116 aus der Übungs- und Beobachtungsfolge zählt zum Übungsbereich „Wahrnehmung räumlicher Beziehungen", einem der 5 Wahrnehmungsbereiche (Visuomotorische Koordination, Figur-Grund-Wahrnehmung, Wahrnehmungskonstanz, Wahrnehmung der Raumlage, Wahrnehmung räumlicher Beziehungen) nach *Frostig*. „Unter der Wahrnehmung von räumlichen Beziehungen versteht man die Fähigkeit, die Lage von zwei oder mehr Gegenständen in Bezug zu sich selbst und in Bezug zueinander wahrzunehmen" (*Frostig/Reinartz* [2]1977, Anweisungsheft S. 6/7).
Die Förderung räumlicher Wahrnehmung kann nur dann erfolgreich sein, wenn sie mit dreidimensionalen Gegenständen und körperlichen Übungen beginnt, bei denen örtliche Zuordnungen wie weit, nah, neben, vor, hinter, in, unter u. a. in zahlreichen Situationen selbst *erfahren* werden.
Außer den körperlichen Raumerfahrungen dienen auch das Nachlegen von Mustern, die Arbeit mit Perlen, Steckern, geometrischen Körpern und ähnlichem Material der Entwicklung der Wahrnehmung räumlicher Beziehungen. Beteiligt ist aber hierbei auch die Figur-Grund-Wahrnehmung. Beziehungen zum Mathematikunterricht, bei dem es ja Voraussetzung ist, daß Größen wahrgenommen und Beziehungen hergestellt werden (wie groß, wie weit, wieviel), und zur Rechtschreibung (z.B. Wortbild mit Ordnung der Buchstaben in Form, Größe und Lage) liegen auf der Hand.

Lernvoraussetzungen

Die Übung 116 beinhaltet die Aufgabe, geometrische Formen zusammenzusetzen. Zu ergänzende Formen sind Quadrat, Kreis, Dreieck, Rhombus.
Der nachfolgend dargestellte Übungsablauf ist so angelegt, daß Übungsmöglichkeiten zunächst im dreidimensionalen Raum durch Sehen und Bewegung gelöst werden können:
Übungsabschnitt 1: Die zu legende Form wird durch DIN-A5-Blatt, das beklebt wird, antizipiert.
Übungsabschnitt 2: Das Zusammensetzen der Teile erfolgt durch Schät-

zen und Probieren; ergänzt wird immer zur Kreisfläche; als Kontrolle dienen die aufgedruckten Symbole, die Art des Abrisses, die Größe des Teiles u. a. Im Übungsabschnitt 3 kann die Aufgabe nur noch durch visuelle Zuordnung gelöst werden, manuelles Probieren ist nicht mehr möglich. Die hier gestellte Aufgabe ist an verschiedenen vorhergehenden Arbeitsblättern mit steigendem Schwierigkeitsgrad geübt worden („Visuelle Wahrnehmungsförderung" Nr. 102, 104, 106, 113, 114). Das Wiedererkennen von verschiedenen Formen ist gesichert. Begriffe wie Quadrat, Kreis, Dreieck und Rhombus wurden besprochen. Einige Aufgaben beinhalten zugleich Ausschneideübungen.

Übungsverlauf

Übungsabschnitt 1

Aufgabe: Zusammenfügen und -kleben von Teilen eines DIN-A5-Blattes, das der Übungsleiter mit der Papierschneidemaschine in ca. 5 ungleiche Teile zerschnitten hat (Abb. 1). Es unterstützt die Arbeitsmotivation, wenn verschiedenfarbige Teile angeboten werden, so daß ein mehrfarbiges „Bild" entstehen kann.
Die Kinder sind darauf hinzuweisen, daß möglicherweise die Blatteile gedreht und gewendet werden müssen.
Arbeitsform: Jedes Kind arbeitet für sich an seiner Aufgabe; Kontakte zum Nachbarn sind nicht zu untersagen.

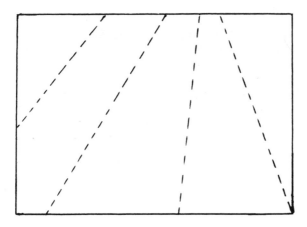

Abb. 1: Möglichkeit einer Aufteilung der DIN-A5-Blätter.

29

Übungsablauf:
- ☐ Übungsleiter stellt Aufgabe.
- ☐ Kinder entnehmen 6 bereitstehenden (Schuhkartons oder Zigarren-) Kisten je ein Papierteil (5 Stck.) und einen weißen DIN-A5-Bogen.
- ☐ Die Kinder legen die verschiedenfarbigen Stücke auf dem weißen Blatt zu einem Rechteck zusammen.
- ☐ Die Kinder kleben die Teile auf.

Die Kinder, die ihre Aufgabe beendet haben, beraten ihre noch arbeitenden Mitschüler, dürfen ein neues Blatt kleben oder kleben die fertigen Bogen z. B. hintereinander zu einem Klassenschmuck.

Übungsabschnitt 2

Aufgabe: Zusammenfügen von geteilten Pappkreisflächen, visuelle Kontrolle durch aufgedruckte Formen, Farben, Schriftzüge u. a.
Arbeitsform: Die Aufgabe wird in zahlreichen Kontakten mit den Mitschülern gelöst.
Umorganisation des Klassenraumes: Tische werden an die Wand geschoben, Stühle davor, so daß in der Mitte ein freier Raum entsteht.

Übungsablauf:
- ☐ Die Hälfte der Kinder der Klasse erhält einen Bierdeckel.
- ☐ Die Kinder reißen ein größeres Stück vom Bierdeckel ab und legen es in einen Kasten, das andere behalten sie. Die Stücke werden vorsichtig gemischt (Gefahr, daß Ecken abbrechen!).
- ☐ Die übrigen Kinder holen sich je ein abgerissenes Pappstück aus dem Kasten.
- ☐ Die Kinder suchen den Partner, der das fehlende Stück des Pappdeckels hat.
- ☐ Die Kinder sprechen miteinander, schätzen und probieren.
- ☐ Die Kinder legen die ganze Pappkreisfläche auf einem Tisch ab.
- ☐ Die Kinder, die ihre Aufgabe schon erledigt haben, können beratend bei den anderen weiterhin mitmachen.

Bei leistungsschwächeren Gruppen kann die Zeit des Suchens und Probierens verkürzt werden dadurch, daß die Kinder, die keinen Bierdeckel zum Zerreißen erhalten, ein farbiges Band umlegen, und die Aufgabe dahingehend variiert wird, daß nur jeweils Kinder „mit –" und „ohne Band" probieren sollen.

Übungsabschnitt 3

Aufgabe: Übungsleiter verteilt Übungsblatt 116, bei dem die Aufgabe gestellt ist, aus einem dreifachen Angebot das von einem „Ganzen" (Quadrat, Kreis, Dreieck, Rhombus) abgetrennte Stück zu identifizieren und der betreffenden geometrischen Form zuzuordnen (Abb. 2).

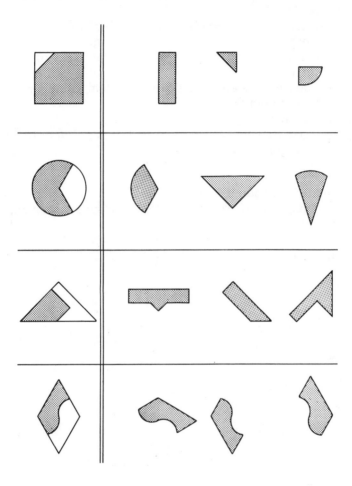

Abb. 2: Arbeitsblatt 116 *(Frostig/Reinartz)*

Arbeitsform: individualisierte Arbeit, bei der Kontakte zum Nachbarn erwünscht sind.

Übungsablauf:
☐ Übungsleiter: „Seht euch zuerst die Formen in der obersten Reihe auf dieser Seite an. Links oben seht ihr ein Quadrat. Der größte Teil davon ist punktiert, aber eine kleine Ecke ist weiß gelassen (zeigen). Seht

31

euch die Reihe daneben an und sucht das punktierte Stück, das oben in die weiße Stelle paßt, damit das ganze Quadrat punktiert ist. Seht genau hin. Es könnte auch umgekehrt liegen. Richtig – das kleine Dreieck" (S. 203).

☐ Die Kinder benennen die bekannten geometrischen Formen.
☐ Bei Unsicherheit können die Kinder das ausgewählte Ergänzungsstück auf eine Klarsichtfolie durchzeichnen und an die zu ergänzende Form anlegen.
☐ Umfahren des fehlenden Paßstückes auf dem Übungsblatt in der Schutzhülle mit dem Faserstift.
☐ Kontrolle durch Übungsleiter.
☐ Ankreuzen des Paßstückes und des Paßortes auf dem Übungsblatt ohne Schutzhülle.

Weiterführende Übungen
○ Farbige Bilder aus Illustrierten werden in Gruppenarbeit zu Puzzles verarbeitet.
○ Ergänzung von Wörtern (Abb. 3) bzw. Buchstaben (Abb. 4): a, d, g, o; f, h, k, l).

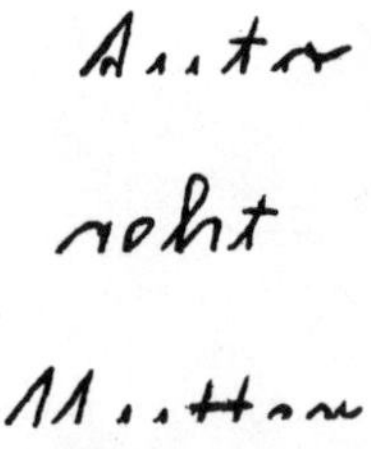

Abb. 3 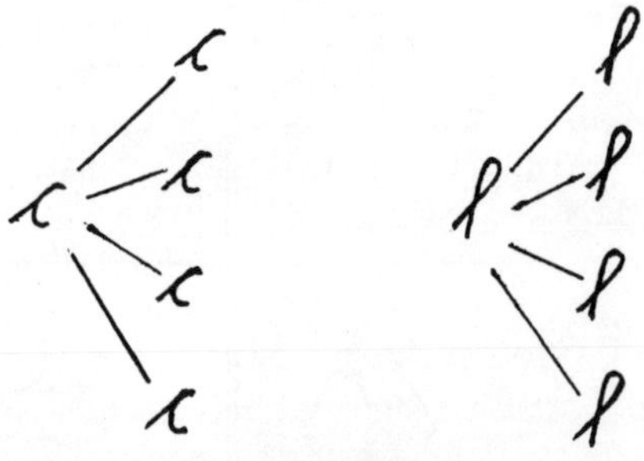   *Abb. 4*

Literatur

Frostig, M./Reinartz, A. u. E.: Visuelle Wahrnehmungsförderung, Dortmund [2]1977
Krause, J./Kossolapow, L.: Die Förderung der visuellen Wahrnehmung bei Vorschulkindern anhand des Frostig-Programms, in: Welt des Kindes, 51 (1973), H. 5, S. 235–251
Nickel, H.: Entwicklungspsychologie des Kindes- und Jugendalters, Bern–Stuttgart–Wien 1972
Piaget, J.: Psychologie der Intelligenz, Zürich [4]1970

32

Optische und akustische Wahrnehmungsleistungen als Teilfunktionen des Leselernprozesses

Von Helga R. Reiser

Lesefertigkeit ist eine umfassende Globalfertigkeit, die beim Leseanfänger wie beim Lesekönner zwei detailliert beschreibbare Teilleistungsbereiche umfaßt. Einerseits besteht sie aus Entwicklung und Aufbau – als bewußte Aneignung – von speziellen Wahrnehmungsleistungen im optischen und akustischen Bereich, die durch den Erwerb – und auch während des Erwerbs – dieser Teilfertigkeit erst entsteht, andererseits wird sie erst komplettiert durch eine zweite Teilfertigkeit, nämlich Sinnentnahme und Informationsaufnahme in Form von Umkodierungen optischer Zeichen und Zeichengruppen in akustische Zeichen und Zeichengruppen auf der Grundlage schriftsprachlicher Kommunikation, als Abbau – im Sinne von Automatisation – der ersten Teilfertigkeit.
Lesenlernen bedeutet in diesem Erklärungszusammenhang eine Akzentverschiebung vom Aufbau der zum Lesen benötigten Perzeptionsprozesse, als primäre Teilfertigkeit, zum Abbau dieser Fertigkeit im Sinne der unbewußten, weil automatisierten Anwendung, zugunsten des sinnentnehmenden Lesens als sekundäre Teilfertigkeit des Leselernprozesses. Dabei unterliegen die beiden Teilbereiche keiner Hirarchisierung, sondern stehen vielmehr nicht nur in einem sachlogischen, sondern auch in einem interdependeten Zusammenhang. Das bedeutet praktisch, daß spezielle, vorbereitende optische und akustische Funktionsübungen im Wahrnehmungsbereich integrierter Bestandteil des gesamten Leselernprozesses sein müssen.
Beide Teilfertigkeiten und ihr bewußt oder unbewußt akzentuierter Einsatz beim Leseprozeß, machen Lesefertigkeit als Lese*kompetenz* aus, und zwar beim Leseanfänger wie beim Lesekönner.
Der Grad der vorhandenen Lesekompetenz kann nur durch aktuelle Anwendung – Lese*performanz* – nachgewiesen werden. Das heißt nur anhand von reproduktiven Leistungen kann ein vorangegangener Lernprozeß beobachtet bzw. vermutet werden. Diese Produkt-Prozeß-Abhängigkeit und Erklärungen darüber, wie der individuelle Lernprozeß abgelaufen sein mag, konnte bis heute noch nicht durch lerntheoretische Erkenntnisse geklärt werden.

Gestaltpsychologische und psycholinguistische Darstellungen stimmen allerdings darin überein:

daß der Lern- bzw. Erwerbsprozeß eine individuelle Leistung ist, die von außen nicht gesteuert werden kann,

daß Lernhilfen nur im breiten Angebot von Gelegenheiten bestehen können, die für jeden Lerner zur Auswahl stehen müssen und nicht durch Reglementierungen ihre Wirkung verfehlen dürfen.

Das bedeutet nicht, daß Lernprozesse nicht durch entsprechende Motivierungen iniziert werden können und auch müssen, bzw. daß das „Angebot von Gelegenheiten" nicht strukturierenden Arrangements unterliegen sollte, sofern es sich um schulische bzw. institutionalisierte Initiativen handelt, oder gar, daß der Lehrer als Betreuungsperson überflüssig würde.

Grundlagen für solche Arrangements sind sachlogische Informationen, die mit dieser Schrift im Bereich Lesenlernen für Wahrnehmungsbedingungen und Wahrnehmungsleistungen erbracht werden sollen.

Wahrnehmung als perzeptiver Prozeß

Lesen ist für Leseanfänger wie für Lesekönner eine kognitive Leistung, die psychophysischen Prozessen unterliegt. Hauptsächlich daran beteiligt sind optische und akustische Wahrnehmungsleistungen. Auge und Ohr sind „periphere Organe" (*Kainz,* 1956, 196) die die Perzeption optisch/graphischer und akustisch/lautlicher Zeichen leisten. Dazu kommt der neurophysiologische Apparat als „zentrales Organ" (*Kainz,* 1956, 180), der die Sinnentnahme erschließt. Nach dieser Dekodierung spricht man entsprechend von visuellen bzw. auditiven Wahrnehmungsleistungen, weil sie den rein physikalischen Bereich der Wahrnehmung übersteigen und Erkenntnisprozesse im Sinne psychischer Prozesse beinhalten.

Auch beim neurophysiologischen Ablauf können also Eingangsleistungen und Ausgangsleistungen als qualitativ verschiedene Teilleistungen unterschieden werden.

Auch hier handelt es sich nicht um wertende Unterschiede, sondern um gleichwertig benötigte Leistungen, die höchstens einer chronologischen Verschiebung unterliegen. Es ist daher nicht nur legitim, sondern auch praktisch leistbar, die beiden Funktionsbereiche ihrer Akzentuierung entsprechend einzeln zu struktuieren, um so den komplizierten Komplex für den Lernenden zu entzerren.

Hier nun zunächst die prozeßhafte Beschreibung des Wahrnehmungsablaufes, anhand derer dann anschließend die Störanfälligkeit der einzelnen psychophysischen Felder demonstriert werden soll, die adäquate Wahrnehmungsleistungen verhindern können.

Ein Reiz, der auf das Auge als optisches Sinnesorgan trifft, wird umgewandelt in physikalische, chemische Energie und als biochemischer bzw. bioelektrischer Impuls in den afferenten (zuleitenden) Nervenbahnen weitergeleitet und führt zur Erregung bestimmter Projektionsfelder in der Großhirnrinde (vgl. *Stadler* et. a. 1975/*Hofstätter* 1957). ,,Die hier ablaufenden Prozesse sind grundsätzlich bewußtseinsfähig, aber nicht jeder Prozeß muß bewußt sein" (*Stadler* et. a. 1975, 78). Dieser Prozeß ist ,,die erste Stufe einer ,Kaskade von Übertragungs- und Umwandlungsprozesse der Erregungsfortpflanzung und -verknüpfung im Zentralnervensystem" (*Klix* 1971, zitiert in *Stadler* et. a. 1975, 78). Durch das Bewußtwerden des aufgenommenen Reizes werden andere hier z. B. motorische Zentren des Gehirns gesteuert, die vom Zentralnervensystem zu den motorischen Ausführungsorganen – hier Sprechmuskulatur – laufen. Das geschieht über efferente (abgebende) Nervenbahnen.

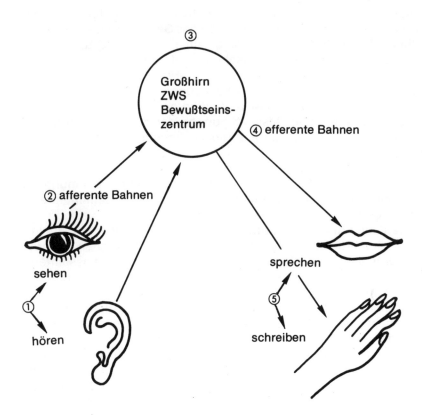

Das Schaubild soll neben graphischer Verdeutlichung auch die wesentlichsten Bereiche des physischen bzw. neurophysiologischen Apparates aufzeigen, in denen Beeinträchtigungen, Störungen, Retardierungen, Schädigungen, Behinderungen möglich sind bzw. sein können, noch bevor z. b. Wahrnehmungsprozesse in ihrer eigenen komplex-komplizierten Form ablaufen können:

① Beeinträchtigungen der aufnehmenden Sinnesorgane blockieren schon hier den gesamten Prozeß. Soll der Leseprozeß weiter beschrieben werden, muß deshalb vom intakten Sinnenapparat (hier Auge und Ohr) ausgegangen werden bzw. bei bestehenden Behinderungen andere methodische Wege beschritten werden.

② Störungen der afferenten Nervenbahnen (Sehnerv, Hörnerv) beeinträchtigen den Prozeß trotz phänotypisch und auch organisch gesunden anderen Bereichen. Solche Störungen können sein: Nervenkrankheiten im weitesten Sinne; zu hohe bzw. zu niedrige Reizimpulse (Helligkeit/Lautstärke); Übermüdung, Überanstrengung, Beeinträchtigungen durch Medikamente, Alkohol etc., was Fehlleistungen der Nervenbahnen verursachen kann.

③ Auch hier bestehen mögliche Beeinträchtigungen durch: motivationale Blockierungen, Bekanntheitsgrad des Gegenstandes, intellektuelle Faßbarkeit, durch Müdigkeit, Medikamente – Sedativa, individuelle Kapazität oder auch hirnorganische Schädigungen.

④ Beeinträchtigungen der efferenten Nervenbahnen stören adäquate Reaktionen z. B. motorische Fehlleistungen bei intakter sensorischer Aufnahme und regelgerechter Umkodierung.

⑤ Behinderungen und Beschädigungen der ausführenden Organe – z. B. artikulatorisch unsaubere Sprache – beeinträchtigen adäquate Reaktionen.

Es muß davon ausgegangen werden, daß bereits das Maß evtl. Beeinträchtigungen bzw. der Grad der Entwicklung des Wahrnehmungsapparates bei Schulanfängern unterschiedlich ist und dementsprechend Wahrnehmungsleistungen für den bevorstehenden Leselernprozeß qualitativ und quantitativ unterschiedlich ausfallen werden, allein aufgrund mitgebrachter Funktionstüchtigkeit des physischen Apparates. Darüber hinaus kann allerdings auch trotz Intaktheit des gesamten psychophysischen Apparates Beeinträchtigung der Wahrnehmungsleistungen durch rein psychonome Faktoren erfolgen, insofern als die Umsetzung der Reizkonfigurationen im Zentralnervensystem in bewußtes Erleben beeinträchtigt sind z. B. bei herabgesetzter Aufmerksamkeit und/oder durch psychonome Intelligenzdefekte.

Wahrnehmung ist ein psychophysischer Prozeß. Beim Lesen werden spezielle Wahrnehmungsfunktionen gebraucht, die wiederum komplexhaft zur Leseleistung als kognitive Leistung beitragen. Voraussetzung für kognitive Leistungen ist psychophysische Bereitschaft. Dazu gehört auch die motivationale Bereitschaft des Individuums. Diese kann von außen erzeugt werden, durch entsprechendes Angebot mit aufforderndem Charakter, was zurückwirkt auf das Individuum und seine motivationale Bereitschaft erzeugt.

Strukturierung der Wahrnehmungsbedingungen beim Lesenlernen

Alle Lernprozesse bedürfen innerpersoneller Bereitschaft. Sie können darüber hinaus von außen bewußt arrangiert werden, im Gegensatz zu sogenanntem beiläufigen Lernen, das z. B. aufgrund lebenspraktischer Erfahrungen abläuft. Auch Wahrnehmungsprozesse laufen in diesem Sinne mehr oder weniger beiläufig ab. Für einen speziellen Lernprozeß – hier Lesenlernen – müssen sie bewußt gemacht werden, durch Strukturierungen der für das Lesenlernen bedeutsamen optischen und akustischen Wahrnehmungsorganisationen.

Das geschieht aufgrund phänotypischer und phonotypischer Eigenarten unserer Schrift und Sprache.[1]

Die nachfolgende Darstellung gliedert sich in diesem Sinne:
- nach phänomenologischen Aspekten optischer und akustischer Art,
- leitet daraus entsprechende Aufgabenstellungen ab,
- versucht, die dazugehörigen Lernziele zu operationalisieren,
- und gibt Hinweise für methodische Arrangements, durch die die Lernziele erreicht werden sollen.[2]

Optische Durchgliederung von Schriftzeichen

Durchgliederung bezieht sich im folgenden auf die Möglichkeit der Merkmalsgliederung optischer Gestalten, und zwar auf den Buchstaben als Gestaltganzem sowie auf seine phänotypischen Eigenarten als beschreibbare und vergleichbare bzw. unterscheidbare Einzelelemente.

Unterscheidungs- und Ordnungsprinzipien von Buchstaben unterliegen

---

1 wissenschaftliche Legitimierungen eines solchen Vorgehens können nachgelesen werden in:
Frostig, M. u. A. u. E. Reinartz: Visuelle Wahrnehmungsförderung, Übungsfolge für den Primar- und Elementarbereich, Dortmund, 2. Aufl. 1977
Katzenberger, L.: Schulanfänger und Lesenlernen, in Ztschr. Schule und Psychologie (14) 1967, S. 345 ff.
2 Von der Verfasserin entwickeltes didaktisches Material, das diesen Lernzielen entspricht und als Lernzielkontrolle eingesetzt werden kann, erscheint im Otto Maier Vlg. Ravensburg 1979

dem gestaltpsychologischen Wahrnehmungsprinzip der Formkonstanz und ihrer Ähnlichkeit bzw. qualitativen und quantitativen Unterschiedlichkeiten ihrer Symmetrie bzw. Komplettierung (Duplizitätsprinzip *Bühler, Kardos;* Kompensationsvorgang *Bischof*).

Grobziel dieses Abschnittes ist, daß im Bereich der optischen Wahrnehmung Schriftzeichen der verschiedenen Formen differenziert werden können, und zwar bei Formganzen sowie bei Formdetails.

Akustische Durchgliederung von Sprache

Gesprochene und gehörte Sprache muß nach Sinneinheiten – Sätze, Wörter – bzw. einzelne Elemente – Silben, Laute – eingeteilt und akustisch gegliedert werden können. Das bedeutet: der Leseanfänger muß sich eine andere, neue Einstellung zur Sprechsprache aneignen, er muß sein sprachliches Verhalten ändern. ,,Während der Sprachfluß in der normalen Rede keine Wortgrenzen im Sinne der jedesmaligen Abhebung des Wortanfangs und Wortendes kennt, wandelt sich auch das Verhalten zum ,Wort' durch die Bekanntschaft mit der graphemischen Wortstruktur... Die Diskontinuität der durch Spatien getrennten Buchstaben im gedruckten Wort ebenso wie der Wörter im Satz muß gleichzeitig auch zur Auffindung analoger Phänomene in der Lautsprache führen'' (*Weigl* 1976, 89). Dies geschieht nach *Weigl* rückwirkend von der Schriftsprache auf die Lautsprache. Ein entscheidendes Resultat dieser Rückwirkung scheint ihm ,,in der Fähigkeit des Schülers zu liegen, die eigene Muttersprache manipulieren zu können'' (*Weigl* 1976, 89). Einer solchen bewußten Manipulation liegt Sprache selbst als Interessengegenstand zugrunde. Eine solche Instrumentalisierung von Sprache kann durch Sprach- und Sprechspiele wie Schnellsprechverse, Teekesselchenraten u. a. m. eingeleitet werden.

Akustische Analyse der Sprache beruht auf Bewußtmachung bestimmter akustischer und akustomotorischer Sprach- bzw. Sprechphänomene (was von Lautassoziierung zu graphischen Lautzeichen zu unterscheiden ist).

Grobziel dieses Abschnittes ist, daß im Bereich akustischer Wahrnehmung Laute und Lautgruppen aufgrund sprachtypischer Eigenarten der Sprechsprache unterschieden werden können, und zwar auf der Grundlage des kommunikativen und instrumentellen Charakters von Sprache.

(Tab. 1 und 2 siehe Ausschlagtafeln am Schluß des Buches.)

Zusammenfassung

Diese Darstellung wollte den Leselernprozeß als komplexen Prozeß von zwei großen Funktionsbereichen nachweisen. Dabei konzentrierten sich die Ausführungen nur auf einen der beiden Teilbereiche, nämlich die Wahrnehmungsleistungen als Eingangsleistungen für Leselerner ohne dabei zu übersehen, daß diese zusammen mit der Folgeleistung – Sinnerfassung – erst die Endleistung, das Lesenkönnen, ausmachen. Optische und akustische Wahrnehmung im Leselernprozeß sind kognitive Leistungen, die neben innerpersoneller Bereitschaft von außen strukturiert werden müssen und auch können, aufgrund ihrer phänomenologischen und phonologischen Eigenarten. Diese Merkmale sind detailliert aufgeführt worden, von ihnen Aufgaben und Lernziele erstellt worden, um den gesamten komplizierten Komplex Lesenlernen für Leselernanfänger in den beiden Funktionsbereichen zu entzerren und seiner Akzentuierung entsprechend gezielter angehen zu können.

Literatur

Bleidick, U.: Lesen und Lesenlernen unter erschwerten Bedingungen, Essen 1972

Heuß, G.: Vorschule des Lesens, Wahrnehmungs- und Sprachtraining, München 1974[2]

Hofer, A. (Hrsg.): Lesenlernen, Theorie und Unterricht, Düsseldorf 1976

Hofstätter, P. R.: Psychologie, Frankfurt a. M. 1957

Kainz, F.: Psychologie der Sprache Bd. 4, Stuttgart 1956

Klauer, K.J.: Intelligenztraining im Kindesalter, Weinheim/Basel 1975[2]

Meiers, K.: Entdogmatisierung des Erstleseunterrichts, Bad Heilbrunn 1974

Piel, W.: Kleines Lehrbuch der Lernpsychologie, Braunschweig 1977

Reiser, H. R.: Lernpsychologische Untersuchungen, pädagogisch-psychologische Begründungen und Darstellung eines neuentwickelten optischen und akustischen Wahrnehmungstrainings als Voraussetzung zum Lesenlernen (Diss. an der PH Ruhr in Dortmund 1976)

Reiser, H. R. Starthilfen zum Lesenlernen – Didaktisches Material mit speziellen opt. und akustischen Wahrnehmungsübungen für Leselernanfänger und für Kinder mit Leselernschwierigkeiten, O. Maier Ravensburg 1979

Stadler, M. et al.: Psychologie der Wahrnehmung, München 1975

Weigl, E.: Schriftsprache als besondere Form des Sprechverhaltens, in: *Hofer, A.* (Hrsg.) a.a.O.

Kern, A. (Hrsg.): Die Idee der Ganzheit, Freiburg 1965

Metzger, W.: Die Entwicklung der Gestaltauffassung in der Zeit der Schulreife, in: *Kern, A.* (Hrsg.) a.a.O.

Nickel, H.: Die visuelle Wahrnehmung im Kindergarten- und Einschulungsalter, Stuttgart 1967

–,– Die Bedeutung planmäßiger Übung für die Entwicklung einer differenzierenden visuellen Auffassung im Vorschulalter, in: Zeitschrift für Entwicklungspsychologie und pädagogische Psychologie, Heft 1/1969

–,– Entwicklungspsychologie des Kindes- und Jugendalters (2 Bände), Bern 1972

Pfaffenberger, H.: Untersuchungen über die visuelle Gestaltwahrnehmung vorschulpflichtiger Kinder, Weinheim 1960

Schmalohr, E.: Zur akustischen Durchgliederungsfähigkeit als Voraussetzung des Lesenlernens, in: Schule und Psychologie Heft 10/1968

–,– Psychologie des Erstlese- und Schreibunterrichts, München/Basel 1971[2]

Visuelles Wahrnehmungstraining und psychomotorische Förderung als prophylaktische Maßnahmen gegenüber Lernschwächen in der Schule

Von Erika Reinartz

1. Einleitung

Wenn an dieser Stelle das Förderprogramm von *Marianne Frostig* im Mittelpunkt steht, so ist dies gewiß ein spezieller Ansatz zur Behandlung dieses umfassenden Themas, das in der Fachliteratur nicht selten schon zu finden ist. Im deutschen Sprachraum sind hier besonders die Publikation von *Kiphard* (*Eggert* u. *Kiphhard,* 1972, dort weitere Literatur) hervorzuheben, in denen sowohl für den Elementar- und Primarbereich als auch für die Behindertenpädagogik eine „psychomotorische Übungsbehandlung" in Theorie und Praxis dargestellt wird.

Wenn in der Behindertenpädagogik die psychomotorische Förderung eine zentrale Beachtung findet (z. B. *Heese* u. *Solarová* 1973) und in der Definition von Behinderung in der *Empfehlung der Bildungskommission des Deutschen Bildungsrates* „Zur pädagogischen Förderung behinderter und von Behinderung bedrohter Kinder und Jugendlicher" (1973) ausdrücklich die Beeinträchtigung der psychomotorischen Fähigkeiten als wesentliches Kriterium genannt wird, so stellt dies die Bedeutung der Förderung dieses Bereichs deutlich heraus.

Es wäre jedoch verfehlt, die Förderung der visuellen Wahrnehmung in Verbindung mit psychomotorischen Übungen lediglich als behindertenspezifische Maßnahme anzusehen. Gerade zur Vermeidung von Lernbehinderung ist eine systematische Förderung der Kinder in diesen Bereichen im vorschulischen Alter von wesentlicher Bedeutung. Das trifft besonders für die von Behinderung bedrohten Kinder zu, ob es sich dabei um hirnorganisch geschädigte handelt – um die sogenannten leicht hirngeschädigten Kinder – oder um Kinder aus sozial benachteiligten Familien, bei denen häufig in früher Kindheit versäumte Lernprozesse die Ursache für ihr Versagen in der Grundschule sind. Daraus ergibt sich: Je früher ein Kind, das von Lernbehinderung bedroht ist, gerade in der visuellen Perzeption und in der Psychomotorik gefördert wird, desto eher lassen sich die Voraussetzungen für schulisches Lernen schaffen. Dabei geht es in diesen Förderbereichen nicht um kompensatorische Maßnahmen im Sinne der weitgehend bekannten Vorschulprogramme in den USA (*Hechinger* 1970), sondern durch diese spezifische Förderung erhalten die Kinder zugleich die Grundlage, um jene emanzipatorischen Lernprozesse zu vollziehen, deren gerade sie bedürfen. Ein einfaches Beispiel kann dies belegen: Wer Schwierigkeiten in der Figur-Grund-Wahrnehmung hat, kann auch generell Wesentliches und Unwesentliches nur schwer unterscheiden.

Wird bedacht, daß bei der Entwicklung der sensumotorischen Fähigkeiten in der frühen Kindheit Wahrnehmung und Motorik engstens miteinander verflochten sind, was z. B. auch für *Kiphard* bei der Erstellung und Grundlegung einer psychomotorischen Übungsbehandlung eine Selbstverständlichkeit ist (*Eggert* u. *Kiphard,* 1972, S. 12ff.), so kann eine solche Förderung nur dann Erfolg haben, wenn Wahrnehmungstraining und psychomotorische Übungen in einem engen Implikationszusammenhang gesehen werden und diese Erkenntnis in der Praxis ihren vollen Niederschlag findet. Dieser Grundzug wird auch z. B. von *Frostig* bei der Einführung zum „Wahrnehmungstraining" (*Frostig/Reinartz* 1972) ausdrücklich hervorgehoben und bei der Durchführung der Übungen in allen Förderbereichen voll beachtet. Und dies gilt selbstverständlich auch für die folgenden Ausführungen, selbst wenn bei der Beschreibung einzelner Übungsteile dies explizit nicht immer zum Ausdruck kommen kann. Um jedoch diesen Zusammenhang nicht zu verabsolutieren, sei einschränkend darauf hingewiesen, daß zwar „Bewegung abhängig ist von der Perzeption und gewöhnlich als ihr Resultat erfolgt, aber sie selbst ist nicht Wahrnehmung. Einen Bleistift können wir ohne sichtbare Bewegung wahrnehmen, wenn wir aber schreiben, führen wir ihn mit den Augen" (*Frostig* 1973, S. 94). Daraus resultiert, daß Wahrnehmungsförderung Bewegungserziehung mit einschließen muß, daß aber Bewegungserziehung auch ausschließlich der psychomotorischen Förderung oder der Schulung von Bewegungsfertigkeiten dienen kann.

2. Das Frostig-Programm

Das sogenannte Frostig-Programm besteht aus drei Teilen:
1. dem „Wahrnehmungstraining" (*Frostig/Reinartz* 1972)
2. der Übungsfolge zur Bewegungserziehung „B-W-L, Bewegen – Wachsen – Lernen" (*Frostig/Reinartz* 1974a) und
3. dem „Individualprogramm zum Wahrnehmungstraining" (*Frostig/ Reinartz* 1974b).

Zu 1. Das „Wahrnehmungstraining" ist eine Übungsfolge mit Arbeitsblättern, die aus 3 Heften mit Aufgaben von steigendem Schwierigkeitsgrad besteht. Zu den Übungen werden in Begleitheften die notwendigen Anweisungen gegeben. Die Übungen zur Wahrnehmungsförderung, bei denen die Kinder mit Buntstiften arbeiten, erstrecken sich auf die fünf von *Frostig* eliminierten Wahrnehmungsbereiche, auf die weiter unten eingegangen wird.
Bei dieser Übungsfolge handelt es sich um ein sogenanntes Entwicklungsprogramm, das in Kindergarten und Vorschule, im Schulkindergarten und in der ersten Grundschulklasse sowie in Sonderschulen (für Lernbehinderte, Körperbehinderte, Sprachbehinderte und Geistigbehinderte) zur allgemeinen Förderung der visuellen Wahrnehmungsfähigkeit der Kinder eingesetzt werden kann – d. h. also nicht allein für Kinder mit speziellen Wahrnehmungsausfällen.

Zu 2. Die Übungsfolge zur Bewegungserziehung, die den Titel „Bewegen – Wachsen – Lernen, B-W-L trägt, besteht aus ca. 160 Übungen die auf einzelnen Karten gedruckt und nach folgenden Übungsbereichen geordnet sind:
– Kräftigung
– Koordination
– Gleichgewicht
– Beweglichkeit
– Körperbewußtwerdung
– Kreative Bewegung
– Gelenkigkeit
Allgemeine Anweisungen und besondere Aspekte, wie z. B. die Bedeutung und Anwendung der Übungsfolge bei Kindern mit Lernschwierigkeiten oder die methodische Gestaltung der Übungen werden in einem Begleitheft ausführlich dargestellt. Zudem ist dieser Übungsfolge in dem Buch von *M. Frostig* „Bewegungs-Erziehung" (1973) eine breite theoretische Fundierung zugrundegelegt.

Zu 3. Das „Individualprogramm zum Wahrnehmungstraining" dient der gezielten therapeutischen Förderung von Kindern, deren spezifische Störungen der visuellen Wahrnehmungsfähigkeit durch einen Test (*Frostig/Lockowand* 1974) oder durch die Beobachtung – etwa bei der Durchführung der Übungen des „Wahrnehmungstrainings" – festgestellt wurden. Im Unterschied zum „Wahrnehmungstraining" sind die Übungen nach den fünf Wahrnehmungsbereichen geordnet, so daß auch von hier aus der gezielte Übungseinsatz gut möglich ist. In einer Begleitschrift werden allgemeine Hinweise zusätzlich gegeben.

Insgesamt kann zum *Frostig-Programm* gesagt werden, daß das „Individualprogramm zum Wahrnehmungstraining" eine spezielle, für die sonderpädagogische Behandlung bzw. Therapie gestaltete Form des „Wahrnehmungstrainings" ist. Die Übungsfolge zur Förderung der Psychomotorik „Bewegen – Wachsen – Lernen" ist demgegenüber eine notwendige Ergänzung beider Formen der Wahrnehmungsförderung.

3. Was verstehen wir unter Wahrnehmung?

Es gibt keine „Einführung in die Psychologie", die nicht ausführlich über die Wahrnehmung informiert, und in jedem Lehrbuch zur Entwicklungspsychologie wird dieser wesentlichen Funktion und ihrer Entwicklung im Kindesalter viel Raum gegeben. An dieser Stelle wollen wir mehr pragmatisch verfahren und uns auf Wahrnehmung in Verbindung mit Psychomotorik im Hinblick auf schulisches Lernen im Altersbereich von 5–7 Jahren beschränken.

Wir möchten drei Versionen der Interpretation für Wahrnehmung geben:
– das Aufnehmen eines Sinneseindrucks;
– die Fähigkeit, den Reizen, die die Sinnesorgane übermitteln, Bedeutung zu geben;
– die Sinnesempfindungen in den Dienst kognitiver, emotionaler und sozialer Prozesse zu stellen.

Wir sind uns dabei bewußt, daß diese Aussagen in etwa alle das gleiche beinhalten, und es wird deutlich, daß Wahrnehmen in diesem Sinn immer zugleich kognitive Prozesse enthält und nicht allein das beinhaltet, was in der Wahrnehmungspsychologie als Empfindung definiert ist. Wenden wir dies im pädagogischen Bereich an und nehmen als Beispiel leicht hirngeschädigte Kinder (*Cruickshank,* 1973), so ist ein in dieser Weise geschädigtes Kind wohl in der Lage, Sinnesreize aufzunehmen. Aber dieses Aufnehmen ist als Symptom der Behinderung dadurch gekennzeichnet, daß das Kind alle Reize seiner Umgebung aufnimmt, auf alles reagiert – und eben durch die Reizüberflutung nicht in der Lage ist, Sinneseindrücke zu seligieren, einige nicht aufzunehmen, andere in den Mittelpunkt der Sinneswahrnehmung zu stellen – und deshalb ist das Lernen eines solchen Kindes erheblich erschwert.

Hier ist ein wichtiger Berührungspunkt zwischen Motorik und Wahrnehmung gegeben. Wenn ein Kleinkind einen Gegenstand sieht, etwa ein Glas, dann wird diese optische Wahrnehmung sogleich in Motorik umgesetzt: Das Kind greift nach dem Glas, d.h. es muß den Abstand zwischen sich und dem Glas richtig einschätzen, und führt es dann, wenn es es gegriffen hat, zum Mund – auch hier ist wieder die Tastempfindung mit der visuomotorischen Fähigkeit zu koordinieren. Ein einfacher Vorgang, aber er zeigt die Differenziertheit des Wahrnehmungsvorganges und zugleich, daß er sinnträchtig wird, weil er in Verbindung mit der Motorik aktiviert wird. „Rückmeldung" oder „Verstärkung" der visuellen Wahrnehmung könnte man jenes motorische Tun nennen, das eben „verstärkend" auf das Wachsen der Fähigkeiten im Wahrnehmungsbereich wirkt.

Diese Erkenntnis ist im schulischen Bereich so wesentlich, weil Wahrnehmung und Motorik Grundlagen für das Lernen sind, ob es sich nun um Lesen, Schreiben, Rechnen oder um emotionales und soziales Lernen handelt. In den Lernbereichen mit dem Schwerpunkt im Alter von 4–7 Jahren bei nicht behinderten und bei Kindern mit Lerndefiziten bis zum Alter von 11–12 Jahren ist Wahrnehmung in Verbindung mit motorischen Handlungen Grundlage der Lernprozesse; denn in diesem Alter vollzieht sich ein entscheidender Wandel in den kognitiven Lernprozessen.

Deshalb soll der Entwicklungsaspekt in Kürze noch etwas näher erörtert werden: Die Hospitalismusforschung hat bereits eine sensomotorische Form des Hospitalismus herausgestellt; d. h. schon in der frühesten Kindheit spielt die Reizzufuhr und die Reizverarbeitung eine maßgebliche Rolle. Es sei hier nur an die Ergebnisse der Forschungen von *R. Spitz* (1957) erinnert, bei dem z. B. die visuelle Wahrnehmung von Gesichtern in den Mittelpunkt emotionaler Entwicklung gestellt wird. Ein anderes Beispiel macht ebenfalls die Bedeutung der Wahrnehmung deutlich: Der Fetus begegnet im Mutterleib mannigfachen akustischen Reizen: den Herztönen der Mutter, dem Geräusch des Verdauungstraktes oder den von außen kommenden Geräuschen. Letztere können z. B. bei lauter Musik zu schockartigen Bewegungsreaktionen des Fetus führen (*Moog* u. *Moog, 1972*). Werfen wir einen Blick auf das spätere Alter – etwa ab einem Lebensjahr –, so sind es vor allem folgende Sinnessysteme, mit deren Hilfe in den Formen des Erkennens und Anwendens das Kind zu Kenntnissen über sich selbst und seine Umwelt gelangt:
– der Gleichgewichtssinn,
– das Tastgefühl – wobei z. B. auch das Tasten durch den Mund eingeschlossen ist, das mehr vermittelt als etwa Erkenntnisse wie „weich" – „hart" oder „glatt" – „rauh",
– der Muskelsinn (kinästhetische Empfindung), der Bewegungsempfindungen in Verbindung mit dem Gleichgewichtssinn und dem Tastgefühl vermittelt, was aber im Sinne des Ausgreifens in die Welt mehr ist als nur „Empfindung",
– die visuelle Wahrnehmung, die Voraussetzung für Lernen schlechthin – besonders im schulischen Bereich – ist.
Daß daneben noch der Gehörsinn und der Geruchsinn eine bedeutsame Rolle in der Entwicklung spielen, liegt auf der Hand; denn Sprache ist z. B. mit Hören innigst verbunden, und die emotionale und soziale Seite

des Geruchs ist in der Fachliteratur oft genug herausgestellt worden. Die Förderung der visuellen Wahrnehmung in Verbindung mit der Bewegungsförderung bildet in den folgenden Ausführungen den Schwerpunkt wegen der Ausrichtung auf die Vorbereitung für schulisches Lernen. Dieses wird dann erschwert, wenn die visuelle Wahrnehmungsfähigkeit beeinträchtigt ist. Diese wiederum ist so intensiv verbunden mit der Motorik, daß eine isolierte Förderung der visuellen Wahrnehmung ohne gleichzeitige motorische Schulung kaum den gewünschten Erfolg haben kann. Ein Wahrnehmungstraining muß demnach koordiniert werden mit mehreren anderen Bereichen, wobei kinästhetische, auditive, emotionale, soziale und kognitive Funktionen Beachtung finden.

Der Begriff „visuelle Wahrnehmung" bedeutet hier die Fähigkeit, visuelle Reize zu erkennen, zu unterscheiden und sie durch Verknüpfungen mit früheren Erfahrungen zu interpretieren. Visuell wahrnehmen ist also nicht nur identisch mit der Fähigkeit, gut zu sehen, denn die Interpretation eines visuellen Reizes beinhaltet einen kognitiven und nicht nur einen optischen Prozeß. Wenn jemand z. B. die vier Linien eines Quadrates sieht, erfolgt die Sinnesempfindung mit den Augen, die Erkenntnis jedoch, daß es sich um ein Quadrat handelt, ist eine Denkleistung. So ist die visuelle Wahrnehmung bei fast allen Handlungen beteiligt. Mit Hilfe der Leistungsfähigkeit der visuellen Wahrnehmung lernen Kinder Lesen, Schreiben, Rechnen und alle anderen Fertigkeiten, die für den Schulerfolg notwendig sind. Und es sind nicht wenige Kinder, die als Schulanfänger deshalb versagen, weil sie die von ihnen geforderten Aufgaben aus dem Bereich der visuellen Wahrnehmung nicht bewältigen. Unter dem Oberbegriff der visuellen Wahrnehmungen können unter diesem Aspekt bei weiterer Ausdifferenzierung die Bereiche

– Visuomotorische Koordination
– Figur-Grund-Wahrnehmung
– Wahrnehmungskonstanz
– Wahrnehmung der Raumlage
– Wahrnehmung räumlicher Beziehungen (*Frostig/Reinartz* 1972) unterschieden werden.

4. Die Bereiche der visuellen Wahrnehmung und ihre Störungen

Visuomotorische Koordination ist die Fähigkeit, das Sehen mit den Bewegungen des Körpers oder Teilen des Körpers zu koordinieren. Wenn ein Sehender nach etwas greift, werden seine Hände durch sein Sehen geleitet. Wenn er läuft, springt, einen Ball tritt oder ein Hindernis beachtet, lenken seine Augen die Bewegungen seiner Füße. Die komplikationslose Durchführung beinahe jeder Handlungsabfolge hängt von einer ungestörten Koordination von Auge und Motorik ab. Störungen in diesem Bereich kommen z. B. beim Spielen und im Sport zum Ausdruck; denn solche Kinder sind ungeschickt. Sie haben ferner Schwierigkeiten beim Schneiden, Kleben und Zeichnen, und das Schreiben zu lernen, ist für sie erheblich erschwert. Nicht selten sind Störungen der Auge-Hand-Koordination mit Störungen der Augenbewegung verbunden, die jedoch für das Lesen im Hinblick auf das Erfassen einer Wortgestalt oder einer Lesezeile von wesentlicher Bedeutung sind.

Um die Bedeutung der *Figur-Grund-Wahrnehmung* zu verstehen, ist es wichtig, sich zu vergegenwärtigen, daß wir die Gegenstände am karsten erkennen, auf die wir unsere Aufmerksamkeit richten. Das menschliche Gehirn ist so organisiert, daß es aus der Gesamtzahl von einströmenden Reizen eine begrenzte Zahl auswählen kann, die zum Zentrum unserer Aufmerksamkeit werden. Diese ausgewählten Reize – ob auditiv, taktil oder visuell – bilden die Figur in unserem Wahrnehmungsfeld, während die Mehrzahl der Stimuli einen nur ungenau wahrgenommenen Grund bildet. So hat z. B. ein kleines Mädchen, das auf dem Spielplatz einen Ball prellt und fängt, seine Aufmerksamkeit auf den Ball gerichtet, der in der Szene, die es wahrnimmt, die Figur ist. Da sich seine Aufmerksamkeit nicht auf die übrigen Dinge des Spielplatzes – Sandkiste, Wippe, Blumenbeet, Spieleimer – konzentriert, bilden diese den nur ungenau wahrgenommenen Grund, dem das Mädchen wahrscheinlich nur insoweit Beachtung schenkt, als es eine Kollision mit diesen Dingen vermeiden will.

Die Figur ist der Teil des Wahrnehmungsfeldes, auf den sich das Zentrum unserer Aufmerksamkeit richtet. Wenn wir unsere Aufmerksamkeit auf etwas anderes lenken, wird das neue Aufmerksamkeitszentrum die Figur, und was vorher Figur war, wird jetzt Grund. Wenn das kleine Mädchen seinen Ball weglegt und den Sandeimer aufhebt, wird der Eimer die Figur in seinem Wahrnehmungsfeld, und der Ball wird zu einem Teil des Grundes.

Ein Gegenstand kann nur in Beziehung zu einem Grund genau wahrgenommen werden. So würde z. B. das Mädchen nicht imstande sein, die genaue Lage seines springenden Balles wahrzunehmen und würde große Schwierigkeiten haben, ihn zu fangen, wenn es ihn nicht ständig in bezug zum Grunde sähe, der durch die Oberfläche des Spielplatzes und die angrenzenden Gegenstände gebildet wird.

Wer Schwierigkeiten hat, das Übergleiten des Aufmerksamkeitszentrums von einem Reiz zum anderen zu kontrollieren, kann ein Problem nicht kritisch prüfen. Ein Kind mit solchen Lernschwierigkeiten scheint seine Arbeit unordentlich zu verrichten, weil es z. B. nicht fähig ist, eine bestimmte Stelle auf einer Buchseite zu finden, weil es Absätze ausläßt und bekannte Aufgaben nicht lösen kann, wenn sie auf einer Seite zusammengedrängt dargeboten werden, und weil es die relevanten Details nicht erkennen kann.

Oft werden solche Kinder mit den unklaren Begriffen „unkonzentriert" oder „unaufmerksam" bezeichnet. Diese Phänomene sind jedoch häufig nur Folgeerscheinungen einer gestörten Figur-Grund-Wahrnehmung. Ähnliches gilt für perseverierende Kinder, die sich aufgrund der gleichen Störung nicht von einem Reiz zu lösen vermögen. Beim Lesen, Schreiben und Rechnen und auch beim Erfassen von Sachzusammenhängen wirkt sich dies aus: Flüchtigkeitsfehler und Schreibfehler sind beispielsweise Folgen, weil das Kind an einem einmal begonnenen Bewegungsschema hängenbleibt.

Auch das Sprechen ist z. B. dadurch gekennzeichnet, daß es sich von Hintergrund-Geräuschen abhebt. Erst aus vielen verschiedenen Klängen und Geräuschen entwickelt sich verständliche Sprache. So ist die Störung zwischen Wahrnehmung und Sprache häufig die Ursache für Leseschwäche. Im motorischen Bereich kann der Rhythmus als eine Art Figur-Grund-Erscheinung interpretiert werden. Damit wird die Figur-Grund-Relation zu einem Kriterium der Unterscheidung von Wesentlich-Unwesentlich, das für das Lernen und die Lernbewältigung von entscheidender Bedeutung ist.

Aufgrund der *Wahrnehmungskonstanz* sind wir imstande, bestimmte Eigenschaften eines Gegenstandes wie seine Form, Lage oder Größe trotz unterschiedlichen Netzhautbildes unverändert wahrzunehmen. Zwei- oder dreidimensionale Formen können z. B. vom Wahrnehmenden als zu einer bestimmten Formkategorie gehörig erkannt werden, unabhängig von ihrer Größe, Farbe, Struktur, der Art der Darbietung oder vom Blickwinkel.

Jemand, dessen Wahrnehmungskonstanz normal entwickelt ist, wird einen Würfel auch unter schrägem Blickwinkel erkennen, obwohl das Netzhautbild von dem eines von vorn gesehenen Würfels erheblich abweicht. Drei andere Aspekte, unter denen ein Gegenstand als visuell konstant wahrgenommen werden kann, sind Größe, Helligkeit und Farbe.

Bei Störungen der Wahrnehmungskonstanz ist das Lesenlernen erschwert und das Erkennen geometrischer Formen (etwa bei der Mengenlehre) gelingt häufig nicht, weil diese Kinder nicht über die notwendige Generalisationsfähigkeit im Erkennen ohne Rücksicht auf Größe, Farbe oder Lage verfügen. Beim Lesenlernen haben solche Kinder insofern Schwierigkeiten, als sie Wörter, die sie zwar in einer Schrift beherrschen, nicht erkennen, wenn sie zusammen mit anderer Schrift als in der gewohnten geboten werden. Hier ist jedoch nicht an Schriftarten wie die „lateinische Ausgangsschrift" und die „deutsche Schrift" gedacht, sondern etwa an Wörter auf Plakaten in dicken Buchstaben, wenn das Kind nur die kleinen Druckbuchstaben aus der Fibel kennt. Störungen der Wahrnehmungskonstanz haben enge Beziehungen zu Figur-Grund-

Störungen und stehen deshalb auch in einem notwendigen Übungszusammenhang.

Die *Wahrnehmung der Raumlage* kann definiert werden als die Wahrnehmung der Raum-Lage-Beziehung eines Gegenstandes zum Wahrnehmenden. Zumindest räumlich gesehen ist eine Person immer das Zentrum ihrer eigenen Welt und nimmt die Gegenstände als hinter, vor, über, unter sich oder seitlich von sich lokalisiert wahr.

Bei Störungen in diesem Bereich ist besonders die Beziehung des Kindes zum eigenen Körper wichtig, und damit ist die Förderung der Motorik wesentlicher Teil beim Abbau solcher Störungen. Die visuelle Welt dieser Kinder ist verzerrt, sie haben Schwierigkeiten, Wörter zu verstehen, die Raum-Lage-Beziehungen bezeichnen: z. B. „innen", „außen", „davor", „dahinter", „links", „rechts" usw. Hier liegt auch die Ursache für jene Verwechslungen, die bei Schulanfängern nicht selten und typisch für spezielle Lesestörungen (Legasthenie) sind: z. B. werden b als d, an als na, 6 als 9, 24 als 42 gelesen und geschrieben. Die Folgen für den Lernfortschritt dieser Kinder in der Schule sind hinlänglich bekannt.

Unter der *Wahrnehmung von räumlichen Beziehungen* versteht man die Fähigkeit, die Lage von zwei oder mehr Gegenständen in bezug zu sich selbst und in bezug zueinander wahrzunehmen. So muß ein Kind, das Perlen auffädelt, die Lage einer Perle und der Schnur zu sich selbst sowie die Lage einer Perle und der Schnur in bezug zueinander wahrnehmen.

Die Fähigkeit, räumliche Beziehungen wahrzunehmen, entwickelt sich später und zum größten Teil aus der einfacher strukturierten Wahrnehmung der Raumlage. Die Wahrnehmung räumlicher Beziehungen und die Figur-Grund-Wahrnehmung schließen die Wahrnehmung von Beziehungen ein. Aus diesem Grund dient das Nachlegen von Mustern, die Arbeit mit Perlen, Steckern, Kugeln, geometrischen Körpern und anderem ähnlichen Material sowohl der Entwicklung der Figur-Grund-Wahrnehmung als auch der Wahrnehmung räumlicher Beziehungen.

Der Unterschied zwischen den Fähigkeiten, die bei der Figur-Grund-Wahrnehmung und der Wahrnehmung räumlicher Beziehungen verlangt werden, ist der, daß bei der Figur-Grund-Wahrnehmung das visuelle Feld in zwei Teile geteilt ist – einen hervorstechenden, auf welchen sich die Hauptaufmerksamkeit richtet (die Figur), und einen unaufdringlichen (den Grund); bei der Wahrnehmung räumlicher Beziehungen dagegen kann jede beliebige Anzahl von Teilen in bezug zueinander gesehen werden, und die Teile verlangen ungefähr gleich viel Aufmerksamkeit.

Die Störungen wirken sich bei den Tätigkeiten und Lernprozessen aus, bei denen Teilaspekte in eine bestimmte Folge gebracht werden müssen. Das ist z. B. beim Lesen von Wortganzen der Fall, wobei Lesefehler in der Weise gemacht werden, daß die Kinder „Bnad" statt „Band" lesen, oder es treten Fehler bei Rechenoperationen, beim Nachbauen von Modellen oder beim Lernen von Maßsystemen auf. Ein Störungsschwerpunkt liegt hier offensichtlich im mathematischen Bereich.

Diese den Wahrnehmungsbereichen zugeordneten Störungen von Lernprozessen treten meist in Kombination, manchmal auch einzeln auf, und zwar bei Kindern mit unterschiedlichem Intelligenzniveau. Da immer der Schwerpunkt der Entwicklung der kindlichen Wahrnehmung im Alter von 3–7 Jahren liegt, ist es gerade der Bereich des Schuleintritts, der für Wahrnehmungsstörungen besonders empfindlich ist. Denn in der Eingangsstufe – besonders in der 1. Grundschulklasse – wird im allgemeinen der Ablauf der geschilderten Wahrnehmungsprozesse vorausgesetzt.

5. Bewegungserziehung und Förderung der visuellen Wahrnehmung

Wenn in den folgenden Ausführungen diese beiden Förderbereiche teilweise getrennt behandelt werden, so wird nochmals ausdrücklich auf den integrativen Zusammenhang einer solchen Förderung hingewiesen: D. h. praktisch gesehen, daß die Verwendung der Arbeitsblätter des „Wahrnehmungstrainings" (*Frostig/Reinartz*, 1972) nur geringen Erfolg hätte, wenn diese Übungen nicht mit einer entsprechenden Bewegungserziehung verbunden wären. Von gleicher Bedeutung ist es, daß in das Übungsprogramm die Beschäftigung mit Spielmaterial und sprachfördernde Maßnahmen ständig einbezogen werden. Aus der Fülle der Übungen des Bewegungserziehungsprogrammes „Bewegen-Wachsen-Lernen, BWL" (*Frostig/Reinartz*, 1974 u. *Frostig*, 1973), deren Übungsbereiche vorhin schon genannt wurden, seien einige als Beispiele hier aufgeführt:

5.1. Übungen zur Körperbewußtwerdung

Übung 33: Zwei Kinder stehen einander gegenüber, sie berühren sich mit den Handflächen. Ein Kind schiebt das andere rückwärts, das leistet Widerstand, aber nur so viel, daß es dennoch langsam durch den Raum geschoben wird. Die Rollen werden vertauscht.
Übung 39: Die Kinder werden aufgefordert, unter einem Tisch hindurchzukrabbeln, über einen Stuhl zu steigen, über Linien auf dem Boden zu springen, um andere Kinder herumzugehen usw. Wenn die Kinder die Folge der Hindernisse genau kennen, könnte der Übungsleiter die von den Kindern benötigte Zeit stoppen, um zusätzlich zur Körperbewußtwerdung Beweglichkeit und Schnelligkeit zu fördern.
Diese Übungen fördern die Körperbewußtwerdung dadurch, daß sich die

Kinder über die Grenzen ihres Körpers bewußt werden, indem sie Gegenständen ausweichen müssen.

Übung 54: In dieser Übung wird das Erkennen und Lokalisieren der Körperteile geübt. Die Kinder stehen. Der Übungsleiter sagt: „Klatscht zweimal in die Hände; legt eure Ellenbogen zusammen; stellt eure Füße auseinander; berührt einen Ellenbogen; berührt beide Ellenbogen; nehmt eure Knie zusammen; berührt das rechte Knie mit der linken Hand; berührt das linke Knie mit der rechten Hand; berührt eure Nase; berührt die Zehen mit verschränkten Armen; berührt die Nase mit der einen Hand, das Knie mit der anderen; legt eure Hände auf den Kopf; berührt ein Knie und einen Fuß; klatscht einmal in die Hände; legt eure Handflächen zusammen; berührt eine Schulter; klatscht hinter eurem Nacken in die Hände; zeichnet ein Quadrat in die Luft; berührt eure Augen; berührt eure Fersen; legt eure linke Hand auf die linken Zehen; legt eure linke Hand auf die rechten Zehen."

5.2. Übungen zur kreativen Bewegung

Übung 1: Der persönliche Raum. Der Übungsleiter sagt den Kindern, daß sie sich so weit wie möglich voneinander entfernt aufstellen sollen, damit sie sich gegenseitig in ihren Bewegungen nicht stören. Die Kinder versuchen herauszufinden, wie weit sie Arme und Beine in die verschiedenen Richtungen ausstrecken können. Der Übungsleiter bezeichnet den Raum um jedes Kind als dessen persönlichen Raum. Er kann diesen Raum als eine Luftblase bezeichnen, die das Kind umgibt. Die Kinder sollen häufig aufgefordert werden, Bewegungen in ihrem persönlichen Raum zu machen.

Übung 2: Der gemeinschaftliche Raum. Die Kinder werden aufgefordert, im Raum herumzulaufen. Sie sollen auf diese Weise räumliche Dimensionen erfahren. Beim Laufen sollen sie versuchen, Zusammenstöße mit anderen Kindern zu vermeiden. Der Übungsleiter erklärt, daß der Raum mit allen geteilt werden muß; er wird der gemeinschaftliche Raum genannt.

Übung 3: Bodenmuster im gemeinschaftlichen Raum. Der Übungsleiter sagt den Kindern, daß sie verschiedene Muster auf den Boden „zeichnen" sollen, ohne dabei die Richtung des Körpers zu verändern. (Die Richtung des Körpers gilt dann als geändert, wenn das Kind eine andere Wand ansieht). Um das zu verdeutlichen, legt der Übungsleiter ein Seil in Schlangenlinie auf den Fußboden. Zuerst laufen die Kinder an diesem Seil entlang. Nachdem sie verstanden haben, was mit Bodenmuster gemeint ist, können sie sich auf geraden Linien, in Schlangenlinien oder in verschiedenen Kombinationen dieser Muster bewegen, wobei sie aber immer nach vorn sehen. Später können sie ausprobieren, wie sie sich seitlich, rückwärts, im Zickzack und in Kreisen bewegen, alles, ohne die Richtung des Körpers zu ändern.

Übung 10: Verschiedene Ebenen. Die Kinder werden aufgefordert, sich auf den Zehenspitzen zu bewegen (sozusagen auf der oberen Ebene). Später gehen sie in der mittleren Ebene (normale Standposition), und dann wählen sie eine Bewegung in der unteren Ebene (nahe am Boden). Sie wechseln von einer Ebene in die andere, während sie herumgehen.

5.3. Übungen zur Koordination

Übung 2: Der Gang eines Trolls.
1. Die Kinder tun so, als wären sie Trolle. Sie gehen, indem sie die Knie hochheben und mit den Füßen aufstampfen. Die Oberkörper sind vorgebeugt, weil sie „wütend" sind. Die Arme sind steif und die Fäuste geballt.
2. Die Trolle sind jetzt nicht mehr so wütend. Obwohl der Oberkörper immer noch vorgebeugt ist, schwingen die Arme jetzt leicht beim Gehen. Sie stampfen nicht mehr so hart auf.
3. Die Trolle sind nicht mehr wütend. Sie heben die Füße hoch über Wurzeln und Steine, aber der Oberkörper ist jetzt aufgerichtet. Sie fühlen sich gestärkt und sind stolz und fröhlich. Diese Übung kann durch eine Geschichte ergänzt werden.

Übung 5: Seiltänzergang.
1. Die Kinder machen mit dem rechten Fuß einen Schritt nach vorn; dann nehmen sie den linken Fuß vor und stellen die linke Ferse vor und gegen die rechten Zehen. Dann stellen sie die rechte Ferse gegen die linken Zehen. Das wird wiederholt, diesmal beginnt der andere Fuß.
2. Die Kinder machen mit dem rechten Fuß einen Schritt nach vorn, sie holen den linken Fuß nach und stellen die Zehen hinter die rechte Ferse. Sie nehmen wieder den rechten Fuß nach vorn und stellen den linken Fuß nach. Das wird wiederholt, diesmal mit dem anderen Fuß anfangen.
3. Das Tempo wird erhöht.
4. Die Kinder experimentieren nach Belieben mit Übung 1 und 2. Sie zeigen sich gegenseitig ihre Übungsfolgen.
5. Die Kinder machen die Schritte paarweise, sie gehen nebeneinander, verschränken die Arme vor der Brust und fassen sich an.

Übung 27: Figuren springen. Der Übungsleiter legt mit Stäben Figuren wie Quadrate, Dreiecke und Rechtecke auf den Fußboden.

Die Kinder werden aufgefordert, sich der Reihe nach an eine Figur zu stellen und mit geschlossenen Füßen in die Figur zu springen. Wenn die Kinder die Namen der Figuren vorher gelernt haben, sollten sie diese beim Hineinspringen nennen. Zur Übung der koordinierten Bewegung dienen als Geräte besonders die Zauberschnur und das Trampolin.

Es erübrigt sich, Beispiele zu den übrigen Übungsbereichen anzuführen, da diese im einzelnen hinlänglich bekannt sind. Sie werden jedoch in dem hier angesprochenen Übungsprogramm in einer praktisch gut verwendbaren Reihenfolge und Zusammenstellung angeboten.

6. Förderung der visuellen Wahrnehmung

Unter Berücksichtigung der generellen Verbindung mit den an Beispielen verdeutlichten Übungen zur Psychomotorik kann die Förderung der visuellen Wahrnehmung in den vorhin genannten Teilbereichen an folgenden Beispielen veranschaulicht werden.

6.1. Übungen zur visuomotorischen Koordination

– Feinmotorische Koordinationsübungen: Schneiden, Kleben, Malen, Perlen auffädeln, mit Lego und anderen Bausteinen bauen;
– Übungen zur Augenbewegung, z. B. Gegenstand in verschiedenen Abständen mit den Augen verfolgen – bei regelmäßigen und unregelmäßigen Bewegungen;
– Grobmotorische Koordinationsübungen: freies Spiel, rhythmische Übungen, Spiele mit Sprechen, Wechsel der Körperhaltung;
– Übungen mit Arbeitsblättern. Die hier und in den folgenden Beispielen und Abbildungen dargestellten Übungen sind aus *Frostig/Reinartz,* 1972 (Übung 36, Heft 2 und Übung 5, Heft 3).

In *Abb. 1* und *Abb. 2* sind zwei Aufgaben mit verschiedenem Schwierig-

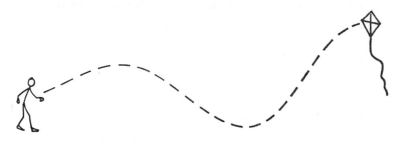

Abb. 1.

keitsgrad wiedergegeben. Bei dem Arbeitsblatt in *Abb. 1* erhalten die Kinder den Auftrag, die gestrichelte Linie nachzuzeichnen, während bei dem in *Abb. 2* wiedergegebenen Arbeitsblatt die Kinder mit einem Buntstift den Weg, den das Boot fährt, in der Mitte des Flusses einzeichnen sollen.

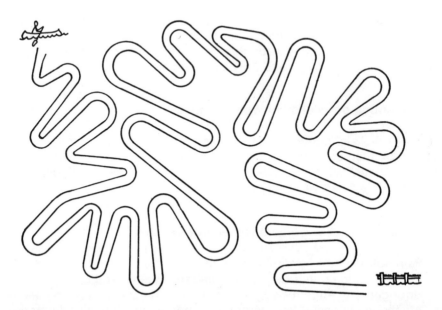

Abb. 2.

6.2. Übungen zur Figur-Grund-Wahrnehmung

– Diskriminationsübungen, z. B. runde, rote Dinge im Raum finden oder aus einer Schachtel mit vorwiegend runden Knöpfen die wenigen ekkigen heraussuchen.
– Übungen, die sich aus dem Tagesablauf ergeben, z. B. im Freien: „Seht ihr den Vogel im Baum?", im Raum: das Spiel „Ich sehe was, was du nicht siehst...";
– Sortierübungen z. B. nach Größe, Form und Farbe;
– Übungen mit Arbeitsblättern (Übung 37, Heft 2, Übung 55, Heft 2 und Übung 40, Heft 3).
Bei dem in *Abb. 3* wiedergegebenen Arbeitsblatt sollen die Kinder das Muster, das sie in dem Kästchen oben links sehen, an dem Clown suchen und umranden, während bei dem auf *Abb. 4* dargestellten Arbeitsblatt

Abb. 3.

die Figuren oben, soweit ihre Ränder sichtbar sind, in der unten angegebenen Farbe umrandet werden sollen. Für das auf *Abb. 5* wiedergegebene Arbeitsblatt erhalten die Kinder den Auftrag, die beiden Figuren mit je einem anderen Farbstift zu umranden.

6.3. Übungen zur Wahrnehmungskonstanz

– Vertrautmachen mit verschiedenen Formen und Größen; Such- und Sortierübungen;
– *Materialien zum Ineinanderpassen, Auseinandernehmen;*
– *Mit Schablonen arbeiten (d. h. Übergang von der Dreidimensionalität zur Zweidimensionalität);*
– *Übungen zur Erfassung bildlicher Darstellung; Bezeichnungen für Größen; Erkennen und Benennen geometrischer Flächen;*
– *Übungen mit Arbeitsblättern (Übung 29, Heft 1, und Übung 97, Heft 3).*

Zum in Abb. 6 dargestellten Arbeitsblatt erhalten die Kinder den Auftrag, hintereinander alle Kreise, Ovale und Dreiecke herauszusuchen und je mit verschiedenfarbigen Stiften zu umranden. Bei dem auf *Abb. 7* dargestellten Arbeitsblatt sollen die unten angegebenen Figuren im oberen Teil herausgefunden und mit Buntstiften angemalt werden.

6.4. Übungen zur Wahrnehmung der Raumlage

– Die vorhin genannten Übungen zur Körperbewußtwerdung;
– Übungen zur Körper-Objekt-Beziehung, z. B. auf einen Stuhl stellen, unter einen Tisch kriechen, in einer Kiste stehen – einschließlich Verbalisieren dieser Tätigkeiten;
– Beschreibung der räumlichen Beziehungen von Bauklötzen zum Betrachter;
– Rechts-Links-Orientierung, z. B. an sich selbst, von sich selbst aus an Gegenständen;
– Reversionen und Rotationen, z. B. Klötze umlegen, Nachbauen von Vorlagen;
– Übungen mit Arbeitsblättern (Übung 83, Heft 2, und Übung 90, Heft 3).

Bei der Übung in *Abb. 8* suchen die Kinder die Form in jeder Reihe, die genauso aussieht wie die erste Figur, und kreuzen sie an oder malen sie aus. Bei dem auf *Abb. 9* wiedergegebenen Arbeitsblatt sollen die spiegelbildlichen Quadrate ebenfalls ausgefüllt werden.

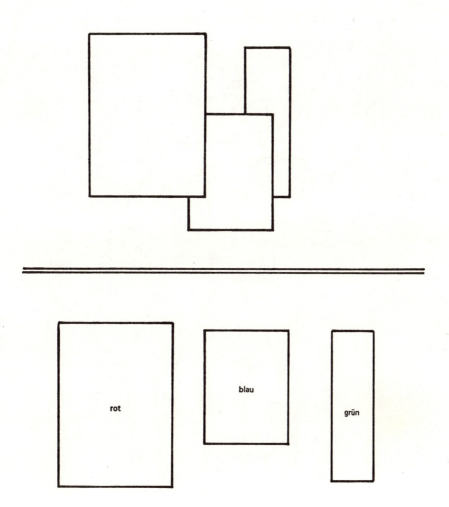

Abb. 4.

57

Abb. 5.

Abb. 6.

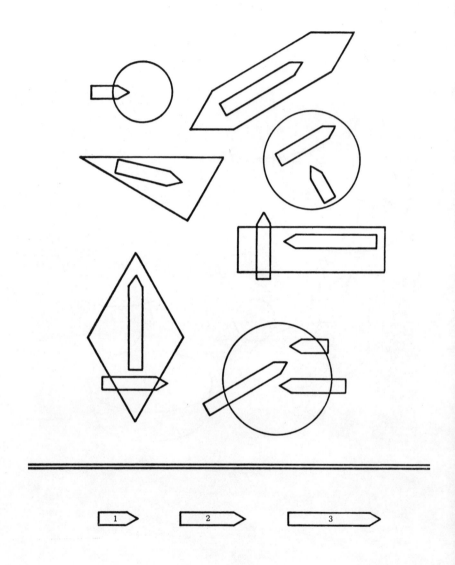

Abb. 7.

60

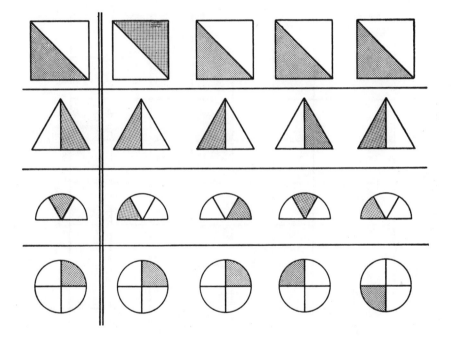

Abb. 8.

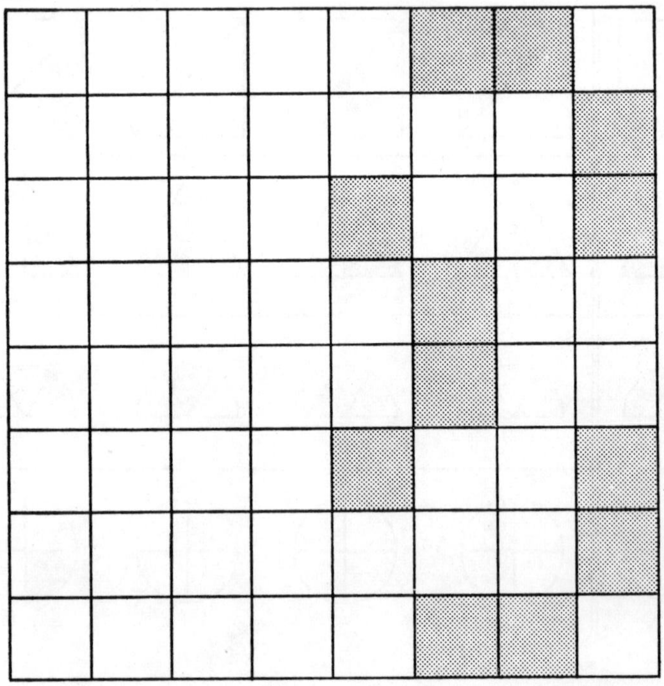

Abb. 9.

62

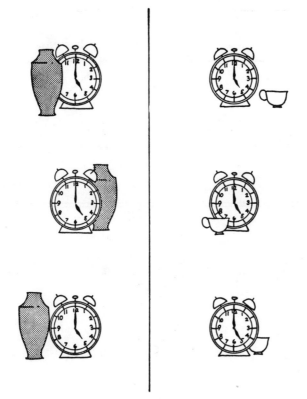

Abb. 10.

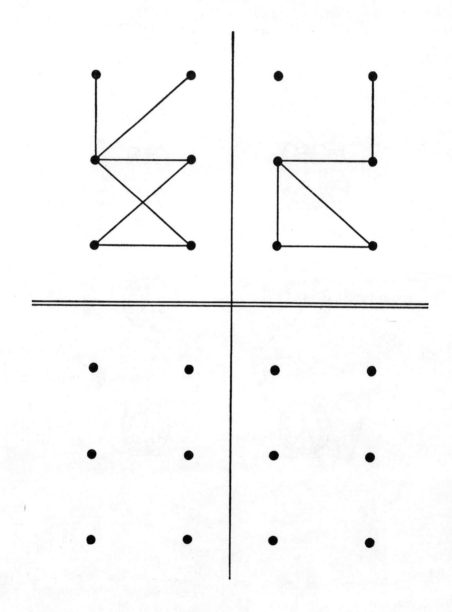

Ab. 11.

6.5. Übungen zur Wahrnehmung räumlicher Beziehungen

Diese Übungen sind inhaltlich eng mit den Übungen zur Figur-Grund-Wahrnehmung verbunden.
- Übungen wie zur Wahrnehmung der Raumlage;
- Nach Vorlagen auf Steckbrettern Muster stecken – auch symmetrische;
- Symmetrieübungen z. B. Faltschnitt, Klecksographien;
- Übungen mit Arbeitsblättern (Übung 7, Heft 2, und Übung 70, Heft 3).

Bei dem Arbeitsblatt in *Abb. 10* sollen die Kinder Verbindungslinien ziehen zwischen den Bildern der linken und rechten Bildspalte, bei denen die beiden Gegenstände in gleicher Weise einander zugeordnet sind (neben, hinter, vor). Bei dem anderen Arbeitsblatt *(Abb. 11)* zeichnen die Kinder das jeweils vorgegebene Muster in die untere Punktanordnung, wobei sie mit dem obersten Punkt beginnen. Bei beiden Aufgaben verbalisieren die Kinder ihr Tun.

7. Bisher vorliegende Untersuchungen im Frostig-Programm in der Bundesrepublik

Abschließend sei erwähnt, daß bislang noch wenig Untersuchungsergebnisse zur Anwendung des Frostig-Programms im deutschen Sprachraum vorliegen. Das hat seine Ursache nicht zuletzt darin, daß die Publikationen von Marianne Frostig erst seit kurzer Zeit in deutscher Sprache vorliegen.
Aus dem Bereich der Behindertenpädagogik liegen bisher zwei Publikationen von E. Sander (1971 u. 1973) vor, die sich auf die Verwendung bei körperbehinderten und bei lernbehinderten Kindern beziehen. Weiterhin geben Seidel und Biesalski (1973) einen Bericht über psychologische und klinische Erfahrungen bei sprachbehinderten Kindern, der vor allem aufschlußreiche Fallbeschreibungen enthält.

8. Zusammenfassung

Es war die Absicht dieser Ausführungen, neue Möglichkeiten einer Förderung der visuellen Wahrnehmungsfähigkeit in Verbindung mit psychomotorischen Übungen auf der Grundlage des von Frostig entwickelten Förderprogramms aufzuweisen. Hierbei sollte deutlich werden, daß durch Förderung in diesen Bereichen, wenn sie in der Vorschulzeit erfolgt, Lernschwächen in der Grundschule vorgebeugt werden können. Dieser Effekt wird einerseits durch das Nachholen von Defiziten in der sensumotorischen Entwicklung in der frühen Kindheit erzielt als auch durch die Förderung jener Wahrnehmungsfähigkeiten, die nach Piaget (1966) im Alter von 2 bis 7 Jahren im allgemeinen erworben werden. Eine solche Förderung kann auch noch bei schulpflichtigen Kindern im Schulkindergarten und im ersten Grundschuljahr das schulische Lernen begleitend erfolgen.

Auch die mit Lernbehinderung, Körperbehinderung, Sprachbehinderung und geistiger Behinderung einhergehenden speziellen Wahrnehmungsstörungen können im Rahmen einer gezielten Therapie angegangen werden. Für einen Teil dieser Bereiche liegen erste Forschungsergebnisse vor:

9. Literatur

Cruickshank, W. M.: Schwierige Kinder in Schule und Elternhaus – Förderung verhaltensgestörter, hirngeschädigter Kinder, Carl Marhold Verlag, Berlin 1973.

Eggert, D., und E. J. Kiphard: Die Bedeutung der Motorik für die Entwicklung normaler und behinderter Kinder, Verlag K. Hofmann, Schorndorf 1972.

Frostig, M.: Bewegungs-Erziehung, Neue Wege der Heilpädagogik, E. Reinhardt Verlag, München/Basel 1973.

–,–, und O. Lockowandt: Frostigs Entwicklungstest der visuellen Wahrnehmung, FEW, deutsche Bearbeitung von O. Lockowandt, Beltz Testgesellschaft, Weinheim.

–,–, und A. u. E. Reinartz: „Wahrnehmungstraining", Crüwell-Verlag, Dortmund 1972.

–,–, und A. u. E. Reinartz: BWL, Bewegen-Wachsen-Lernen, Bewegungserziehung, Crüwell-Verlag, Dortmund 1974a.

–,–, und A. u. E. Reinartz: Individualprogramm zum Wahrnehmungstraining, Crüwell-Verlag, Dortmund 1974b.

Hechinger, F.M. (Hrsg.): Vorschulerziehung als Förderung sozial benachteiligter Kinder, Klett-Verlag, Stuttgart 1970.

Heese, G., und S. Solarova: Behinderung und soziale Devianz, in: Behinderte inmitten oder am Rande der Gesellschaft (hrsg. v. G. Heese), Carl Marhold Verlag, Berlin 1973, S. 25–60.

Moog, W., und E. S. Moog: Die entwicklungspsychologische Bedeutung von Umweltbedingungen im Säuglings- und Kleinkindalter, Carl Marhold Verlag, Berlin 1972.

Piaget, J.: Das Erwachen der Intelligenz beim Kinde, Klett-Verlag Stuttgart 1969.

Sander, E.: Wahrnehmungsstörungen bei körperbehinderten Kindern und Hilfen zu ihrer Überwindung, in: Das körperbehinderte Kind im Erziehungsfeld der Schule, hrsg. v. H. Wolfgart u. E. Begemann, Carl Marhold-Verlag Berlin 1971, S. 69–85.

–,–: Der Einfluß eines Wahrnehmungstrainings auf die HAWIK-Leistungen 8- und 9jähriger Schüler einer Schule für Lernbehinderte, Heilpädagogische Forschung, 1973, Bd. IV, Heft 3, S. 339 348.

Seidel, Chr., und *Biesalski, P.*: Psychologische und klinische Erfahrungen mit dem Frostig-Test und der Frostig-Therapie bei sprachbehinderten Kindern, Praxis der Kinderpsychologie und Kinderpsychiatrie, 1973, Heft 1, S. 3–15.

Spitz, E. A.: Die Entstehung der ersten Objektbeziehungen, Klett Verlag, Stuttgart 1957.

Zur pädagogischen Förderung behinderter und von Behinderung bedrohter Kinder und Jugendlicher, Empfehlung der Bildungskommission des Deutschen Bildungsrates vom 14. 12. 1973.

Bemerkung: Nachdruck aus G. Heese (Hrsg.): Rehabilitation Behinderter durch Förderung der Motorik, Marhold, Berlin, 1973. S. 91 ff.

Hinweis: Das hier aufgeführte „Wahrnehmungstraining" von *Frostig/Reinartz* ist 1977 als zweite, überarbeitete Auflage von den gleichen Autoren unter dem Titel „Visuelle Wahrnehmung – Übungs- und Beobachtungsfolge für den Elementar- und Primarbereich" (Schroedel-Crüwell Verlag, Hannover/ Dortmund) erschienen.

Visuelle Wahrnehmungsförderung sprachlich retardierter Kinder im Schulkindergarten

Eine Untersuchung mit dem *Frostig*-Entwicklungstest der visuellen Wahrnehmung und dem Therapieprogramm „Visuelle Wahrnehmungsförderung" von *Frostig/Reinartz*

Von Marianne Borstel

Etwa 10–15% aller Kinder im Vorschulalter sind sprachlich retardiert (*Knura,* 1976). Dabei ist der Sprachentwicklungsrückstand häufig nur die auffälligste Beeinträchtigung, sehr oft sind auch Motorik und Wahrnehmung dieser Kinder nicht altersgemäß entwickelt. Störungen der Perzeption lassen auf eine zentrale Genese der sprachlichen Retardierung schließen, meist verursacht durch eine verzögerte Hirnreifung oder durch eine frühkindliche Hirnschädigung (vgl. *Seidel,* 1973).

Im Gegensatz zu Sprache, Motorik, Intelligenz, emotionaler und sozialer Anpassung, die durch Beobachtung des Kindes zumindest grob beurteilt werden können, sind Wahrnehmungsfähigkeiten viel schwieriger zu bestimmen. Störungen der Perzeption werden daher leicht übersehen. Eine altersgemäße Wahrnehmung gehört aber zu den wichtigsten Voraussetzungen für das Lernen. Auch die Sprachtherapie ist viel erfolgreicher, wenn bestehende Wahrnehmungsstörungen gleichzeitig mitbehandelt werden.

Bisher gab es für Vorschulkinder keine geeigneten Tests, mit denen sich die visuelle Perzeption in effektiver Weise messen ließ. Im „*Frostig*-Entwicklungstest der visuellen Wahrnehmung" von *Frostig* et al. (1963, 1966) liegt nun ein kindgemäßes Verfahren vor, mit dem sich visuelle Wahrnehmungsleistungen 4- bis 8jähriger Kinder gut bestimmen lassen. Das dazugehörige Therapieprogramm bietet Übungen in den Bereichen, die der Test mißt.

Die hier referierte Untersuchung (*Borstel,* 1973) sollte folgende Fragen klären:

1. In welchem Umfang zeigen sprachlich retardierte Vorschulkinder visuelle Wahrnehmungsstörungen?
2. Können Wahrnehmungsstörungen durch das Frostig-Therapieprogramm in angemessener Zeit – z. B. während des Besuchs des Schulkindergartens – ausgeglichen werden?

3. Ist das Frostig-Programm besser als andere Vorschulprogramme geeignet, visuelle Wahrnehmungsstörungen zu beheben?
Das Untersuchungsverfahren bestand aus einem Vortest, einer Trainingsperiode und einem Retest.

Durchführung des Vortests

Die Untersuchung wurde an 11 Dortmunder Schulkindergärten durchgeführt, die in Gebieten mit unterschiedlicher soziologischer Bevölkerungsstruktur lagen.
Der Stand der Sprachentwicklung wurde mit sprachheilpädagogischen Verfahren bestimmt. Für die Untersuchung wurden dann die sprachlich retardierten Kinder ausgewählt. Alle Kinder verstammelten mindestens einen oder auch mehrere Laute; der überwiegende Teil von ihnen zeigte Satzbaustörungen unterschiedlichen Ausmaßes.
Um einen ungefähren Anhaltspunkt über die nichtverbale Intelligenzhöhe eines Kindes zu gewinnen, wurde es mit den ,,Children's Coloured Progressive Matrices" von *Raven* (1947) getestet.
An weiteren Informationen wurden festgehalten: Stellung in der Geschwisterreihe, Berufstätigkeit der Mutter, Händigkeit und Vorgeschichte der Aufnahme in den Schulkindergarten, wobei es drei Möglichkeiten gab: Zurückstellung durch den Schularzt oder aufgrund eines Schulreifetests oder nach einem mehrwöchigen Besuch des ersten Schuljahres.
Durch den Vortest sollten folgende Fragen geklärt werden:
  I. In welchem Ausmaß haben sprachlich retardierte Kinder auch visuelle Wahrnehmungsstörungen?
 II. Lassen sich Abhängigkeiten der Wahrnehmungsleistungen
    1. vom Geschlecht
    2. vom IQ nach *Raven*
    3. vom Lebensalter
    4. von der Tatsache, ob das Kind schon das erste Schuljahr besucht hat oder ob es sofort in den Schulkindergarten aufgenommen wurde
    5. von der Händigkeit
    6. von der Stellung in der Geschwisterreihe
    7. von der Berufstätigkeit der Mutter
    8. von zusätzlichen Sprachstörungen (Poltern, Stottern) nachweisen?
Der ,,Entwicklungstest der visuellen Wahrnehmung" (FEW) von *Frostig* et al. (1966) wurde als Gruppentest mit 8–10 Kindern, dem von *Frostig* (1966, S. 8) für diese Altersgruppe angegebenen optimalen Gruppenumfang, durchgeführt. Da die inzwischen vorliegende Standardisierung an

deutschen Kindern (*Lockowandt,* 1974) zum Zeitpunkt der Untersuchung noch nicht abgeschlossen war, wurden die amerikanischen Normen verwendet. Dieses Verfahren schien berechtigt, da es sich um einen nichtsprachlichen Test handelt, der an der amerikanischen Mittelschicht standardisiert wurde, die kulturell der deutschen Mittelschicht entspricht. Da Wahrnehmungsfähigkeiten abhängig von der allgemeinen Entwicklung des Kindes sind und zahlreiche Untersuchungen zeigten, daß die Entwicklungsverläufe amerikanischer Kinder mit denen von deutschen übereinstimmten, dürften auch die Wahrnehmungsleistungen vergleichbar sein. Schließlich zeigte sich bei der hier untersuchten Gruppe die auch von *Frostig* (1963) angegebene Standardabweichung der WQ-Verteilung von 16,5.

Ergebnisse des Vortests

Es wurden 138 Kinder getestet, 85 Jungen und 53 Mädchen. Mit einem mittleren IQ von 3,2 lag die Intelligenz dieser Stichprobe leicht unter dem Durchschnitt.

Die Kinder waren zwischen 5;10 und 7;10 Jahre alt, das mittlere Alter betrug 6;9 Jahre.

Die Wahrnehmungsleistungen der Kinder waren äußerst unterschiedlich und erstreckten sich von einem WQ (WQ = Wahrnehmungsquotient) von unter 50 bis zu über 125. Die WQ-Verteilung war mehrgipflig mit Modalwerten bei 60, 80, 100 und 115. Diese Verteilung ließ sich bei beiden Geschlechtern beobachten.

Beim *Frostig*-Test ist nicht nur der Gesamt-WQ wichtig, für die Planung eines individualisierten Trainings sind besonders die Ergebnisse der fünf Untertests von Bedeutung:

Die Mittelwerte der Subtests lagen alle unter dem Durchschnitt, mit Ausnahme von Subtest III (WK), wo fast der Normwert von 10 erreicht wurde. Allerdings hatte dieser Untertest zugleich die höchste Standardabweichung, die Leistungen waren in diesem Bereich also sehr inhomogen.

Die Mehrgipfligkeit des Gesamt-WQ tauchte in einigen Subtests wieder auf:

Subtest I (VM) zeigt eine zweigipflige Verteilung mit den Modalwerten 8 und 10, d. h. es gab eine Gruppe von Kindern mit normaler visuomotorischer Koordinationsfähigkeit (Modalwert 10) und eine Gruppe, bei der diese Funktion unterentwickelt war (Modalwert 8).

Subtest II (FG) hat ein Maximum bei 8, die unterschiedlichen Leistungen lagen also deutlich unter dem Normwert von 10.

Subtest III (WK) zeigt eine viergipflige Verteilung mit Modalwerten bei 6, 9, 11 und 19, d. h. es gab also Kinder mit schwereren und leichteren Aus-

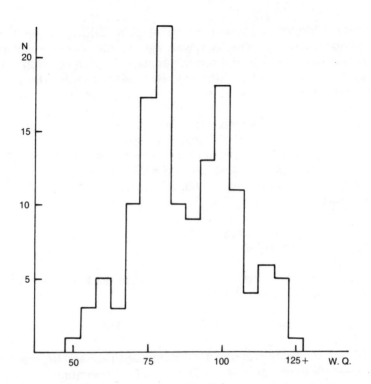

Abb. 1.

fällen in diesem Bereich, aber auch Kinder mit überdurchschnittlichen Fähigkeiten.

Bei diesem Test fand sich die größte Streuung der Leistungen.

Subtest IV (RL) hat einen Modalwert von 8, d. h. die durchschnittlichen Leistungen lagen unter der Norm von 10.

Subtest V (RB) zeigte eine zweigipflige Verteilung mit Modalwerten von 7 und 9. Es gab wieder zwei Gruppen von Kindern, leicht retardierte (Modalwert 9) und schwerer gestörte (Modalwert 7).

Die Prüfungen der Hypothesen auf Signifikanz brachten folgende Ergebnisse:

1. Die Wahrnehmungsleistungen sprachlich retardierter Kinder korrelierten hochsignifikant mit dem IQ nach *Raven.* Kinder mit höherer Intelligenz hatten auch einen höheren WQ.

2. Die Wahrnehmungsleistungen sprachlich retardierter Kinder korrelierten hochsignifikant mit ihrem Alter. Jüngere Kinder hatten bezogen auf ihre Altersgruppe einen höheren WQ als ältere Kinder.

3. Nicht nachgewiesen werden konnte eine Abhängigkeit der Wahrnehmungsleistungen vom Geschlecht, von der Geschwisterposition, von

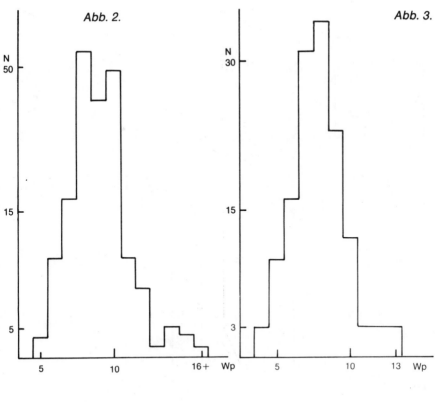

Abb. 2.

Abb. 3.

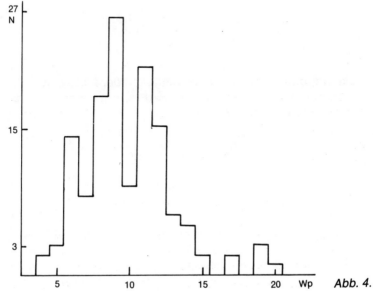

Abb. 4.

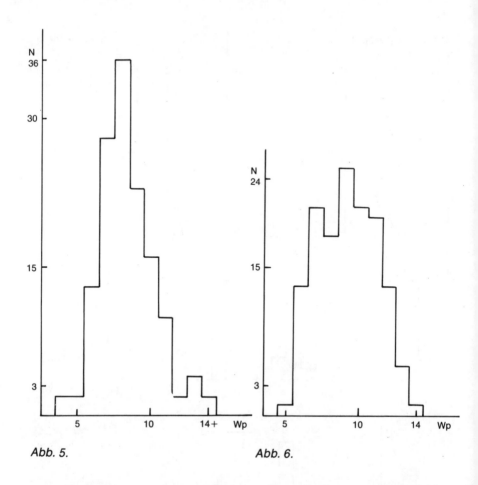

Abb. 5.   Abb. 6.

der Händigkeit, von der Berufstätigkeit der Mutter, vom Zeitpunkt der Aufnahme in den Schulkindergarten, noch von einer zusätzlichen Sprachstörung.

Durchführung des Trainingsprogramms

Der Vortest zeigte, daß bei der Mehrzahl der sprachlich retardierten Kinder die Wahrnehmungsfähigkeiten unterdurchschnittlich entwickelt waren. Ein Training zur Steigerung der Wahrnehmungsleistungen war daher wünschenswert. Als Arbeitsmaterial wurde das Frostig-Therapieprogramm gewählt, das für alle Bereiche, die der Test mißt, Übungen verschiedener Schwierigkeitsgrade enthält. Die deutsche Ausgabe des Programms war zum Zeitpunkt der Untersuchung (1972) gerade von A.

und *E. Reinartz* unter dem Titel „Visuelle Wahrnehmungsförderung" herausgegeben worden. In den Schulkindergärten waren zur Zeit der Untersuchung bereits verschiedene Vorschulmappen eingeführt, die „Visuelle Wahrnehmungsförderung" jedoch noch in keinem von ihnen. Es interessierte jetzt die Frage, ob diese Vorschulprogramme bereits ausreichten, um die visuellen Wahrnehmungsleistungen signifikant zu steigern oder ob ein spezielles Wahrnehmungstraining angeboten werden sollte, wie es in der „Visuellen Wahrnehmungsförderung" von *Frostig/Reinartz* (1972) zur Verfügung steht.

Die Probanden wurden daher nach Geschlecht, Alter, IQ und WQ parallelisiert. Es ließen sich 52 Paare zusammenstellen. Einer der Partner wurde der Versuchsgruppe (Vg), der andere der Kontrollgruppe (Kg) zugeordnet. Die Vg sollte das *Frostig*-Programm bearbeiten, die Kg weiterhin die bereits eingeführten Vorschulmappen. Es handelte sich dabei um folgende Programme:

1. *Schüttler-Janikulla, K.:* „Arbeitsmappen zum Sprachtraining und zur Intelligenzförderung". Dieses Programm ist ein spezielles Sprachtraining; es wurde an neun Schulkindergärten benutzt.
2. *Seyd, W.:* „Düsseldorfer Arbeitsblätter: Form, Farbe, Menge". Dieses Training der kombinatorischen Form-, Farb- und Mengenauffassung war in sieben Schulkindergärten eingeführt.
3. *Baar, E.* und *Tschinkel, J.:* „Schulreifetraining". Dieses allgemeine Schulreifetraining verschiedener Funktionen nach *Thurstone* wurde in drei Schulkindergärten verwendet.
4. *Hagemann* (Hrsg): „Spielend schreiben lernen". Das Programm bietet Vorübungen zum Schreiben; zwei Schulkindergärten arbeiteten damit.
5. „*Westermanns* Formenfibel". Sie enthält Übungen zur Formauffassung; an einem Schulkindergarten wurde damit gearbeitet.
6. *Koch, G.:* „Audiovisuelles Programm für Vorschulkinder". Dieses ist ein reines Sprachtraining; es wurde an einem Schulkindergarten versuchsweise verwendet.

Visuelle Wahrnehmungsfähigkeiten werden sicher durch die Programme 2, 3, 4, 5, in einem gewissen Ausmaß gefördert, obwohl sie kein spezielles Wahrnehmungstraining darstellen.

In acht Schulkindergärten wurden zwei Programme bearbeitet, meist Nr. 1 in Verbindung mit einem anderen, zwei Kindergärten arbeiteten mit drei Programmen, in einem Kindergarten wurde nur ein Programm bearbeitet.

Es wurde streng darauf geachtet, daß die Vg wirklich nur das *Frostig*-Programm bearbeitete und nicht auch noch zusätzlich die anderen Vorschulmappen. Andererseits bearbeitete die Kg keine einzige Übung des *Frostig*-Programms.

In diesem Teil der Untersuchung sollten folgende Fragen geklärt werden:

1. Was leistet das *Frostig*-Programm zur Entwicklung der visuellen Wahrnehmungsfähigkeiten? ·
2. Was leistet der herkömmliche Unterricht im Schulkindergarten zur Entwicklung der visuellen Wahrnehmungsfunktionen?
3. Ist das *Frostig*-Programm dem herkömmlichen Unterricht überlegen?

Diese Fragen sollten nach einer achtwöchigen Trainingsperiode mit dem *Frostig*-Programm und einer daran anschließenden Latenzzeit von drei Wochen untersucht werden.

Alle fünf Bereiche der visuellen Wahrnehmung, deren Entwicklung die Arbeitsbögen dienen, sollten auch während der 8wöchigen Trainingsperiode geübt werden. Es wurden daher ausgewählt:

19 Übungen aus dem Bereich der visuomotorischen Koordination
17 Übungen der Figur-Grund-Wahrnehmung,
19 Übungen zur Wahrnehmungskonstanz,
 8 Übungen aus dem Bereich der Raumlage-Wahrnehmung und
 5 Übungen zur Wahrnehmung räumlicher Beziehungen.

Aus den letzten beiden Bereichen wurden weniger Übungen ausgewählt, da die meisten der hierzu vorhandenen Arbeitsbogen zu schwierig waren für diese Kinder mit unterdurchschnittlichen Wahrnehmungsleistungen. Aus Heft 1 wurden 19 Übungen, aus Heft 2 33 Übungen und aus Heft 3 16 Übungen ausgewählt. Die Übungen setzten auf dem Niveau ein, das die Kinder als durchschnittliche Testleistung gezeigt hatten. Aus Heft 1 wurden daher nur die schwierigeren Übungen gearbeitet. Die Übungen in Heft 2 sind besonders für ein Vorschulprogramm geeignet, wie es die Kinder im Schulkindergarten angeboten bekommen. Daher wurden aus dieser Leistungsstufe die meisten Aufgaben gewählt. Aus Heft 3 wurden die leichteren Übungen in das Trainingsprogramm aufgenommen. Dieses sind Aufgaben einer Leistungsstufe, die dem Alter der Kinder entspricht, die ja eigentlich das erste Schuljahr besuchen müßten.

Den Kindergärtnerinnen wurden in Gesprächen von der Versuchsleiterin Ziele und Arbeitsweisen des Programms erklärt. Sie erhielten die Seiten 5–9 und 12–15 des einführenden Kapitels der Anweisung zur Lektüre, in dem die fünf Bereiche der visuellen Wahrnehmung und die Integration von Bewegung, Sprache und Wahrnehmung eingehend dargestellt werden.

Jedem Arbeitsbogen waren die ausführlichen Handanweisungen beigefügt, in denen auch die entsprechenden Vorübungen geschildert sind. Die Kindergärtnerinnen wurden darauf aufmerksam gemacht, daß die Vorübungen unerläßlicher Bestandteil des Programms seien und auf jeden Fall vor der Übung im Arbeitsheft in der angegebenen Weise durchgeführt werden müßten.

Die Versuchsgruppe arbeitete acht Wochen mit dem *Frostig*-Programm. Nach den Angaben von *Frostig* und *Reinartz* (1972) ist innerhalb des schulischen Unterrichtes ein 2–3maliges etwa 20minütiges Training pro Woche optimal. Die Kinder bearbeiteten daher dreimal in der Woche zwei, drei oder vier Übungsblätter, was einschließlich der Vorübungen je nach Schwierigkeitsgrad und Arbeitstempo der Kinder etwa 20–40 Minuten in Anspruch nahm. Die Übungen wurden in Gruppenarbeit mit sechs bis elf Kindern durchgeführt.

Die Trainingsperiode dauerte von Ende Februar bis Anfang Mai und wurde durch fast vierwöchige Osterferien unterbrochen.

Durchführung des Retests

Zwischen Training und Retest wurde eine dreiwöchige Latenzperiode eingeschaltet, um direkte Übungseffekte auf den Retest möglichst auszuschalten.

Der Retest wurde wie der Vortest als Gruppentest durchgeführt. Es standen 52 Probandenpaare zur Verfügung.

Ergebnisse des Retests

Zuerst wurden für jede Gruppe gesondert die Leistungen des Retests mit denen des Vortests verglichen. Danach wurden die Gruppen bzgl. ihrer Leistungen im Retest miteinander verglichen.

1. Vergleich zwischen Vor- und Retest für jede Gruppe gesondert

Tabelle 1 zeigt, daß sich die Vg im Mittel in der Gesamtwahrnehmungsleistung sowie in sämtlichen Subtestleistungen erheblich verbessert hat. Demgegenüber weist die Kg praktisch keine Verbesserung auf, teilweise hat sie sich sogar erheblich verschlechtert.

Tab. 1: Mittlere Änderung der Gesamtwahrnehmungsleistung und der einzelnen Subtestleistungen für Vg und Kg gegenüber dem Vortest.

| | Vg | | Kg | |
	$\bar{D}_{WP}$	s	$\bar{D}_{WP}$	s
WQ	+ 11,6	8,84	− 1,7	10,56
Subtest I	+ 0,8	2,06	0,0	2,26
Subtest II	+ 0,2	1,86	− 0,6	1,69
Subtest III	+ 1,9	2,15	0,0	2,55
Subtest IV	+ 1,1	1,66	− 0,1	1,84
Subtest V	+ 1,1	1,40	+ 0,02	1,60

Die mittlere Verbesserung der Vg von 11,6 WQ-Punkten in der Gesamt-wahrnehmungsleistung läßt vermuten, daß das *Frostig*-Programm dem normalen Unterricht eindeutig überlegen ist, da dieser bei der Kg nicht nur zu keiner Verbesserung, sondern sogar zu einem Abfall der Wahrnehmungsleistungen um 1,7 WQ-Punkte geführt hat.

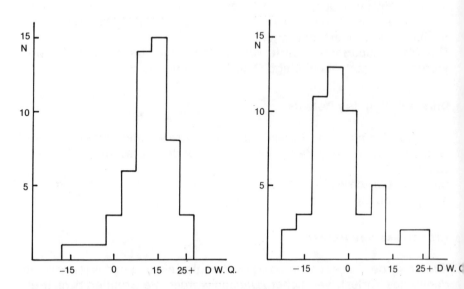

Abb. 7: Histogramm der WQ-Änderung bei Vg und Kg.

Bei Betrachtung der Histogramme fällt bei der Vg eine größere Homogenität der Leistungssteigerung auf, während bei der Kg die zerklüftete Struktur der Histogramme auf sehr inhomogene Trainingserfolge hinweist. Hierauf deutet auch die Tatsache hin, daß die Standardabweichung s der einzelnen Leistungssteigerungen bei der Vg überwiegend niedriger ist als bei der Kg. Offenbar zeigt das *Frostig*-Programm eine starke Tendenz, bestehende Unterschiede auf einem höheren Niveau auszugleichen.

Im Subtest II (FG) sind der relativ geringe Leistungszuwachs bei der Vg und die Verschlechterung der Kg besonders auffallend.

Die höchste Leistungssteigerung der Vg befindet sich in Subtest III (WK). Die Kg hat sich hier weder verschlechtert noch verbessert, allerdings zeigt der hohe Wert der Standardabweichung (s = 2,55), daß die Leistungsänderung im Vergleich mit den anderen Subtests über weite Bereiche streut.

Die Prüfung der vor dem Retest aufgestellten Hypothesen auf Signifikanz zeigte folgende Ergebnisse:

1. Das *Frostig*-Programm bewirkte bei der Vg gegenüber dem Vortest eine hochsignifikante Steigerung der Gesamtwahrnehmungsleistung sowie aller Subtest-Leistungen mit Ausnahme der Figur-Grund-Wahrnehmung. Eine Verbesserung der Figur-Grund-Wahrnehmung konnte bei der Vg nicht nachgewiesen werden.
2. Bei der Kg hatte sich im Vergleich zum Vortest die Figur-Grund-Wahrnehmung hochsignifikant verschlechtert. Eine Änderung der Gesamtwahrnehmungsleistungen sowie der anderen Subtest-Leistungen war nicht nachweisbar.
3. Das *Frostig*-Programm führte zu einem signifikant unterschiedlichen Leistungsanstieg in den einzelnen Subtests: Die Figur-Grund-Wahrnehmung wurde signifikant schwächer, die Wahrnehmungskonstanz signifikant stärker verbessert als die anderen Bereiche.
Bei den anderen Vorschulprogrammen war ein analoger Effekt bei der Kg nicht nachweisbar.
4. Nicht nachgewiesen werden konnte eine Abhängigkeit der Leistungssteigerung (Vg) – bzw. -verminderung (Kg) – von Geschlecht, IQ, Alter oder WQ des Vortests.
Die Befunde deuteten darauf hin, daß durch die Arbeit mit den bereits eingeführten Vorschulmappen eine Nivellierung der Wahrnehmungsleistungen auf einem niedrigen Niveau stattfand: Kinder mit altersgemäßen oder überdurchschnittlichen Wahrnehmungsleistungen hatten sich zum Teil bedeutend verschlechtert; diese Senkung der allgemeinen Wahrnehmungsleistung konnte durch die teilweise gestiegenen Wahrnehmungsfähigkeiten bei unterdurchschnittlich begabten Kindern nicht kompensiert werden, so daß sich insgesamt gegenüber dem Vortest ein um durchschnittlich 1,7 Punkte niedrigeres Niveau eingestellt hatte.

2. Vergleich beider Gruppen (Vg und Kg) miteinander

Der Vergleich von Vg und Kg nach dem Retest erbrachte folgende Ergebnisse:
1. Das *Frostig*-Programm förderte die Gesamtwahrnehmungsleistung sowie die einzelnen Subtestleistungen hochsignifikant besser als die anderen Vorschulprogramme. Eine Ausnahme bildete Subtest I – Visuomotorik – wo das *Frostig*-Programm sich lediglich als signifikant überlegen erwies.
2. Von allen Bereichen wurde die Wahrnehmungskonstanz (Subtest III) durch das *Frostig*-Programm signifikant besser gefördert als die übrigen visuellen Wahrnehmungsfähigkeiten.
3. Die Überlegenheit des *Frostig*-Programms war unabhängig vom Geschlecht, vom Alter, vom IQ und von der im Vortest gezeigten Wahrnehmungsleistung.

Pädagogische Folgerungen

Das Ergebnis dieser Untersuchung gestattet die Schlußfolgerung, daß die Übungen der »Visuellen Wahrnehmungsförderung" von *Frostig/ Reinartz* in der vorliegenden Form geeignet sind, die visuellen Wahrnehmungsleistungen sprachlich retardierter Kinder in fast allen Bereichen, die der Frostig-Test prüft, hochsignifikant zu verbessern, mit Ausnahme der Figur-Grund-Wahrnehmung.

Dagegen besserten sich die visuellen Wahrnehmungsfähigkeiten sprachlich retardierter Kinder durch die herkömmliche Arbeit im Schulkindergarten nicht, in vielen Fällen sanken sie sogar deutlich ab, besonders bei Kindern, die vorher altersgemäße oder überdurchschnittliche Wahrnehmungsleistungen gezeigt hatten. Offensichtlich wurde die visuelle Wahrnehmungsfähigkeit durch die im Schulkindergarten verwendeten Arbeitsprogramme und didaktischen Spiele nicht ausreichend gefördert.

Eine Erklärung dieser Tatsache mag darin zu suchen sein, daß nach Aussagen der Kindergärtnerinnen im Lehrplan großes Gewicht auf das sprachliche Training gelegt wird.

Nach den Untersuchungen von *Bernstein* (1972), *Lawton* (1971) und *Oevermann* (1972) versagen viele Kinder – insbesondere aus der Unterschicht – in der Schule, weil sie sprachlich den Anforderungen eines in der Sprache der Mittelschicht abgehaltenen Unterrichts nicht gewachsen sind.

Diese Befunde waren zur Zeit der Untersuchung sehr populär und wurden eifrig diskutiert. Die sprachliche Bildung im Sinne des „elaborated code" war zu einer wichtigen Forderung der Vorschuldidaktik geworden. In den Schulkindergärten bemühte man sich daher sehr um die sprachliche Förderung der Kinder. Die Konzentration der Arbeit auf die sprachliche Entwicklung sollte aber nicht dazu führen, daß das Training wichtiger psychischer Funktionen vernachlässigt wird. Sensomotorik und Wahrnehmung sind bei Schulkindergartenkindern meist beträchtlich retardiert; sie sollten intensiv trainiert werden. Motorische Geschicklichkeit und ein gewisses Niveau der Wahrnehmungsentwicklung sind wichtige Voraussetzungen für eine normale Sprachentwicklung.

Sprachlich retardierten Kindern mit visuellen Wahrnehmungsstörungen sollte deshalb ein *spezielles* Trainingsprogramm angeboten werden, das die retardierten Funktionen gezielt fördert. Die vorliegende Untersuchung beweist, daß die „Visuelle Wahrnehmungsförderung" mit beachtlichem Erfolg in Schulkindergärten eingesetzt werden kann. Sie eignet sich für alle Kinder, da der Erfolg unabhängig vom Alter, Geschlecht, der Intelligenz und den ursprünglichen Wahrnehmungsleistungen ist. Speziell für sprachlich retardierte Kinder sollte das Programm noch um Übungen zur Figur-Grund-Diskrimination erweitert werden.

Entscheidend zum Erfolg beigetragen hat sicherlich die Tatsache, daß die Übungen der „Visuellen Wahrnehmungsförderung" gewissenhaft nach den Anweisungen von *Frostig* und *Reinartz* (1972) durchgeführt wurden, einschließlich aller Vorübungen mit dreidimensionalem Material, die der Arbeit im Heft immer voraufgehen sollten. Die vielfach geübte Praxis, die Übungsblätter lediglich mit dem Bleistift zu bearbeiten und die Vorübungen nicht durchzuführen, hätte sicher nicht ein so gutes Ergebnis gezeitigt. Die von den Autoren angegebenen methodischen Hinweise zur Individualisierung des Programms, zur Trainingsdauer, zur Integration von Bewegung, Sprache und Wahrnehmung und zur kreativen Gestaltung des Trainings sollten daher unbedingt beachtet werden.

Zusammenfassung

In der vorliegenden Untersuchung wird über die visuellen Wahrnehmungsfähigkeiten und die Auswirkungen eines achtwöchigen Trainings mit dem *Frostig*-Therapieprogramm („Visuelle Wahrnehmungsförderung") auf die Wahrnehmungsleistungen (gemessen mit dem *Frostig*-Test) bei sprachlich retardierten Kindern aus Schulkindergärten berichtet.

Insgesamt standen 138 Probanden zur Verfügung; die daraus ausgewählte Versuchs- bzw. Kontrollgruppe enthielt jeweils 52 Kinder.

Die Erhebung der Leistungen erfolgte durch einen Vortest und einen Retest nach der Trainingsperiode und einer sich daran anschließenden dreiwöchigen Latenzzeit.

Bei der Gesamtwahrnehmungsleistung sowie bei sämtlichen Subtestleistungen konnte ein *signifikanter,* teilweise sogar hochsignifikanter Unterschied zwischen der Versuchs- und der Kontrollgruppe nachgewiesen werden.

Bei der Versuchsgruppe war ein hochsignifikanter Leistungsanstieg mit Ausnahme der Figur-Grund-Wahrnehmung zu verzeichnen.

Die Kontrollgruppe zeigte demgegenüber keine signifikante Leistungsänderung, mit Ausnahme der Figur-Grund-Wahrnehmung, wo eine hochsignifikante Verschlechterung nachgewiesen werden konnte.

Der Trainingserfolg des *Frostig*-Therapieprogramms erwies sich als unabhängig vom Geschlecht, IQ, Alter und der im Vortest gezeigten Wahrnehmungsleistung.

Literatur

Bernstein, B.: Familienerziehung, Sozialschicht und Schulerfolg, Weinheim 1972

Borstel, M.: Die visuelle Wahrnehmungsfähigkeit bei sprachlich retardierten Schulkindergartenkindern. Untersuchungen mit dem Test- und Therapiematerial von Marianne Frostig. Unveröffentlichte Diplomarbeit. Pädagogische Hochschule Ruhr in Dortmund, Abt. für Heilpädagogik, Dortmund 1973

Frostig, M. et al.: Developmental Test of Visual Perception. 1963 Standardization. Palo Alto 1963, Revised 1966. Palo Alto 1966

Frostig, M. u. *A.* u. *E. Reinartz:* Visuelle Wahrnehmungsförderung. Dortmund 1972

Knura, G.: Sprachbehindertenpädagogik. In: H. *Bach* (Hrsg.): Sonderpädagogik im Grundriß. Berlin, 2°, 1976

Lawton, D.: Soziale Klasse, Sprache und Erziehung. Düsseldorf, 1971

Lockowandt, O. (Hrsg.): Frostigs Entwicklungstest der visuellen Wahrnehmung (FEW). Weinheim 1974

Oevermann, U.: Sprache und soziale Herkunft. Frankfurt 1972

Raven, J. C.: The Children's Coloured Progressive Matrices. Los Angeles 1947

Seidel, Ch.: Klinische Psychologie der Hör- und Sprachstörungen. In: *P. Biesalski* (Hrsg.): Phoniatrie und Pädoaudiologie. Stuttgart 1973

Der Einfluß eines Wahrnehmungstrainings auf die HAWIK-Leistungen 8- und 9jähriger Schüler einer Sonderschule für Lernbehinderte

Von Elisabeth Sander

1. Problemstellung

Die Übertragung eines lerntheoretischen Modells auf die Entwicklungspsychologie, wonach Entwicklung als Lernprozeß und die die Entwicklung kennzeichnenden Größen als von der Umwelt stark beeinflußbar
beschrieben werden, die in unserem Jahrhundert stattfindende Wis-
sensexplosion sowie die Erkenntnis, daß verschiedene Gruppen der Gesellschaft unterschiedliche Bildungschancen besitzen, führten zu Be-
mühungen, das kognitive Leistungsniveau von Kindern durch gezielte
pädagogische Maßnahmen zu beeinflussen. Während der Einsatz spezieller Trainingsmethoden, wie z.B. Schulreifetrainingsprogramme,
Frühleselehrmethoden, Mengenlehre im Kindergarten oder Trainings-
programme auf Piaget-Basis in Hinblick auf ihre Effektivität in der Vorschulerziehung durchschnittlich begabter Kinder unterschiedlich beurteilt wird, ist die Notwendigkeit der Durchführung spezieller Förde-
rungsprogramme bei behinderten und retardierten Kindern unbestritten
(*Schmalohr* 1970, *Samstag* 1971). Möglicherweise unter dem Eindruck,
daß kognitive Förderung im Vorschulalter am effektivsten sei *(Bloom)*,
fanden Untersuchungen mit Übungsprogrammen bei intellektuell retardierten Kindern im Schulalter kein mit den Untersuchungen zur kognitiven Frühförderung vergleichbares Echo.

Im Anschluß an in den USA durchgeführte Untersuchungen berichtete
Klauer 1964 von IQ-Anstiegen im HAWIK um durchschnittlich 9,27
Punkte bei lernbehinderten 8- und 9jährigen Sonderschülern mit einem
mittleren Intelligenzquotienten von 76,41 nach einem 10-wöchigen Training mit dem Übungsmaterial von *Baar* und *Tschinkel* im Vergleich zu
einer parallelisierten Kontrollgruppe. Es traten signifikante Leistungssteigerungen im HAWIK-Gesamt-, Verbal- und Handlungteil auf sowie
in den Untertests AV, GF, BO und MO. Die Ergebnisse wurden vom gleichen Autor in einer umfassenden Studie 1969 bestätigt. Nach einem

Training mit dem genannten Material konnten Änderungen folgender Art nachgewiesen werden: 1. Niveauänderungen (im Sinne eines IQ-Anstieges), 2. Profiländerungen (das Training wirkte sich auf spezielle Untertests des HAWIK bzw. BTS aus, durch deren Anstieg der Gesamt-IQ-Anstieg zustande kam) und 3. Strukturänderungen (durch das Training wurde die Faktorenstruktur der eingesetzten Intelligenztests verändert). Der Autor betont, daß es sich bei den Leistungssteigerungen um „nicht triviale Lerneffekte" (*Klauer* 1969, S. 37) handelt, also um Leistungssteigerungen bei Aufgaben, die mit den Lernaufgaben des Trainings nicht identisch sind. (Die nicht-sprachlichen Trainingsaufgaben des Übungsmaterials bewirkten nicht nur signifikante Effekte im Handlungsteil des HAWIK, sondern auch im Verbalteil). Als den Trainingseffekt beeinflussende Faktoren erwiesen sich u. a. das Alter der Versuchspersonen und die Art des Trainings. (Der Effekt des nicht-verbalen Schulreifetrainings verlagerte sich mit zunehmendem Alter vom Verbal-IQ auf den Handlungs-IQ, der Effekt eines ebenfalls durchgeführten verbalen Trainings verlagerte sich mit zunehmendem Alter vom Handlungs-IQ auf den Verbal-IQ).

Daraus ergeben sich wichtige Konsequenzen für die Sonderpädagogik: Entgegen der Ansicht, daß die intellektuelle Entwicklung vornehmlich in der frühen Kindheit gefördert werden kann, weisen die *Klauer*schen Ergebnisse darauf hin, daß intellektuelle Leistungssteigerungen bei retardierten Kindern auch in höherem Lebensalter zu erwarten sind. Auch die Ansicht von *Hanselmann,* daß Schwachsinn weder medizinisch noch pädagogisch heilbar sei, gerät ins Wanken. Wenn der Normalisierung aufgrund von hirnorganischen Schäden und genetischen Schwächen auch Grenzen gesetzt sein werden, hält *Klauer* es doch für möglich, daß viele Kinder heute nicht das spezifische Training erhalten, durch das sie ihr Leistungsoptimum erreichen könnten, bzw. daß hinzukommende Milieuschädigungen möglicherweise abgebaut werden könnten. Weiters dürfte die Ansicht, daß alle Übungen für alle Behinderten – wenn auch mit unterschiedlichen Effekten – förderlich seien *(Lesemann)* in Frage gestellt sein. Allerdings bedarf es noch einer genauen Erforschung der Probandenmerkmale und der Merkmale von Trainingsmaterialien, unter denen bestimmte Lerneffekte auftreten. Ein Beitrag zur Erhellung dieser Probleme sollte mit der folgenden Untersuchung geleistet werden. Das einer Effektivitätsprüfung unterzogene Material war hier das Wahrnehmungstrainingsprogramm von *Frostig* (1964), das in die Versuchssituation eingeführte Probandenmerkmal der HAWIK-IQ vor dem Training.

2. Hypothesenbildung

Nach den beschriebenen Untersuchungsergebnissen können nach

Durchführung eines nicht-sprachlichen Trainingsprogrammes signifikante Leistungsveränderungen sowohl im HAWIK-Gesamt-IQ wie im Verbal- und Handlungs-IQ erwartet werden; ebenso ist zu erwarten, daß sich ein bestimmtes Training nur auf bestimmte Untertests auswirkt. Bei der Untersuchung der Funktion des Lebensalters bei Trainingseffekten kann man davon ausgehen, daß bei extremen Altersgruppen die gleichen Aufgaben für die jüngsten Probanden so schwierig sind, daß sie noch nicht erlernbar sind und für die ältesten so leicht, daß sie nichts mehr hinzulernen und demnach in beiden Fällen keine Transfereffekte zu erwarten sind.

Da die Schwierigkeit der einzelnen Untertests für verschiedene Altersgruppen verschieden groß ist, müßte sich das gleiche Training bei verschiedenen Altersgruppen auf verschiedene Untertests auswirken. Nachdem es gelungen ist, diese Hypothese zu verifizieren (*Klauer* 1969), ist zu erwarten, daß nach der gleichen Argumentation das intellektuelle Niveau sich in ähnlicher Weise auswirkt und in Abhängigkeit vom Intelligenzstand sich dasselbe Training bei gleichaltrigen Kindern auf verschiedene Untertests des eingesetzten Intelligenztests (Kriteriumsaufgaben) unterschiedlich auswirkt.

Für die festgestellte Verschiebung der Trainingseffekte eines nicht verbalen Trainings vom Verbal-IQ auf den Handlungs-IQ in Abhängigkeit vom Lebensalter bietet *Klauer* die Vordifferenzierungstheorie (*Gibson* 1940, *Gagne* und *Baker* 1950, *Cantor* 1965) und die Zweistufentheorie (*Hovland* und *Kurtz* 1952, *Underwood, Runquist* und *Schulz* 1959, *Underwood* und *Schulz* 1960) als Erklärungsmöglichkeiten an.

Beide Theorien basieren auf Versuchen zum paar-assoziativen Lernen. Wird z. B. die Verbindung A-B und die Verbindung B-C gelernt, so ist die Verbindung A-C schließlich leichter zu lernen als z. B. die Verbindung A-D. Nach der Vordifferenzierungstheorie kann angenommen werden, daß, wenn der Lernprozeß A-B zu einer besseren Unterscheidbarkeit der Reize A_i führt, schon diese Vordifferenzierung zu einer Erleichterung des Lernprozesses A-C führt. In den Fällen, in denen die Probanden vor Durchführung eines Trainings Schwierigkeiten bei der Differenzierung der zu lernenden Reize haben, kann Vordifferenzierung eine Lernhilfe sein. ,,Wenn die Kinder im nicht verbalen Schulreifetraining auf sensumotorischer Ebene gelernt haben, Gemeinsamkeiten und Verschiedenheiten von Objekten zu beachten, kann dies beim sprachlich-begrifflichen Untertest ‚Gemeinsamkeitenfinden‘ des HAWIK Vorteile bringen..." (*Klauer* 1969, S. 168). So wird verständlich, daß ein nicht verbales Training bei verbalen Intelligenztestaufgaben Leistungssteigerungen hervorrufen kann, und zwar in Abhängigkeit vom Lebensalter. Nach der Zweistufentheorie wird der Lernvorgang in zwei Stufen aufgegliedert. Danach werden in der ersten Stufe die Assoziationsglieder als solche gelernt, in der zweiten werden sie gegenseitig assoziiert. Es ist anzunehmen, daß die den beiden Stufen jeweils zugeschriebenen Lernprozesse unterschiedliche Transfereffekte zur Folge haben, und zwar müßten Transfereffekte zunächst bei Kriteriumsaufgaben, die den Trainingsaufgaben unähnlich sind, anzutreffen sein, um sich später weitgehend auf identische Leistungen zu verlagern. Die festgestellte Altersabhängigkeit der Trainingseffekte kann damit erklärt werden, „daß die Wahrnehmungsdifferenzierung der Integration der Reaktionen in der kindlichen Entwicklung zeitlich vorausgeht, jeweils bezogen auf die relevanten Reize und Reaktionen der fraglichen Aufgaben" (*Klauer* 1969, S. 170).

Bei Heranziehung beider Theorien ist für die Abhängigkeit der Transfereffekte vom Alter das unterschiedliche Wahrnehmungsdifferenzierungsniveau verschieden alter IQ-gleicher Kinder entscheidend. Da die Wahrnehmungsdifferenzierungsleistung nicht nur vom Alter, sondern in analoger Weise auch von der Intelligenz eines Kindes abhängt (vgl. *Nikkel* 1972, S. 197, *Spiekers* 1969), sind bei altersgleichen Kindern in analoger Weise unterschiedliche Transfereffekte in Abhängigkeit vom Intelligenzstand zu erwarten.

Im Hinblick auf die Effektivität eines nicht-verbalen Wahrnehmungstrainings bei 8- und 9jährigen Schülern einer Sonderschule für Lernbehinderte wurden demnach folgende Hypothesen formuliert:

1. Die Durchführung eines Wahrnehmungstrainings bewirkt signifikante Leistungssteigerungen im HAWIK-Gesamt-IQ, sowie im Verbal- und Handlungsteil.
2. Trainingsbedingte Leistungssteigerungen im HAWIK-Gesamt-IQ, im Verbal- und im Handlungsteil sind durch signifikante Leistungssteigerungen bei nur einzelnen Subtests bedingt.
3. In Abhängigkeit vom Vortrainings-IQ führt ein Wahrnehmungstraining bei unterschiedlichen Subtests zu signifikanten Leistungssteigerungen.
4. Mit steigendem Vortrainings-IQ verlagert sich ein durch ein Wahrnehmungstraining bedingter leistungssteigernder Effekt vom Verbal- auf den Handlungsteil des HAWIK.

3. Versuchspersonen

Als Vpn dienten 40 8- und 9jährige Sonderschüler und -innen, die zu 20 in Geschlecht, Alter und IQ (HAWIK) übereinstimmenden Paaren (Differenz + 6 Monate, + 5 IQ Punkte) zusammengestellt wurden. Bei 10 Paaren schwankte der IQ zwischen 64 und 80 bei einem Mittelwert von 75,41, bei 10 Paaren zwischen 80 und 105, bei einem Mittelwert von 92,15. 10 Paare lagen demnach unter dem IQ-Wert, der als Überweisungskriterium in die Sonderschule angesehen wird, 10 darüber. Alle Kinder stammten aus sogenannten sozial-schwachen Familien. Die Kinder besuchten die Vorstufe, die erste, zweite oder 3. Stufe einer Sonderschule für Lernbehinderte. Insgesamt stammten die Kinder aus 8 verschiedenen Klassen.

4. Übungsmaterial

Als Übungsmaterial wurde das von *Frostig* und *Horne* entwickelte Übungsmaterial „Pictures and Patterns"[1] verwendet. Das Material ist als Training der visuellen Wahrnehmung einzusetzen und erschien für den Sonderschulbereich besonders geeignet, da Untersuchungen, die sich mit der visuellen Differenzierungsfähigkeit Lernbehinderter beschäftigen, gerade im Altersbereich unserer Vpn einen gravierenden Rückstand gegenüber Volksschülern feststellten (*Spiekers* 1969), und Unsicherheiten im visuellen Wahrnehmungsbereich mit Schwierigkeiten im Anfangsunterricht in enger Beziehung stehen (*Frostig* und *Horne* 1964, *Johnson* und *Myklebust* 1971).

Das Material besteht aus Arbeitsblättern, zu denen es genaue Arbeitsanleitungen gibt. Die Schwierigkeit der Übungen nimmt im Laufe des Programmes zu. Dem Übungsleiter wird Freiheit in der Einführung der Übungsblätter ausdrücklich zugestanden, wobei er aber in den Anweisungen Anregungen zur Durchführung spezieller Vorübungen mit konkreten Materialien erhält. Die Übungen selbst sind mit Buntstift auf visuomotorischem Wege durchzuführen. Das Programm kann – abgesehen von den Erklärungen des Übungsleiters – als ein nicht sprachliches Übungsprogramm bezeichnet werden. (Die in der 2. Auflage häufig eingefügten Anregungen zu Wortschatzübungen fehlen zum größten Teil in der 1. Auflage und wurden – soweit vorgegeben – von den Übungsleitern nicht beachtet).

5. Durchführung des Versuches

Der Versuch wurde nach dem Retroaktionsplan durchgeführt. Die Vpn wurden vor Beginn des Trainings mit dem HAWIK getestet, die nach den angegebenen Gesichtspunkten zusammengestellten Paare wurden dem Zufall nach auf Versuchs- und Kontrollgruppe verteilt, wobei der jeweilige Testleiter[2] über die Zugehörigkeit der Kinder zu Versuchs- bzw. Kontrollgruppe nicht informiert wurde. Im Anschluß daran arbeiteten die Kinder der Versuchsgruppe 8 Wochen hindurch täglich ca. $1/4$ Stunde mit dem Trainingsprogramm. Übungsleiter waren die jeweiligen Klassenlehrer, denen die Durchführung des Trainings genau erklärt worden war. Das Training wurde im Rahmen des Unterrichts durchgeführt, wobei die übrigen Kinder, also auch die Kinder der Kontrollgruppe, jeweils mit ei-

---

1 Die zweite veränderte und erweiterte Auflage ist inzwischen auch in deutscher Sprache unter dem Titel „Wahrnehmungstraining" (*Frostig* 1972) erschienen.
2 Testleiter waren die Herren *Brinkoch* und *Möllmann*

ner im Rahmen des Unterrichts notwendigen Stillarbeit beschäftigt wurden. Nach Abschluß des Trainings wurden alle Vpn wieder mit dem HAWIK getestet.

6. Ergebnisse

Die Differenz des Leistungsanstieges zwischen Versuchs- und Kontrollgruppe wurde mit Hilfe des *Wilcoxon*-Tests für Paardifferenzen bei zweiseitiger Fragestellung überprüft (*Lienert* 1962, S. 125). Dabei ergaben sich für die Gesamtgruppe signifikante Differenzen im HAWIK-Gesamt-IQ, sowie im Verbal- und im Handlungsteil; im einzelnen in den Untertests Allgemeines Wissen, Allgemeines Verständnis, Gemeinsamkeitenfinden, Bilderordnen und im Mosaiktest.
Aus Tab. 1 sind die durchschnittlichen Trainingseffekte getrennt für die Gruppe mit einem Vortrainings-IQ unter 80 bzw. über 80 zu ersehen. Bei ebenfalls zweiseitiger Fragestellung ergaben sich für die Gruppe mit einem Vortrainings-IQ unter 80 signifikante Trainingseffekte im HAWIK-Gesamt-IQ, sowie im Verbal- und im Handlungsteil und in den Untertests Allgemeines Verständnis, Gemeinsamkeitenfinden und Figurenlegen.
Bei der Gruppe mit einem Vortrainings-IQ über 80 zeigten sich nur im HAWIK-Gesamt-IQ und im HAWIK-Handlungsteil signifikante Trainingseffekte, nicht im Verbalteil. In den Untertests ergaben sich hier signifikante Trainingseffekte im Bilderergänzen, Bilderordnen und im Mosaiktest.
Für eine weitere Analyse der Trainingseffekte in Hinblick auf die hypothetisch angenommene Abhängigkeit von der Höhe des Vortrainings-IQ wurde für jede Versuchsperson aus der Trainingsgruppe die Differenz zwischen dem relativen (bezogen auf die entsprechende Vp in der Kon-

Tab. 1: Durchschnittliche Trainingseffekte.

	IQ < 80	IQ > 80
Gesamt-IQ	+ 7,3 s.	+ 6,4 s.
Verbalteil	+ 6,4 s.	+ 2,8
Handlungsteil	+ 6,4 s.	+ 7,1 s.
Allgemeines Wissen	+ 0,4	+ 1,1
Allgemeines Verständnis	+ 2,0 s.	+ 0,5
Rechn. Denken	+ 0,5	+ 0,8
Gemeinsamkeitenfinden	+ 1,3 s.	− 0,1
Wortschatztest	+ 0,8	+ 0,4
Zahlensymboltest	+ 0,6	+ 0,1
Bilderergänzen	0,0	+ 1,5 s.
Bilderordnen	+ 0,9	+ 2,3 s.
Mosaiktest	+ 0,5	+ 1,4 s.
Figurenlegen	+ 1,7 s.	+ 0,4

trollgruppe) Trainingseffekt im HAWIK-Verbalteil und im HAWIK-Handlungsteil errechnet (Trainingseffekt$_{HV}$ − Trainingseffekt$_{HH}$). Ein positiver Wert bedeutet einen stärkeren Trainingseffekt im Verbalteil, ein negativer einen stärkeren Effekt im Handlungsteil. Die Rangreihenkorrelation (*Clauss* und *Ebner* 1970, S. 115). zwischen diesem Differenzwert und dem Vortrainings-IQ ergab ein rho = −0,31, d.h. je höher der Vortrainings-IQ war, desto stärker verlagerte sich der Trainingseffekt vom Verbalteil auf den Handlungsteil; der Unterschied ist allerdings nicht signifikant.

Eine Überprüfung der Verteilung der Ränge der oben beschriebenen Differenzwerte auf die Gruppen mit einem Vortrainings-IQ unter bzw. über 80 mit dem Mann Whitney u-Test (*Clauss* und *Ebner*, S. 208) ergab bei N$_1$ = N$_2$ = 10, R$_1$ = 114,5 und R$_2$ = 91,5, ein u = 35,5, das bei einem kritischen Wert von 23 nicht signifikant ist.

7. Diskussion der Ergebnisse

Die Hypothesen 1, 2 und 3 konnten durch die Ergebnisse der Untersuchung bestätigt werden. Das Wahrnehmungstraining führte bei der Versuchsgruppe zu Leistungssteigerungen im HAWIK-Gesamt-IQ, im Verbal- und im Handlungsteil. Diese IQ-Steigerungen waren durch signifikante Leistungssteigerungen in nur einzelnen Subtests bedingt. In Abhängigkeit vom Vortrainings-IQ traten bei unterschiedlichen Subtests Leistungssteigerungen auf. Interessanterweise zeigten sich nach dem Training mit dem *Frostig*-Material bei der Gesamtgruppe signifikante Anstiege in den gleichen Subtests wie in der *Klauer*schen Untersuchung (1964) mit dem *Baar*-Material, und zwar im Allgemeinen Verständnis, Gemeinsamkeitenfinden, Bilderordnen, im Mosaiktest und, abweichend von der genannten Untersuchung, auch im Allgemeinen Wissen. Ein Augenscheinvergleich der beiden Übungsmaterialien zeigt von der Struktur her unverkennbar Ähnlichkeiten. So üben z.B. beide sehr stark das Erkennen von Gemeinsamkeiten und Unterschieden visuell gebotener Reize. Man könnte dieses Ergebnis als Anregung auffassen, verschiedene Übungsmaterialien in Strukturelemente zu zerlegen und bei vergleichbaren Probandengruppen in Hinblick auf ihre Effektivität systematisch zu überprüfen.

Die Überprüfung von Hypothese 4 erbrachte keine signifikanten Effekte, doch liegen die Ergebnisse in der erwarteten Richtung. Die Trainingseffekte verschieben sich mit zunehmendem Intelligenzniveau vom Verbal- auf den Handlungsteil, also von Testaufgaben, die den Übungsaufgaben unähnlich sind, auf den Übungsaufgaben ähnliche Testaufgaben. Als Erklärung können die von *Klauer* (1969) in bezug auf die Altersabhängigkeit von Trainingseffekten herangezogenen lerntheoretischen An-

sätze (vgl. Abschnitt 2 „Hypothesenbildung") dienen. Zu einer endgültigen Klärung der Fragestellung sind jedoch noch weitere Untersuchungen, auch mit Gruppen, die sich im Vortrainings-IQ stärker unterscheiden, nötig.
Für die Praxis kann gefolgert werden, daß der Einsatz von Wahrnehmungsdifferenzierungsübungen im Rahmen des Unterrichts bei 8 bis 9jährigen Sonderschülern zu intellektuellen Leistungssteigerungen und damit – was allerdings noch genauer zu überprüfen wäre – zu Verbesserungen der Schulleistung führen wird.

8. Zusammenfassung

40 8- und 9jährige Schüler einer Sonderschule für Lernbehinderte wurden nach Intelligenz, Alter und Geschlecht zu vergleichbaren Paaren zusammengestellt. Davon wurden 20 Kinder nach dem Zufall der Versuchsgruppe zugeordnet, die 8 Wochen hindurch mit dem Wahrnehmungstrainingsprogramm von *Frostig* arbeitete, und 20 Kinder der Kontrollgruppe, die zur gleichen Zeit am üblichen Schulunterricht teilnahm. Die Kinder der Versuchsgruppe zeigten nach dem Training signifikante Leistungssteigerungen im HAWIK-Gesamt-IQ, im Verbal- und im Handlungsteil; im einzelnen in den Untertests AW, AV, GE, BO und MO. Ein unterschiedlicher Vortrainings-IQ führte zu Leistungssteigerungen in unterschiedlichen Subtests. Während die Kinder mit einem Vortrainings-IQ < 80 signifikante Leistungssteigerungen im AV, GE und FL zeigten, führte das Training bei den Kindern mit einem IQ > 80 zu signifikanten Leistungssteigerungen im BE, BO und im MO. Der signifikante Trainingseffekt im Verbalteil des HAWIK war nur auf die Leistungssteigerungen der Kinder mit einem IQ < 80 zurückzuführen.
Es wird gefolgert, daß Übungen zur Wahrnehmungsdifferenzierung im Unterricht der Sonderschule auch zu verbesserten Schulleistungen führen werden.

Literatur

Baar, Edeltraud u. *Tschinkel, Ingeborg:* Arbeitsblätter für die Schulreife-Entwicklungshilfe. Wien, Jugend und Volk, o.J.
Bloom, J. H.; Davis, A. u. *Hess, R.:* Stabilität und Veränderung menschlicher Merkmale. Weinheim, Beltz 1970
Cantor, J. H.: Transfer of stimulus pretraining in motor paired-associate and discrimination learning tasks. In: *L. P. Lipsitt* and *C. C. Spiker* (Hrsg.): Advances in child development and behavior. New York–London, Academic Press 1965 (Bd. II)

Clauss, G. u. *Ebner, H.:* Grundlagen der Statistik. Frankfurt/Main, Harri Deutsch 1970

Frostig, Marianne u. *Horne, D.:* the Frostig Program for the Development of Visual Perception. Teachers Guide. Chicago, Follett Publishing Company 1964

Frostig, Marianne, Horne, D. u. *Miller, Annemarie:* Wahrnehmungstraining. Dortmund, Crüwell 1972

Gagné, R. M. u. *Baker, Katherine E.:* Stimulus predifferentiation as a factor in transfer of training. In: Journal of Experimental Psychology 1950, *40*, 439–451

Gibson, Eleonor J.: A systematic application of generalization and differentiation to verbal learning. In: Psychological Review 1940, *47*, 196–229

Hanselmann, H.: Grundlinien zu einer Theorie der Sondererziehung. Erlenbach–Zürich, Rotapfel 1941

Hovland, C. I. u. *Kurtz, K. H.:* Experimental studies in rote-learning theory: X. Pre-learning syllable familiarization and the length-difficulty relationships. In: Journal of Experimental Psychology 1952, *44*, 31–39

Johnson, Doris J. u. *Myklebust, Helmer R.:* Lernschwächen. Ihre Formen und ihre Behandlung. Stuttgart, Hippokrates 1971

Klauer, K. J.: Über den Effekt eines Schulreifetrainings für die Behandlung der Intelligenzschwäche. Z. exp. angew. Psychol. 1964, *11*, 431–441

Klauer, K. J.: Lernen und Intelligenz, Weinheim, Beltz 1969

Lesemann, G.: Lebendige Krücken. Berlin, Marhold 1963[2]

Lienert, G. A.: Verteilungsfreie Methoden in der Biostatistik. Meisenheim, A. Hain 1962

Nickel, H.: Entwicklungspsychologie des Kindes- und Jugendalters, Bern Huber 1962, Bd. I

Samstag, K.: Informationen zum Lernen im Vorschulalter. Bad Heilbrunn/OBB, Klinkhardt 1971

Schmalohr, E.: Möglichkeiten und Grenzen einer kognitiven Frühförderung. Psychologische Voraussetzungen von Vorschul-Bildungsprogrammen. Z. Päd. 1970, 16, 1–25

Spiekers, R.: Über die optische Unterscheidbarkeit einfacher Zeichen. Göttingen, Vandenhoeck und Rupprecht 1969

Underwood, B. J., Runquist, W. R. u. *Schulz, R. W.:* Response learning in paired-associate lists as function of intra-list similarity. In: Journal of Experimental Psychology. 1959, *58*, 70–78

Underwood, B. J. u. *Schulz, R. N.:* Meaningful and verbal learning. New York, Lippincott 1960

Bemerkung: Nachdruck aus Ztschr. Heilpädagogische Forschung (Marhold-Verlag, Berlin-Charlottenburg) 1973, Band IV, Heft 3, S. 339 ff.

Förderung der visuellen Wahrnehmung bei geistig Behinderten und lernbehinderten Schulanfängern

Von Wolf-Rüdiger Walburg[1]

1. Der Prozeß der visuellen Wahrnehmung unter dem Aspekt der Multidimensionalität

Im Rahmen einer Untersuchung über die unterschiedlichen visuo-perzeptiven Fähigkeiten von lernbehinderten Schulanfängern – Schüler der Klassen 1 und 2 der Sonderschule L – und geistig Behinderten – Schüler der Mittelstufe der Sonderschule G – sollten Möglichkeiten der Förderung der Wahrnehmungsleistungen durch ein spezielles Training dargestellt und Auswirkungen dieses Trainings auf Leistungen in der allgemeinen Intelligenz, der Sprache, der Fein- und Grobmotorik diskutiert werden.

Für die Untersuchung der visuo-perzeptiven Fähigkeiten wurde der Developmental Test of Visual Perception (DTVP) von M. *Frostig* et al. (1964 und 1966) verwandt. Für das Training wurde das Wahrnehmungsprogramm von *Frostig* et al./ *Reinartz* (1972) – Heft 1 – eingesetzt. Die Überprüfung der Frage nach einem Effekt des Wahrnehmungstrainings hinsichtlich einer Verbesserung der exogenen Faktoren der Wahrnehmung erfolgte mit Hilfe der vier Untertests CMM (allgemeine Intelligenz), PPVT (Sprache) KP (Feinmotorik) und LOS KF 18 (Gesamtmotorik) aus der Testbatterie für Geistigbehinderte (TBGB).

Ausschlaggebend für die gewählte Form der Untersuchung war das dem *Frostig*-Programm zugrundeliegende Entwicklungsmodell. Danach liegt „der Konstruktion des gesamten *Frostig*-Programms... das Modell zugrunde, daß es bestimmte Stufen in der kindlichen Entwicklung gibt, auf denen sich verschiedene Fähigkeiten schwerpunktmäßig entwickeln" (*Frostig/Reinartz* 1972, S. 14). Es wird danach nicht nur aufbauend

---

1 Dieser Veröffentlichung liegt eine Untersuchung aus meiner Dissertation zugrunde, die im Juni 1975 von der Pädagogischen Hochschule Ruhr in Dortmund angenommen wurde.

in nacheinander nachzuholenden Entwicklungsschritten vorgegangen, sondern auch integrativ, wobei Spiel, Bewegung und Sprache als transferierende und motivierende Momente in das Wahrnehmungstraining eingebaut werden sollen.

Die Multidimensionalität dieser Prozesse wird auch in der Definition der Wahrnehmung deutlich, die wir als die menschliche Fähigkeit bestimmen wollen, eine Information aufzunehmen, sie zu entschlüsseln, zu deuten, mit gemachten Erfahrungen zu koppeln und adäquate Aktionen einzuleiten.

Nach *Kiphard* (1972) ist „dieser sensu-kognitive und motorisch-kommunikatorische Regelkreis sowohl an eine optimale Integration und Kooperation intersensorieller Modalitäten als auch des Motoriums einschließlich der Sprech- und Schreibfunktionen gebunden" (s. 17/18; vgl. auch *Marfeld* 1973, S. 329).

Die Abhängigkeit der visuellen Wahrnehmungsprozesse von sinnlichen und außersinnlichen „exogenen Faktoren" (*Schraml* 1972) soll in folgendem Schaubild verdeutlicht werden:

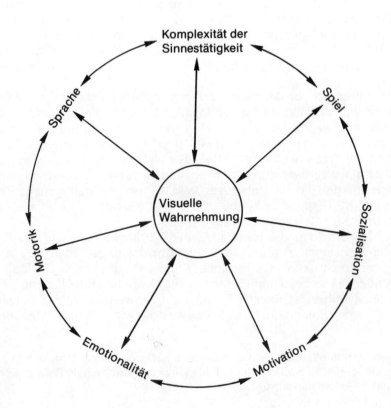

Für die sonderpädagogische Arbeit mit geistig Behinderten und Lernbehinderten ergeben sich aus der Multidimensionalität der Wahrnehmungsprozesse folgende Konsequenzen:

1. Modivationale, emotionale und soziale Faktoren haben einen Einfluß auf den Wahrnehmungsprozeß. Dieser muß deshalb in einem Verhaltenszusammenhang gesehen und als eine den Bedürfnissen des Organismus dienende Fähigkeit behandelt werden. So ist „kein Perzipieren und kein Lernen... ohne die emotionale Beteiligung des Menschen möglich" (*Josef* 1968, S. 67).

2. Visuelle Wahrnehmungen kommen nicht nur durch das Aufnehmen optischer Reize zustande, sondern werden durch die Komplexität des gesamten sensorischen Systems ausgelöst.

3. Dabei spielt die Bewegung eine besondere Rolle und sollte deshalb bei jedem visuellen Wahrnehmungsvorgang berücksichtigt werden. „Wahrnehmung geschieht immer im Vollzug irgendwelchen Handelns" (*Graumann* 1966, S. 1032).
   Daneben gilt es zu beachten, daß erstens Lernen immer durch Bewegung geschieht, und sich erste Intelligenzhandlungen in Bewegungen vollziehen (vgl. *Josef* 1967, S. 55).
   Ein visuelles Wahrnehmungstraining bei Kindern mit Lernbeeinträchtigungen ist deshalb zugleich immer ein Bewegungstraining!

4. Ein Wahrnehmungstraining ist immer zugleich ein Sprachtraining! So stellten *Seidel* und *Biesalski* (1973) anhand eines Trainings bei sprachbehinderten Kindern mit dem *Frostig*-Material fest, „daß eine Verbesserung visuo-motorischer und visuell-perzeptiver Funktionen zu einer tatsächlichen Steigerung geistiger Funktionen führt und sich gleichzeitig positiv auf die sprachliche Entwicklung auswirkt" (S. 14). In dem gleichen Training mit geistig Behinderten kamen die beiden Autoren zu dem Schluß, daß bei „vier sprachverzögerten Kindern mit erheblichen geistigen Rückständen... nach sieben Monaten *Frostig*-Therapie der aktive Wortschatz angebahnt war, gleichzeitig zeigte das Sprachverständnis eine auffallende Erweiterung" (S. 11).

5. Das didaktische Spiel als „aktive explorierende Auseinandersetzung mit der Umwelt" (*Oerter* 1972, S. 187) ist ein geeigneter Mittler aller die visuelle Wahrnehmung bedingenden Faktoren. Es gilt daher Spiele zu organisieren und geeignetes Spielmaterial zu finden.

6. „Wahrnehmung ist der Erfindung zugänglich und unterliegt damit innerhalb gewisser Grenzen den ‚Gesetzen des Lebens'" (*Graumann* 1966, S. 1032).

2. Wahrnehmungsbeeinträchtigungen bei geistig Behinderten und lernbehinderten Schulanfängern

Die Multidimensionalität der Wahrnehmung und deren Abhängigkeit von sensorischen und nichtsensorischen Faktoren wirkt sich auch im negativen Sinne auf Beeinträchtigungen aus.

Dieser Zusammenhang läßt sich besonders bei geistig Behinderten vermuten, da bei ihnen extreme Beeinträchtigungen in der Aufnahme-, Verarbeitungs- und Speicherfähigkeit von Lerninhalten und deren Wiedergabe angenommen wird. Diese Beeinträchtigungen zeigen sich im einzelnen mehr oder weniger auffällig als Schwächen im sensumotorischen, affektiven, motorischen, sozialen und sprachlichen Bereich.

Unsere Untersuchung mit dem DTVP von *M. Frostig* hat gezeigt, daß zwischen Lernbehinderten und geistig Behinderten deutliche Unterschiede in den Wahrnehmungsleistungen bestehen.

Ausgehend von den Wahrnehmungsleistungen nichtbehinderter Kinder, die in älteren Untersuchungen von *Knoblauch* (1934), *Spiekers* (1957) und *Nickel* (1967) diskutiert wurden, kamen wir aufgrund unserer Ergebnisse zu der Annahme,

1. daß lernbehinderte Schulanfänger in ihren visuoperzeptiven Leistungen um ein bis zwei Sechstel gegenüber den Nichtbehinderten zurückbleiben, und
2. daß bei geistig behinderten Schülern ein Zurückbleiben der Wahrnehmungsleistungen von ein bis zwei Drittel gegenüber Nichtbehinderten feststellbar ist.

3. Wahrnehmungsleistungen bei geistig Behinderten und lernbehinderten Schulanfängern

Durch eine spezielle Förderung über sechs Monate konnten die visuoperzeptiven Leistungen sowohl bei den Lernbehinderten als auch bei den geistig Behinderten verbessert werden. Bei beiden Gruppen war ein Zuwachs nachweisbar. Es kam jedoch zu keinem Angleichen der Wahrnehmungsleistungen bei Lernbehinderten und geistig Behinderten.

Die Durchschnittswerte für Lernbehinderte und geistig Behinderte im Vor- und Nachtest lassen sich für die einzelnen Wahrnehmungsbereiche in folgender Tabelle verdeutlichen:

Neben der Verbesserung der visuo-perzeptiven Leistungen durch das Wahrnehmungstraining von *M. Frostig* et al./ *Reinartz* (1972) konnte eine Leistungssteigerung in der allgemeinen Intelligenz, der Sprache und Motorik sowohl bei Lernbehinderten als auch bei geistig Behinderten angenommen werden.

Dieser Effekt wurde jedoch nur in einem geringen Maße deutlich, da

	Lernbehinderte		geistig Behinderte	
	Vortest	Nachtest	Vortest	Nachtest
1. Visuo-motorische Koordination	19.19	25,04	9.05	15.06
2. Figur-Grund-Wahrnehmung	13.85	16.49	7.30	12.04
3. Wahrnehmungskonstanz	8.17	13.37	4.60	9.99
4. Wahrnehmung der Raumlage	5.56	6.86	3.47	5.01
5. Wahrnehmung räumlicher Beziehungen	4.21	5.17	1.92	2.90
Gesamt:	50.92	66.86	26.35	44.84

auch die Kontrollgruppe einen Leistungszuwachs in diesen Bereichen ohne ein spezielles Training aufwies. Wir müssen aber bei jeder Untersuchung im pädagogischen Alltag davon ausgehen, daß auch eine Kontrollgruppe systematischen Unterricht erhält. Gerade in den von uns untersuchten Bereichen der Wahrnehmung, Sprache und Motorik mußte auch bei einem systematischen Schulunterricht ein Leistungszuwachs eintreten.

Die Ergebnisse erhalten dennoch eine besondere Bedeutung, weil der Zeitfaktor gewichtet werden muß. Die für das Training kürzere Zeitspanne von sechs Monaten gegenüber 14 Monaten für den normalen Unterricht für die Kontrollgruppe erlauben einige Annahmen:

1. Die vielschichtigen Übungen des Wahrnehmungstrainings von *Frostig* et al./ *Reinartz* (1972) führen zu einer Steigerung der visuo-perzeptiven Fähigkeiten.
2. Da das Wahrnehmungstraining als „Integrationsprogramm" konzipiert ist, ist nach sechsmonatigem Training eine Steigerung geistiger Funktionen über den Alterseffekt hinaus feststellbar.
3. Ein Training der visuo-perzeptiven Fähigkeiten wirkt sich positiv auf die Sprache aus.
4. Darüber hinaus konnten bei allen Kindern Fortschritte in der Fein- und Grobmotorik festgestellt werden.

Es zeigte sich aber auch, daß durch die nur quantitativ vorgenommene Analyse der statistischen Ergebnisse nicht alle Qualitäten des Trainingsmaterials erschöpfend dargestellt werden konnten. Vor allem konnte die Individuallage der einzelnen Schüler mit Lernbeeinträchtigungen nicht genügend berücksichtigt und statistisch erfaßt werden.

Die praktische Durchführung des Wahrnehmungstrainings ließ bei allen Beteiligten erkennen, daß neben der Effizienz des Programms sich eine ‚Systematik' in der unterrichtlichen Arbeit mit Behinderten als ausgesprochen positiv erwies. Insbesondere waren die Lehrkräfte von dieser Arbeit angetan, da sie einerseits überprüfbar war und andererseits eine sinnvolle Verbindung der verschiedenen Lernbereiche und -ziele in sich vereinigte.

Der besondere Wert des Wahrnehmungstrainings von *Frostig* et al./ *Reinartz* (1972) liegt gerade darin, daß speziell auf die individuellen Fähigkeiten der behinderten Kinder eingegangen werden kann. Dabei muß besonders hervorgehoben werden, daß auch das einzelne Kind gemäß seiner Behinderung die zeitliche Folge der einzelnen Trainingsschritte selbst bestimmen kann bzw. der Trainingsleiter dies im Rahmen seines Angebots berücksichtigen kann und muß. Somit hebt sich dieses Programm von herkömmlichen Unterrichtsverfahren positiv ab.

4. Fördercurriculum im Bereich der visuellen Wahrnehmung

Für das spezielle Training haben wir in Anlehnung an die von *Frostig* et al./ *Reinartz* (1972) gegebenen Anregungen zu einem multidimensionalen Übungsprogramm speziell für die von uns untersuchten Gruppen von Schülern mit Lernbeeinträchtigungen ein Fördercurriculum erarbeitet. Die dort angeführten Lernziele wurden als vorbereitende, begleitende oder ergänzende Maßnahmen zum Wahrnehmungsprogramm Heft 1 von *M. Frostig* et al./ *Reinartz* (1972) bei geistig Behinderten und Lernbehinderten der Klassen 1 und 2 erarbeitet und nach praktischer Erprobung durch Studenten des Instituts für Heilpädagogik Kiel und Erziehern und Sonderschullehrern an Sonderschule L und G im Lande Schleswig-Holstein zusammengestellt. Der Lernzielkatalog sollte keinen Anspruch auf Vollständigkeit erheben.

Neben den ergänzenden Hinweisen im Anweisungsheft zum Wahrnehmungstraining (*Frostig* et al./ *Reinartz* 1972), in „Bewegen – Wachsen – Lernen, Bewegungserziehung (als Kartei)" (*M. Frostig/A. u. E. Reinartz* 1974) und im Buch „Bewegungs-Erziehung" (*Frostig* 1973) wurden Lernziele aus dem Bereich der Sinneserziehung aus den Bildungsplänen für Sonderschulen für Geistigbehinderte (Rheinland-Pfalz und Saarland 1971; Nordrhein-Westfalen 1973; Hessen 1971; Bayern 1971 und Baden-Württemberg 1968), Aufgaben aus dem Arbeitsplan der Klassen 1 und 2 aus den Richtlinien und Lehrplänen für die Schule für Lernbehinderte (Sonderschule) in Nordrhein-Westfalen (1973), Spiel- und Trainingsanregungen von *R. Krenzer* (1971 und 1973), *A. Peter* (1973), *Aschmoneit* et al. (1973), *Hünnekens* und *Kiphard* (1966), *Josef/Böckmann* (1971), *Mattmüller-Frick* (1971), *Morgenstern* et al. (1968 und 1969) und *Walburg* (1974) sowie Übungen von *M. Montessori* (*Helmig* 1963; *Oswald* und *Schulz-Benesch* 1967; *Standing o.J.; Neise* 1973) berücksichtigt.

A. Vorbereitungsprogramm

Das Vorbereitungsprogramm vermittelt dem behinderten Kinde
- einen emotionalen Bezug zum eigenen Körper,
- eine positive Einstellung zum eigenen Ich,
- Kenntnisse vom eigenen Körper,
- Kenntnisse von den Funktionen der verschiedenen Körperteile

und verhilft ihm dadurch, sich als Mittelpunkt eines von ihm überschaubaren Raumes zu verstehen.

Mit Hilfe fester Bezugspersonen, durch emotionale Zuwendung, Spiel, Bewegung, Musik, Rhythmus und Sprache werden wesentliche Voraussetzungen für eine Förderung der visuellen Wahrnehmung geschaffen.

Lehraufgabe	Lernziele	Lehrinhalte	Methodische u. didaktische Hinweise	Wortschatz Begriffe	Hilfsmittel	Kontrolle
Anbahnen eines körperlichen Kontaktes zwischen Mutter (Vater) und Kind / Später zwischen Erzieher/ Lehrer und Kind.	Erleben des eigenen Körpers als Bezugspunkt der visuellen Wahrnehmung.		– das Kind wird gestreichelt – das Kind wird an den Füßen, am Bein, am Bauch, an den Händen, hinter dem Ohr gekitzelt	ei... Ausdrücke der Freude evtl. Benennen der Körperteile		Blickkontakt Lächeln
			– Über den Körper des Kindes wird mit verschiedenen Materialien gestrichen.		Samt Wolle Feder Bürste Wasser	
			– einzelne Körperteile des Kindes werden vorsichtig mit angewärmtem Wasser begossen.			
			– wir lassen weißen Sand auf Arme, Füße, Bauch, Beine rieseln		Sand	
			– Kind läßt weißen Sand durch die Hände rieseln		Sand	
			– wir bedecken die Füße des Kindes mit Sand		Sand	

Lehraufgabe	Lernziele	Lehrinhalte	Methodische u. didaktische Hinweise	Wortschatz Begriffe	Hilfsmittel	Kontrolle
Benennen der Körperteile in Verbindung mit Zeigen	Erleben des eigenen Körpers als Bezugspunkt der visuellen Wahrnehmung		– Partnerübung: Ein Kind liegt rücklings auf dem Boden (Matte). Ein anderes Kind (oder der Erzieher/Lehrer) kniet davor und hat einen Stock in der Hand, an dessen Ende ein Stoffball an einer kurzen Schnur befestigt ist. Wir rufen: Zehen, Knie, Haare, Nase, Hüfte, Brust, Wange usw. Das knieende Kind läßt den Stoffball leicht auf die aufgerufenen Körperteile fallen. Wiederholung der Übungen mit einem Luftballon	Name der Körperteile	Turnmatte Stock mit Schnur und Stoffball	Genaue Ausführung der Anweisungen
					Luftballon	
			– Wir berühren Körperteile an unserem Körper und benennen sie. Das Kind wiederholt diese Übung an seinem Körper.		Turnmatte	Nach-ahmung
			– Kind liegt rücklings auf der Matte. Erzieher/Lehrer gibt Anweisungen: z. B. hebe das Bein, hebe einen Arm, ziehe die Beine an. Später: hebe den linken Arm, hebe das rechte Bein....			

Lehraufgabe	Lernziele	Lehrinhalte	Methodische und didaktische Hinweise	Wortschatz Begriffe	Hilfsmittel	Kontrolle
			– Kinder sitzen im Kreis und sehen Erzieher/Lehrer an. „Was wir mit unserem Gesicht alles machen können" 1. Signal: Trommelschlag: Wir machen ein häßliches Gesicht 2. Signal: Glockenton: Wir machen ein lustiges Gesicht (Spiegel benutzen!)	häßlich lustig	Spiegel	Grimassen

Lehraufgabe	Lernziele	Lehrinhalte	Methodische u. didaktische Hinweise	Wortschatz Begriffe	Hilfsmittel	Kontrolle
Benennen der Körperteile in Ver- mit Zeigen	Erleben des eigenen Kör- pers als Bezugspunkt der visuellen Wahrnehmung		– das Kind sitzt vor einem Spiegel – das Gesicht des Kindes lang- sam einem Spiegel nähern und mit Stirn oder Nase anstoßen und wieder entfernen – Vor dem Spiegel an Nase, Ohren, Mund, Augen, Kinn, Stirn und Haare tippen und dazu singen: Das sind deine (oder Name des Kindes)...'' Das Kind wiederholt diese Übungen und zeigt die Körper- teile an sich und am Erwach- senen. – dgl.: Arme, Hände, Finger, Schultern, Bauch, Beine, Füße, Knie, Hals – Wiederholung dieser Übungen an einer großen Puppe oder an einem Teddy – Wiederholung dieser Übungen an einer Abbildung	Nase Mund Ohren Augen Stirn Kinn Haare Arme Hände Finger Schulter Bauch Beine Füße Knie Hals	Spiegel Puppe Teddy Bild	Aufmerk- sames Betrachten des Spiegel bildes Blick- kontakt Lächeln des Kindes

Lehraufgabe	Lernziele	Lehrinhalte	Methodische u. didaktische Hinweise	Wortschatz Begriffe	Hilfsmittel	Kontrolle
Benennen der Körperteile in Verbindung mit Zeigen	Erleben des eigenen Körpers und des Körpers des Partners als Bezugspunkt der visuellen Wahrnehmung		– Ein Kind steht auf einer Bank vor der Klasse/Gruppe. Die einzelnen Körperteile werden besprochen.	Name der Körperteile	Bank	Genaues Benennen und/oder Zeigen
			– Ein Kind legt sich auf einen Tapetenrollenbogen. Mit einem Wachsstift wird der Umriß gemalt. Besprechung (Nennen und Zeigen und Ausmalen): Wo ist der Kopf? Was fehlt? usw.		Tapetenrolle Wachsmalstifte	
			– Mit verbundenen Augen durch vorsichtiges Ertasten des Gesichts des Partners Identität feststellen.		Augenbinde	
			– Wiederholung der Übungen zum Körperbewußtsein: Lied und Spiel: Körperteile (Schallplatte); dabei singen und zeigen!	wie oben	Schallplatte: Poly, Nr. 2961004 (Sesamstraße)	Mitsingen Mitschwingen Mitturnen

Lehraufgabe	Lernziele	Lehrinhalte	Methodische u. didaktische Hinweise	Wortschatz Begriffe	Hilfsmittel	Kontrolle
Benennen der Körperteile und Körperfunktionen	Erleben des eigenen Körpers und des Partners als Bezugspunkt der visuellen Wahrnehmung Bewußtes Erfahren der Körperteile im Spiel		– Spiel: „Erstarren": Die Kinder hüpfen, springen, gehen oder machen irgendeine andere Körperbewegung. Auf ein vereinbartes Zeichen (Trommelschlag) erstarren die Kinder in der gerade eingenommenen Position. Auf ein weiteres Zeichen (2× Trommelschlag) setzen sie dann die Bewegungen fort.		Handtrommel	Genaue Ausführung Ruhe
			– Spiel: „Der Zauberer": Kinder laufen im Raum herum. Ein „Zauberer" (vorher bestimmtes Kind) berührt die Kinder am Körper. Mit einer Hand an der berührten Körperstelle müssen die „verzauberten" Kinder hinter dem Zauberer herlaufen. Wenn alle verzaubert worden sind, wird ein anderes Kind „Zauberer".			Genaue Ausführung Kinder laufen in einer Schlange.
			– Geräusche mit dem eigenen Körper: Füße: stampfen, klopfen, schurren	Füße Hände	Tisch	Geräusche
			Hände: klatschen (flache Hand/hohle Hand), reiben,	Hände		

Lehraufgabe	Lernziele	Lehrinhalte	Methodische u. didaktische Hinweise	Wortschatz Begriffe	Hilfsmittel	Kontrolle
			kneten, mit der Faust auf den Tisch schlagen, mit der flachen Hand auf einen Tisch schlagen, auf das Bein hauen, mit den	Faust		
			Fingern schnipsen	Finger		
			Beine: zusammenschlagen	Beine		
			Lippen: Mund auf- und zu- machen, pfeifen, blubbern, pusten	Lippen Mund		

Lehraufgabe	Lernziele	Lehrinhalte	Methodische u. didaktische Hinweise	Wortschatz Begriffe	Hilfsmittel	Kontrolle
Benennen der Körperteile und Körperfunktionen	Erleben des eigenen Körpers und des Partners als Bezugspunkt der visuellen Wahrnehmung		Rollenspiel: Jetzt zieht Hampelmann sich seine... (Strümpfe, Schuhe, Hosen usw.) an. (Spiel und Lied)	Begriffe der Tätigkeiten	s. Krenzer 1973, S. 71	Genaue Ausführung
		Bewußtes Erfahren der Körperteile und Körperfunktionen im Spiel	Spiel: „Adam hatte sieben Söhne..."	Begriffe der Tätigkeiten	s. Krenzer 1971, S. 88	Genaue Ausführung
	Konzentrieren auf bestimmte Körperteile		Spiel: Herr Doktor, ich habe solche Schmerzen. Der „Arzt" muß durch Befragen feststellen, wo der „Patient" Schmerzen hat.	Körperteile		Antworten auf die Fragen
			Puzzle: Wir malen einen Menschen ohne viele Details auf Pappe und zerschneiden sie. Das Kind soll das Puzzle zusammensetzen: 1. auf eine Vorlage 2. neben die Vorlage 3. ohne Vorlage	Körperteile	Puzzle, s. Frostig/ Reinartz 1972, S. 23	Genaues Hinlegen der Puzzleteile
			dgl. Gesicht und Gesichtsteile	Gesichtsteile	Puzzle, s. Frostig/ Reinartz 1972, S. 22	wie oben

Lehraufgabe	Lernziele	Lehrinhalte	Methodische u. didaktische Hinweise	Wortschatz Begriffe	Hilfsmittel	Kontrolle
Benennen der Körperteile und Körperfunktionen	Erleben des eigenen Körpers als Bezugspunkt der visuellen Wahrnehmung		– Gesichtspuzzle: Ein Foto von einem Gesicht wird in drei Teile in Längsrichtung zerschnitten. Das Kind soll das Gesicht zusammenpuzzlen. 	Gesichtsteile funktionen	Foto Poster auf Pappe	Genaues Übereinanderfügen
		Allmähliche Abstraktion des Erlebten	– Gesicht wird aus Styropor ausgesägt und angefeuchtet an die Tafel (Kachelwand) geklebt. Kind klebt Nase, Ohren, Mund, Augen, Augenbrauen und Haare (aus angefeuchtetem Styropur) dazu.	Gesichtsteile	Styropor Messer	Genaues Zusammensetzen
			– dgl. aus Filz an der Filztafel	Filz/Filztafel		
			– Puzzle aus geometrischen Figuren zu einem Körper zusammensetzen z. B.: 	Körperteile	Kreis, Viereck, Dreieck aus Pappe „Logische Blöcke" von Dienes, Fröbel Legeplättchen	Genaues Zusammensetzen

Lehraufgabe	Lernziele	Lehrinhalte	Methodische u. didaktische Hinweise	Begriffe	Wortschatz	Hilfsmittel	Kontrolle

Kennen-lernen der Körperfunktionen -Psychomotor. Übungen	Bewußtes Erfahren verschiedener Körperstellungen	Erkennen, daß ich die Stellung des Körpers verändern kann.	– Kind liegt:	– in Rückenlage
				– in Bauchlage
				– in Seitenlage
				  – gestreckt
				  – gekrümmt
					liegen	Turnmatte	

			– Kind sitzt:	– auf einem Stuhl
				– auf einer Bank
				– im Schneidersitz
				– im Hochsitz
				– im Strecksitz
				– im Grätschsitz
				  – aufrecht
				  – krumm
					sitzen	Stuhl
						Bank (niedr.)
						Turnmatte
							Präzision der Ausführungen

			– Kind steht:	– auf der ganzen Sohle
				– auf Zehenspitzen
				– auf einem Bein
				  – aufrecht
				  – krumm
				  – gebeugt
				  – in Grätsch-stellung
					stehen		

Anmerkung: Weitere Übungen werden angeführt in: Frostig, Bewegen – Wachsen – Lernen, Dortmund 1974
Anmerkung: Weitere Übungen werden angeführt in: Frostig, Bewegungserziehung, München/Basel 1973

B. Visuomotorische Koordination

Die Übungen sollen dem Kinde die Fähigkeit vermitteln, „das Sehen mit den Bewegungen des Körpers oder Teilen des Körpers zu koordinieren" (Frostig/Reinartz 1972, S. 6).

Sie setzen gezielte
– feinmotorische Koordinationsübungen
– grobmotorische Koordinationsübungen
– Übungen zur Augenbewegung

voraus.

Lehraufgabe	Lernziele	Lehrinhalte	Methodische u. didaktische Hinweise	Wortschatz Begriffe	Hilfsmittel	Kontrolle
Vorbereitungsübungen zum Schereschneiden	1. Fertigkeit: Zusammenbewegen Daumen u. Mittelfinger mit visueller und taktiler	1.1 Greifen	– größere, dann kleinere Gegenstände aufnehmen und wieder loslassen (evtl. Hand führen) – möglichst mit Daumen und Mittelfinger.	nimm! weg!	Bleistift Bauklotz Streichholz	Kind hebt Gegenstände ca. 10 cm hoch
		1.2 Kneten	– Kind rollt kleine Kugel mit Daumen und Mittelfinger	Ball rollen	Knetgummi	Kugel rollt
		1.3 Malen	– Kind malt mit Daumen und Mittelfinger	malen	Fingerfarbe Papier	Papier wird farbig
		1.4 Bauen u. Legen	– Kind nimmt Klötze auf und stellt sie hintereinander, dann aufeinander (mit Daumen u. Mittelfinger greifen!)	bauen	Bauklötze	mind 2 2 Klötze werden richtig hingestellt.
		1.5 Reißen u. Knüllen	– Kind zerreißt Seidenpapier mit Daumen und Mittelfinger und rollt Schnipsel zu kleinen Kugeln	reißen rollen	Seidenpapier	Die Papierkugel rollt
		1.6 Stecken	– Kind steckt kleine Walzen in ein Steckbrett (mit Daumen u. Mittelfinger)	stecken	Walze und Steckbrett (im Handel)	Walzen sind richtig in den Öffnungen
		1.7 Falten	– Kind faßt Papierbogen (DIN A5) und faltet ihn einmal in der Mitte (unter Benutzung von Daumen u. Mittelfinger)	falten	Zeichenpapier	Papier wurde einmal gefaltet
	2. Funktionsgerechtes Greifen der Schere	2.1 Begriffsanbahnung: Schere	– Zeigen einer Schere und Benennen – Wir schneiden mit der Schere und singen: „Schnippschnipp-schnapp, schneid' die Schere, schnipp-schnipp-schnapp"	Schere schneiden	Rund-Haushaltsschere Haushaltsschere	Evtl. Nennen des Begriffes durch das Kind

111

Lehraufgabe	Lernziele	Lehrinhalte	Methodische und didaktische Hinweise	Wortschatz Begriffe	Hilfsmittel	Kontrolle
s. S. 15	s. S. 15	2.2 Greifen der Schere	– Kind soll kleinere Gegenstände mit einer Gebäckzange heranholen – die Zange wird mit Daumen und Mittelfinger gehalten.		Gebäckzange Bauklotz Zuckerstück Keks	Gegenst. werden mind. 10 cm angehoben
			– Kind schneidet mit einer Rundschere (Kinderschere) ohne Papier (Luftschneiden)	Schere	Rundschere (im Handel)	Schere liegt richtig in d. Hand.
Übungen zum funktionsgerechten Schneiden mit einer Schere		2.3 Einschneiden	– Kind schneidet ohne Regel in ein Stück Papier; wir umwickeln die Grifflöcher mit Band – dadurch bleibt die Schere an der Spitze immer etwas geöffnet.	Schere schneiden	Rundschere Papier	Es entstehen mind. 1 cm lange Einschnitte
			– Wir markieren am Papierrand die Einschnitte (Markierungen 1 cm breit – dann schmaler werdend)	Schere schneiden	Rundschere Papier	Kind schneidet in die Markierung
			Hilfen: Wir klemmen den Papierbogen zwischen zwei Brettchen, in die wir einen 1 cm breiten Schlitz sägen. Kind schneidet zwischen diesen Einschnitten (n. Morgenstern et al. 1968)		Schneideschablone	
		2.4 Durchschneiden	– Wir geben dem Kind dünne grüne Papierstreifen (ca. 2 cm breit – später breiter) und lassen „Gras" schneiden.	Schere schneiden Gras	Rundschere grüne Papierstreifen	Kd. schneidet die Papierstreifen durch

Lehraufgabe	Lernziele	Lehrinhalte	Methodische u. didaktische Hinweise	Wortschatz Begriffe	Hilfsmittel	Kontrolle
			Aufforderung: Die „Grashalme" sollen möglichst schmal (dünn) sein. – Wir malen die „Grashalme" auf. Das Kind schneidet auf den Linien (erst etwas breitere – dann schmaler werdend) das Papier (ca. 2 cm breit) durch.	Schere schneiden	Papierstreifen mit Hilfslinien	Kd. schneidet a. d. Linien das Papier durch

Lehraufgabe	Lernziele	Lehrinhalte	Methodische und didaktische Hinweise	Wortschatz Begriffe	Hilfsmittel	Kontrolle
s. S. 15	s. S. 15	2.4 Durch-schneiden	– Wir malen über den Papier-streifen gerade und schiefe Linien. Kind soll das Papier auf den Linien entlang-schneiden: Hilfe: Wir lochen die Linien vor	Schere schneiden	Papier-streifen mit Hilfslinien Schere Papierstref. Locher/ Schere	Kind schneidet a. d. Linien kleinere Abweichun-gen sind erlaubt.
		2.5 Aus-schnei-den	– Wir lassen das Kind einen vor-gelochten Bogen – oder eine Gerade schneiden:	–„–	Papier DIN A 6 Locher/ Schere	–„–
			– Kind schneidet andere vorge-lochte Figuren aus – Löcher immer weiter auseinander ein-knipsen	–„–	–„–	–„–
			– Kind schneidet Figuren wie oben aus – Löcher werden aber nur noch durch Filzstift angedeutet	–„–	–„– Filzstift	–„–
			– Kind schneidet einfache Bilder (Quadrat, Dreieck usw.) ohne Hilfe aus	–„–	Bilder Schere	–„–
			– Kind schneidet Bilder aus Kata-logen oder Zeitschriften aus	–„–	Kataloge Zeitschrft.	–„–
			– Das Kind schneidet anderes Material: z. B. Pappe, Bind-fäden, Plastik	–„–	Schere und versch. Material	–„–

Lehraufgabe	Lernziele	Lehrinhalte	Methodische und didaktische Hinweise	Wortschatz Begriffe	Hilfsmittel	Kontrolle
Kleben mit verschiedenen Materialien	Kinder sollen die Fähigkeit erwerben, zwei oder mehrere Materialien unter ständiger visuomotorischer Kontrolle neben- oder aufeinander zu kleben	Materialien werden aufeinandergeklebt	– Papierschnipsel sollen ohne Regel und Begrenzung auf einen Papierbogen geklebt werden. – dgl., aber auf ein begrenztes Feld (Kreis, Dreieck, Viereck) – ein Schachtel wird mit Papierschnipsel beklebt	kleben kleben	Papierschnipsel, Klebe DIN A 4-Bogen Papierschnipsel Streichholzschachtel	wenigstens einige Teile des Bogens wurden beklebt Schachtel wurde annähernd beklebt.
			– eine vorgefertigte Pappmaske wird mit Papierschnipseln beklebt	kleben	Pappmaske Papierschnipsel	eine bunte Maske ist zu erkennen – das
			– aus Papierkügelchen wird ein Bild geklebt (z. B. Thema: Haus)	kleben Haus	Klebe, Seidenpapier bunt, Pappbogen, Klebe	Bild ist zu erkennen
		Materialien werden aneinandergeklebt	– Papierstreifen (2 cm × 10 cm) sollen zu einer Schlange aneinandergeklebt werden	kleben Schlange	Papierstreifen (2 × 10 cm)	erkennen Papierstreifen müssen
			– Geometrische Figuren werden	kleben	Geom. Fig.	sich decken
			– Geometrische Figuren werden zu einem Eisenbahnzug aneinandergeklebt	kleben Zug	Geom. Fig. Kreis, Rechteck	Zug muß erkennbar sein

Lehraufgabe	Lernziele	Lehrinhalte	Methodische u. didaktische Hinweise	Wortschatz Begriffe	Hilfsmittel	Kontrolle
			– Zwei Papierstreifen (2 cm × 10 cm) in den Farben rot und blau sollen zu Kreuzen geklebt werden	kleben Kreuz (Stern)	2 Papier- streifen (2 × 10 cm)	Papier- streifen müssen etwa in der Mitte über- einander- geklebt werden

Lehraufgabe	Lernziele	Lehrinhalte	Methodische und didaktische Hinweise	Wortschatz Begriffe	Hilfsmittel	Kontrolle
s. S. 19	s. S. 19	s. S. 19	– ein Haus soll aus einem Quadrat und einem Dreieck geklebt werden.	kleben	Quadrat und Dreieck aus Papier Papierbg. Klebe	Dreieck wird genau auf das Quadrat geklebt
			– Kind bekommt einen großen Kreis (∅ 20 cm), 2 kleine Kreise (∅ 2 cm) u. zwei Ellipsen (Längsachse 10 cm). Es soll eine Maske kleben.	kleben Maske (Gesicht)	Kreise und Ellipsen aus Papier Klebe	d. Gesichtsteile müssen richtig aufgeklebt werden.
			– Kind bekommt 2 cm breite und 10 cm lange gebogene Pappstreifen in den Farben rot, gelb, grün, blau. Diese sollen zu einem Regenbogen übereinandergeklebt werden. (Vorübung zum Training, Aufgabe: 4, 5, 9, 22, 23, 32)	kleben Bogen	Pappstreif. gebogen Klebe	Pappbogen sollen übereinandergeklebt sein
			– dgl. mit bunten Wollfäden			

117

Lehraufgabe	Lernziele	Lehrinhalte	Methodische und didaktische Hinweise	Wortschatz Begriffe	Hilfsmittel	Kontrolle
Legen mit verschiedenen Materialien	Fähigkeit, mehrere Gegenstände unter ständiger visuo-motorischer Kontrolle in eine Reihe zu legen	Erkennen, daß mehrere Gegenstände hintereinandergelegt eine Reihe bilden (Schlange bilden)	– Reihe legen aus – Muggelsteinen od. Knöpfen – Pappscheiben – Bausteinen – Walzen hintereinander in ein Steckbrett stecken – 10 Legestäbchen zu einer Schlange hintereinanderlegen – Bunte Knöpfe zu einer geraden, gebogenen und wellenförmigen Schlange legen (Vorübung zum Training, Aufgaben: 1, 2, 3, 4, 5, 9, 10, 11, 12, 20, 21, 22, 23, 32, 33, 34, 45)	Schlange Reihe	Muggelsteine Knöpfe Bierdeckel Bausteine Walzen und Steckbrett Legestäbch. v. Fröbel bunte Knöpfe	Reihe muß in etwa geschlossen sein –,– und die Form muß annähernd erkennbar sein
	Erleben, daß aus flachen Gegenständen Muster gelegt werden können		– Aus Reifen und Leisten sollen Figuren auf dem Fußboden gelegt werden – Holzstäbchen und Knöpfe sollen zu Figuren zusammengelegt werden	Bezeichnung der Figuren –,–	Gymnastikreifen, Holzleisten Legestäbch. v. Fröbel bunte Knöpfe	Figuren sollen zu erkennen sein

Lehraufgabe	Lernziele	Lehrinhalte	Methodische und didaktische Hinweise	Wortschatz Begriffe	Hilfsmittel	Kontrolle
Bauen mit verschiedenen Materialien	Wissen: Man kann mit geometrischen Körpern bauen	Erfahren: Größe und Verteilung der Baust. müssen passen	– Zwei oder mehrere Klötzchen hintereinander legen	Schlange Reihe	Bausteine	Reihe ohne große Lücken
			– Zwei oder mehrere Klötzchen zu einem Turm übereinanderstellen	Turm	Bausteine	Turm muß eine Weile stehen
			– dgl. mit Legosteinen – Ineinandergesteckte Hohlkuben auftürmen	Turm	Hohlkuben (Handel)	
			– Spielauto ordentlich mit Bausteinen beladen	Auto	Spiellastwagen Bausteine	Alle Bausteine müssen verladen werden
			– Turm aus Klötzchen und Brettchen bauen – Mit geschlossenen Augen kleinen Turm bauen	Turm Hochhaus	Bretter Klötze Augenbinde	Turm muß eine Weile stehen
			– Teller vorsichtig und leise aufeinandersetzen		Frühstücksteller	es darf kein Geräusch zu hören sein
			– Mehrere Gymnastikreifen zu einer Säule aufeinanderlegen (auch als Partnerübung)	Säule Turm	Gymnastikreifen	Säule muß eine Weile stehen
			– Pfennige zu einem Turm aufschichten	Geld	fünf Zehnpfennigstücke	Pfennige müssen gerade übereinandergeschichtet sein

Lehraufgabe	Lernziele	Lehrinhalte	Methodische und didaktische Hinweise	Wortschatz Begriffe	Hilfsmittel	Kontrolle
Fäden zu Figuren legen	Wissen: Durch vorsichtiges Legen von Fäden entstehen unter visueller Kontrolle Figuren	Erkennen, daß man die Figuren selbst erfinden kann	– Mit Wollfäden geometrische Figuren legen, aufkleben und die entstandenen Flächen farbig ausmalen		Wollfäden (ca. 30 cm lang), Klebe, Tusche od. Fingerfarbe	geom. Figuren sind geschlossen
			– Bleischnur in Wellenform auf den Tisch legen – vorerst in gerader Form.	Weg Straße	Bleischnur (Gardinenband)	angegeben Form wurde ausgeführt
			– Hilfe: Kinder legen die Bleischnur in eine vorgefertigte Schablone aus zwei parallel laufenden Leisten, die im Abstand von 0,5 cm auf ein Brett aufgeklebt wurden. (Vorübung zum Training, Auf.: 1, 2, 3, 12, 20, 21, 34, 45) Zur Herstellung einer Schablone für gewellte Formen nehmen wir zwei geformte Pappstreifen (für die Aufgaben: 4, 5, 9, 10, 11, 22, 23, 32, 33, 48)		Schablone	
					Pappstreifen	
			– Eine Schnur wird gerade, gebogen, winklig und wellenförmig auf ein Stück Pappe geklebt. Das Kind soll mit einem Filzstift am Rand dieser Schnur eine Linie ziehen.	–,,–	Schnur	Von der „Leitlinie" wurde nur wenig abgewichen
			– dgl. mit zwei parallel laufenden Schnüren. Die Linie wird dazwischen gezogen (als Vor-	–,,–	Filzstift Pappe Klebe	

Lehraufgabe	Lernziele	Lehrinhalte	Methodische und didaktische Hinweise	Wortschatz Begriffe	Hilfsmittel	Kontrolle
Biegen von Draht	Wissen, daß Linien verändert werden können	Erkennen: Unterschiede zeigen sich nur, wenn sie deutlich dargestellt werden	– weicher Draht wird gebogen:	Draht	weicher Draht	die angegebene Form ist zu erkennen
Malen verschieden geformter Linien	–„–	–„–	– malen verschiedener Linien im Sand – malen von Wellenlinien mit Pinsel und Kleisterfarbe auf Tapentenrollen oder alten Zeitungen	Linie Strich	Stock Pinsel (nicht zu dünn) Kleisterfarbe Tapentenreste Zeitung	–„–
			– vorgezeichnete Linien mit einem Bleistift/Filzstift nachzeichnen oder mit Streichhölzern nachlegen	–„–	Bleistift Filzstift Streichhölzer	–„–
			– vorgezeichnete Linien mit dem Zeigefinger nachziehen – mit Hilfe von geometrischen Formen (Schablone) Häuser zeichnen	–„– Haus	Fingerfarbe Schablone von *Dienes* (Herder Verlag) Filzstift	–„– Haus wird erkannt
			– genaues Nachlegen einer an der Tafel gezeichneten Linie	Linie Schlange	Legestäbe von *Fröbel*	Gelegte Linie annähernd mit Tafelbild identisch

Lehraufgabe	Lernziele	Lehrinhalte	Methodische und didaktische Hinweise	Wortschatz Begriffe	Hilfsmittel	Kontrolle
Beobachtung der Bewegung von	Erkennen von Auge-Hand-Koordination		– verschiedene Fingerspiele	Spieltext	s. *Krenzer* 1971, s. 83 f.; 1973, S. 52 f.; *Aschmoneit* et al. 1973	Kind spielt mit Freude mit
			– Finger laufen lassen, abwechselnd mit Zeige- u. Mittelfinger schrittähnliche Bewegungen durchführen – einhändig – mit beiden Händen			Bewegungen sind gleichmäßig
			– Faden auf einen Finger wickeln Spiel: Autorennen: 	Auto	2 m Faden Bauklotz	Faden wird durch Aufwickeln kürzer
			– dgl. Faden auf Stab wickeln – mit einem Daumen Mine aus Kugelschreiber drücken		Bleistift Kugel-	–,,–,– Mine wird herausgedrückt
			– Kreisel mit Daumen u. Zeigefinger in Drehbewegung versetzen	Kreisel	Kreisel	Kreisel dreht sich
			– Kleinen Ring auf glattem Boden mit dem Zeigefinger herumwirbeln. Der Finger gibt am Innenrand Schwung	Ring drehen	Plastikring Ø ca. 10 cm	Ring dreht sich

Lehraufgabe	Lernziele	Lehrinhalte	Methodische und didaktische Hinweise	Wortschatz Begriffe	Hilfsmittel	Kontrolle
Geschicklichkeitsübungen mit Hand u. Fingern	Erkennen von Auge-Hand-Koordination		– Gardinenringe um senkrecht stehenden Bleistift legen – einen Stab auf der flachen Hand balancieren		Gardinenring, eckiger Bleistift, Stab	Bleistift darf nicht umfallen Stab steht einige Sekunden
Perlen auffädeln	Herstellen einer Kette durch Auffädeln verschiedener Materialien Erkennen von Auge-Hand-Koordination		– Große Perlen auf eine Plastikschnur ziehen	Kette	große Perlen (im Handel)	Kette muß geschlosse sein
			– dgl. mit immer kleiner werdenden Perlen	–,–	Plastikschnur	–,–
			– Große Perlen unter einer Decke (Hände verdeckt) aufziehen	–,–	Decke	–,–
			– auf ein Seil Streichholzschachtelhüllen ziehen Lied: Taler, Taler, du mußt wandern…	–,–	Hüllen von Streichholzschachteln	–,–
			– Hörnchennudeln auf Faden ziehen	Kette	Nudeln	–,–
			– Blätter, Früchte, Stroh auf Garn aufreihen	–,–		–,–
			– Aufreihen einer Holzscheibe auf einen Drahtwinkel, eine Drahtspirale	Kette	Naturmaterial	–,–
			– Bewegen einer Kugel auf Überschlagbogen	Kette	Material von *Morgenstern* (1968, 1969)	Bewegung. werden entsprechend ausgeführt

Lehraufgabe	Lernziele	Lehrinhalte	Methodische und didaktische Hinweise	Wortschatz Begriffe	Hilfsmittel	Kontrolle
Montessori-Material zur Übung des Gesichtssinnes	Erkennen von Unterschieden in Größe, Höhe und Durchmesser	Üben mit Einsatzzylinderblöcken	– Höhe und Durchmesser der Zylinder sind unterschiedlich. Deshalb zunächst nur mit einem Block arbeiten. Die Kinder umfahren mit den Fingern die Zylinder und die entsprechenden Öffnungen und stellen sie dann ein (weitere Übungen s. unter D. Wahrnehmungskonstanz)	klein-groß dick-dünn flach-tief hoch-niedr.	*Montessori*-Einsatzzylinderblöcke A, B, C, D (im Handel)	Jeder eingepaßte Zylinder sitzt fest in der Öffnung
Montessori-Material zur Übung des Tastsinnes	Bewußtmachung des Tastsinnes, Steigerung der Empfindsamkeit der Fingerspitzen	Üben mit Tastbrettchen	– bei geschlossenen Augen gleiten die Finger leicht über die Flächen. Jeweils zwei gleiche Flächen werden zugeordnet. – dgl. mit verschiedenen Stoffen: In einem Kasten befinden sich je zwei gleichgroße Lappen von verschiedenen Stoffen oder Fellen. Die zwei gleichen Stoffe sollen zugeordnet werden	rauh-glatt	Testbrett mit rauhen u. glatten Flächen Lappen aus Leinen, Samt, Wolle, Seide, Pelzstücke	Zuordnung ist richtig. Jedes Paar stimmt in d. Stoffart überein
		Temperaturkrüglein: Verfeinerung des Sinnes für Temperaturunterschiede	– In einem Kasten befinden sich 8 Metallfläschchen, die mit verschieden temperiertem Wasser gefüllt sind. Jede Temperatur ist zweimal vorhanden. Temperaturunterschiede ca. 10ζ. Bei Geistigbehinderten mit zwei Kontrasten (heiß-kalt) beginnen.	kalt warm heiß	Temperaturkrüglein von *Montessori* (im Handel)	Zuordnung ist richtig

Lehraufgabe	Lernziele	Lehrinhalte	Methodische und didaktische Hinweise	Wortschatz Begriffe	Hilfsmittel	Kontrolle
s. S. 26	s. S. 26	Unterscheiden der bekannter Gegenstände durch Tasten	– In einem Säckchen wird ein dem Kind bekannter Gegenstand eingenäht. In einem Korb befindet sich der gleiche Gegenstand sichtbar dür das Kind. Durch Tasten soll das Kind den eingenähten Gegenstand feststellen und dem Gegenstand aus dem Korb zuordnen. (weitere Sortierspiele s. unter C.)	Bezeichnung des Gegenstandes	Stoffbeutel mit: Legestäbchen Büroklammern Erbsen Kastanien Klotz usw. Korn	Zuordnung ist richtig
Falten mit verschiedenen Materialien	Erkennen, daß sich eine Fläche durch Falten verändert. Exaktes Falten erfordert ständige visuelle Kontrolle	Falten mit Papier, Stoff u. anderen Materialien	– Taschentuch einmal falten – Taschentuch zweimal falten – Wäsche (Handtuch u. ä.) zusammenlegen – Faltpapier einmal falten, dann zweifach – eine Windmühle falten – Faltarbeiten mit großen Papierbogen (z. B. Papierhut, Schiffchen) – die Seiten eines alten Schulheftes nach innen halten – Wir falten einen DIN A 4-Bogen einmal und schneiden in die Faltkanten runde und eckige Einschnitte. Es entsteht eine Tischdecke.	falten übereinander falten übereinander falten übereinander falten einander falten, schneiden	Taschentuch Lappen Handtuch Faltpapier Faltpapier Zeitungsbogen Heft Buch Papier Schere	die Teile liegen übereinander Begutachtung Mühle dreht sich i. Wind wie oben saubere Faltkante Begutachtung

Lehraufgabe	Lernziele	Lehrinhalte	Methodische und didaktische Hinweise	Wortschatz Begriffe	Hilfsmittel	Kontrolle
Verschiedene feinmotorische Übungen	Förderung der visuomotorischen Koordination		– durch eine Pappröhre lassen die Kinder Perlen rollen	hindurch rollen	Rolle von Toilettenpapier/Haushaltspapier	Perlen werden richtig eingesteckt
			– Kinder lassen Perlen über Klingelbahn rollen	rollen Anf.-Ende entlang Ecke/Winkel	Klingelbahn (im Handel) Strohhalme Papier Filzstift	Klingelton Strich wird an „Leitlinie" gezogen
			– Wir nehmen Strohhalme und knicken sie einmal in der Mitte. Die so geknickten Halme werden aufgeklebt. Mit einem Filzstift wird am Halm und der „Knickecke" entlanggefahren. Vorübung für Aufg.: 46, 47, 49, 50			
			– Wir bauen eine Kugelbahn: Zwei Leisten werden parallel zueinander im Abstand von 5 cm auf ein Brett genagelt. Über diese Bahn soll ein Kind einem Tischtennisball einem Partner zurollen.	Bahn Straße Weg	2 Leisten ca. 1 m lang Brett 1 m lang Tischtennisball	Ball rollt die Kugelbahn in der ganzen Länge entlang
			Hilfe: Die Bahn wird etwas schräg angehoben.	hin- u. herrollen		
			Ergänzungsaufgabe: ein drittes Kind sitzt an der Seite und verfolgt den rollenden Ball mit den Augen.	(in der Mitte)		

Lehraufgabe	Lernziele	Lehrinhalte	Methodische und didaktische Hinweise	Wortschatz Begriffe	Hilfsmittel	Kontrolle
Verfolgen von Bewegungen mit den Augen	Augenbewegungen sollen durch Übungen „fließender" werden	1. Bewegen der Augen von links nach rechts	– mit den Augen einen rollenden Ball verfolgen	Ball	roter Ball	Kind fixiert den Ball
			– Gegenstand wird vor den Augen des Kindes von links nach rechts bewegt. Kind soll Gegenstand mit den Augen verfolgen – der Kopf bleibt unbewegt.	Name des Gegenstandes	z. B. Teddy Puppe Ball	Kind fixiert
			– mit den Augen einen über die Tischplatte hüpfenden Tischtennisball verfolgen		Tischtennisball	–,,–
			– Licht in dunklem Raum vor den Augen des Kindes von links nach rechts bewegen	Licht	Taschenlampe	–,,–
						–,,–
			– Lichtstrahl an einer Wand von links nach rechts bewegen	Licht	Spiegel Spiegel	–,,–
			– Rassel vor den Augen hin- und herbewegen		Rassel	–,,–
			– Kind liegt auf dem Bauch			
		2. Fixieren von Bewegungen mit bewegtem Kopf	– Zwei Kinder bekommen je einen Taschenspiegel (oder eine Taschenlampe) und lassen die „Lichtbälle" an der Wand tanzen, Greifen spielen, hüpfen,...	Lampe Licht	Taschenlampe Spiegel	kontrolliert Bewegunge der „Lichtbälle"

Lehraufgabe	Lernziele	Lehrinhalte	Methodische u. didaktische Hinweise	Wortschatz	Hilfsmittel	Kontrolle
			– auffallenden Gegenstand nach rückwärts bewegen, so daß das Kind den Kopf auch nach rückwärts bewegen muß, um den Gegenstand mit den Augen zu verfolgen		z. B. Teddy Puppe Süßigkeiten	Kopf wird bewegt
			– langsam einen auffallenden Gegenstand vor dem Kind (Bauchlage) im Blickwinkel von 180⁰ (je 90⁰ nach beiden Seiten) bewegen	–,,–	–,,–	
			– verfolgen eines Balles beim tennisspiel. – Kind ist Zuschauer und sitzt an der Seite der Tischplatte		Tischtennis-spiel	–,,–

Lehraufgabe	Lernziele	Lehrinhalte	Methodische und didaktische Hinweise	Wortschatz Begriffe	Hilfsmittel	Kontrolle
Verfolgen von Bewegungen mit den Augen	Augenbewegungen sollen durch Übungen „fließender" werden	3. Fixieren regelmäßiger Bewegungen	– verfolgen eines Pendels mit den Augen. Variation: Wir kleben an den schwingenden Körper ein Bild. Kind stellt Bedeutung der Abbildung fest	hin und her	Pendel Bild	Kind fixiert Bild wird
			– verfolgen des Pendels beidäugig, mit dem linken Auge, mit dem rechten Auge			
			– einen am Gummiband hängenden Ball in hüpfende Bewegung bringen und mit den Augen verfolgen lassen – auch greifen lassen	auf u. ab	Ball Gummiband	Kind fixiert Ball und ergreift ihn
			– einen Brummkreisel tanzen lassen, Bewegung mit den Augen verfolgen	tanzen	Brummkreisel	Kind fixiert –,–
			– Kind hat eine Tasse in der Hand. In der Tasse liegt eine Kugel, die das Kind in kreisende Bewegungen versetzen soll. Bewegungen werden mit den Augen verfolgt.	kreisen	Tasse Glaskugel „Gläser"	Kind fixiert
		4. Fixieren unregelmäßiger Bewegungen	– Beobachten eines Mobiles		Mobile	Kind fixiert
			– Fliegende Seifenblasen mit den Augen verfolgen – Seifenblasen fangen	Seifenblase	Seifenlauge Strohhalm	fangen
			– dgl. mit Luftballons	Luftballon	Luftballons	fixieren u. fangen
			– Richtungsänderung eines gegen die Wand prallenden Balles verfolgen	Ball	Ball	fixieren

Übungen zur Grobmotorik

Hier werden nur Aufgaben berücksichtigt, die sich nach praktischer Erprobung als spezielle Vorübungen zur visuomotorischen Koordination für behinderte Kinder erwiesen haben. Diese Aufgaben müssen durch weitere grobmotorische Übungen ergänzt werden, wie sie von *M. Frostig* an anderer Stelle ausführlich beschrieben wurden (1973; 1974).

Lehraufgabe	Lernziele	Lehrinhalte	Methodische und didaktische Hinweise	Wortschatz Begriffe	Hilfsmittel	Kontrolle
Fort-bewegungs-übungen	Erkennen v. Hindernissen, Bemerken des Partners, Bemerken v. Begrenzungen		– durch den Raum (Turnhalle) laufen, ohne andere Kinder anzustoßen	laufen		Kinder stoßen nicht zusammen
			– die Kinder stellen sich hintereinander auf und bilden durch Anfassen eine „Lokomotive". Der erste ist der Zugwagen und führt den Zug durch die Turnhalle (gerade, in Wellenform). Wechsel des „Zugwagens"!	Eisenbahn Lokomotive Zug		„Eisenbahnzug" bleibt zusammen
			– durch den Raum um Hindernisse laufen	laufen	Stühle, Kästen, Turnbank	Hindernisse werden nicht umgestoßen
			– Kinder laufen in Schlangenlinien durch eine Stuhlreihe:	laufen	ca. 5 Stühle	Stühle nicht berühren
			– Zwei Turnbänke werden parallel im Abstand von 2 m gestellt. Kinder laufen dadurch. Später Abstand verringern. Versuchen, genau in der Mitte zu laufen (Verbindung mit Eisenbahnspiel).	laufen	2 Turnbänke	Bänke nicht berühren Mitte einhalten
			– dgl. statt Bänke nehmen wir zwei Seile	i. d. Mitte	2 Seile	–„–
			– dgl. Linien werden mit Kreide aufgezeichnet	i. d. Mitte	Kreide	–„–
				i. d. Mitte		–„–

Lehraufgabe	Lernziele	Lehrinhalte	Methodische und didaktische Hinweise	Wortschatz Begriffe	Hilfsmittel	Kontrolle
Fort-bewegungs-übungen	Erkennen v. Hindernissen Bemerkungen des Partners Erkennen v. Begrenzungen		– Zwei Bänke liegen parallel im Abstand von 1 m. Die Kinder sollen durch diesen „Weg" laufen und Gegenstände herbeiholen, die am Ende der Bankreihe liegen.	laufen holen i. d. Mitte	2 Bänke, Bälle, Puppen, Keulen	Bänke werden icht berührt
			– Spiel: Jäger und Fuchs Die zwei Bänke werden wie oben aufgebaut. Am Ende der Bänke steht ein Kasten (als Fuchsbau). Die Kinder singen: „Fuchs, Du hast… (Name eines bereitliegenden Gegenstandes einsetzen) gestohlen…" Der „Fuchs" nimmt den Gegenstand und versucht, von den anderen Kindern (Jäger) ungefangen in seinen Bau zu kommen.	Fuchs Fuchsbau Jäger fangen	2 Bänke 1 Kasten, Bälle, Puppe Keulen	–„–
			– Wir bauen einen „Weg": 2 × 2 Stühle werden parallel im Abstand von 1 m aufgestellt. Durch 2 Seile wird der Weg begrenzt. An jedes Seil hängen wir eine Glocke:	Weg	4 Stühle 2 Seile (ca. 8 m) 2 Glocken	es ist kein Glockenton zu hören

Lehraufgabe	Lernziele	Lehrinhalte	Methodische und didaktische Hinweise	Wortschatz Begriffe	Hilfsmittel	Kontrolle
			Wer kann durch den Weg gehen, ohne daß es klingelt? – der Abstand der Seile wird verringert – wir legen Aktendeckel auf den „Weg". Der Weg wird zum Graben, die Aktendeckel sind Steine: Wer kann durch den Graben gehen, ohne ins „Wasser" zu fallen – und ohne an die Begrenzungsseile zu kommen (Glocke)?	Graben Steine	Aktendeckel von „Stein zu	Kinder von „Stein zu Stein"

133

Lehraufgabe	Lernziele	Lehrinhalte	Methodische und didaktische Hinweise	Wortschatz Begriffe	Hilfsmittel	Kontrolle
Fort-bewegungs-übungen	Erkennen v. Hindernissen Bemerken des Partners Erkennen v. Begrenzungen		– Mehrere Kinder halten Gymnastikreifen hintereinander ein Kind kriecht vorsichtig durch die Reifenreihe (Tunnel)	hindurch	für jedes Kind ein Gymnastikreifen	Gymnastikreifen werden nicht umgestoßen
			– Kinder rollen Ball hindurch	(Tunnel)		–,–
			– Mehrere Kästen werden – Öffnungen zur Seite – hintereinander aufgestellt	(Tunnel)	Kästen	–,–
			– Kinder kriechen durch den den „Tunnel"	–,–		
			– Kinder rollen einen Ball hindurch			
			– Laufen auf der Breitseite einer Turnbank	auf	Turnbank	Balance halten
			– dgl. auf der schmalen Seite (Hilfestellung)	auf	Turnbank	Balance halten
			– Rutschen über Breitseite der Bank	auf	Turnbank	Balance
			– auf der Breitseite der Bank stehen Hindernisse – das Kind soll auf der Bank gehen u. die Hindernisse übersteigen	auf hinüber	–,– Dosen Bücher und über-	Kind bleibt auf der
			– Viele Dosen werden im Raum verteilt. Das Kind soll durch den „Dosenwald" gehen.	Blechdosen		
			– dgl. Kind geht rückwärts dadurch	hindurch		

Lehraufgabe	Lernziele	Lehrinhalte	Methodische und didaktische Hinweise	Wortschatz Begriffe	Hilfsmittel	Kontrolle
			– auf einem Seil wird ein Schneckenhaus auf dem Boden geformt (auch aufgezeichnet). Kind soll in das Schneckenhaus laufen – und wieder heraus Lied: Schnecke, Schnecke, komm heraus...	Schnecke hinein hinaus	8 m Seil Kreide	Seil wird nicht berührt Schuhsohle ist nicht weiß (durch die Kreide

Lehraufgabe	Lernziele	Lehrinhalte	Methodische und didaktische Hinweise	Wortschatz Begriffe	Hilfsmittel	Kontrolle
Verschiedene grobmotorische Übungen als Unterstützung der visuomotirischen Koordination			– Spiel: Topfschlagen: Mit verbundenen Augen muß das Kind auf einen Topf schlagen. – Vor Zubinden der Augen wird der Topf fixiert!	Topf	umgedrehter Kochtopf Augenbinde Stock	Schlag-geräusch
			– aus einer bestimmten Entfernung Bälle in einen Karton werfen	werfen hinein	Pappkarton Bälle	einige Bälle fallen in d. Karton
			– Bauklotzturm (Turm aus Dosen) mit einem Ball umrollen/umwerfen	Turm	Bausteine Dosen	Turm fällt um
			– Ball durch eine Kinderreihe stoßen. Die Kinder knien – Gesicht zur Mitte. Ein Kind stößt einen Ball durch diese Reihe, die knienden Kinder versuchen, den Ball zu stoppen	Ball durch die Mitte	Ball	
			– Ball durch hintereinandergestellte Stühle rollen	hindurch	mindestens 3 Stühle Stuhl	Ball rollt durch alle
			– einen Ball mit den Händen unter Stuhlbeinen hin- und	hin und her		
			– Zwei Kinder sitzen an einem Tisch gegenüber und rollen einen Tischtennisball durch zwei parallel liegende Leisten	Weg durch die Mitte	Tisch Ball 2½/2 m Leisten	

Lehraufgabe	Lernziele	Lehrinhalte	Methodische und didaktische Hinweise	Wortschatz Begriffe	Hilfsmittel	Kontrolle
			– Zwei Leisten liegen parallel zueinander auf dem Boden (Abstand 1 m): – Kinder steuern einen rollenden Reifen dadurch – Kinder ziehen mit Hilfe des Reifens einen Bauklotz durch die Reihe – Kinder spielen Gummitwist – Kinder veranstalten Felderhüpfen	hindurch hinein heraus	Zwei 2m-Leisten Gymnastik-reifen Klotz Gummi-band	 Regeln werden in etwa eingehalten

Ergänzung: Arbeitsmittel zur Förderung der visuomotorischen Koordination

An einigen Beispielen soll gezeigt werden, wie wir gerade für die Gruppe der Geistigbehinderten gezielte Übungen zur visuomotorischen Koordination durchführen können.

---

1. Autobahn

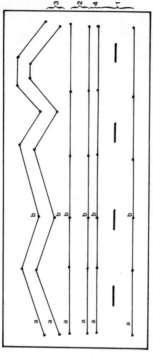

a = Kupferdrähte   b = Nägel

Abb. 1

Anwendungsprinzip:

Mit einem Metallauto werden vorgezeichnete Straßen so durchfahren, daß eine Berührung mit den Seitenbegrenzungen vermieden wird. Beim Berühren der Seitenbegrenzung ertönt ein Summton.

Bauanleitung:

Auf eine Grundplatte (45 × 90 cm) werden 4 verschiedene Bahnen aufgemalt (s. Abb. 1). Bahn 1 = 11 cm, Bahn 2 = 6 cm, Bahn 3 = 6 cm, Bahn 4 = 1 cm breit. Als Bahnbegrenzungen werden blanke Kupferdrähte gespannt. Damit der Draht gespannt bleibt, werden Nägel entlang der vorgesehenen Begrenzungslinie eingeschlagen. Der Draht wird in ca. 1 cm Höhe um diese Nägel gewickelt.

Materialien

15 m Klingeldraht, 1 Klingeltrafo, 1 Türsummer, Nägel, 2 Stück Dachlatten à 45 cm, 2 Bananenstecker mit passenden Einsteckbuchsen, Spielzeugautos (Metall) von ca. 5–7 cm Länge.

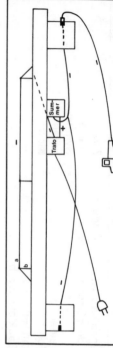

Abb. 2

2. Kontaktringe

Anwendungsprinzip:

Ringe verschiedenen Durchmessers müssen so geführt werden, daß sie mit einem stromführenden Draht nicht in Berührung kommen – der Kontakt löst einen Summton aus. An den Kontaktringen sind Holzfiguren (Männchen, Tiere) befestigt.

Maße: Länge 150 cm
Maße: Höhe 100 cm

Materialien:

500 cm Dachlatte, 400 cm verzinkter Draht, 1 qm Sperrholz (Figuren), 500 cm Klingeldraht, 1 Klingeltrafo, 1 Türsummer

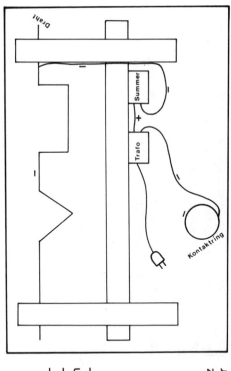

139

3. Magnetbahn

Material:
2 Blatt Zeichenkarton DIN A 2, 2 m Eisendraht, 1 kräftiger Magnet (Türverschluß), 1 Plastikauto

Herstellung:
Auf einer Kartonunterlage wird ein in Kurven gebogener Eisendraht befestigt, ein zweiter Zeichenkartonbogen wird darübergelegt und mit der Kartonunterlage verbunden (Heftklammern). Auf den oberen Zeichenkartonbogen wird eine Kurvenbahn gezeichnet, deren Führung sich nach dem darunterliegenden Draht richtet – der Draht liegt in der Mitte der gezeichneten Bahn –. Unter ein Plastikauto wird ein Magnet geklebt.

Aufgabe:
Das Kind fährt das Auto genau in der Mitte der Straße!

Verbindung zum Wahrnehmungstraining:
Aufgaben: 1, 2, 3, 4, 5, 9, 10, 11, 12, 20, 21, 22, 23, 32, 33, 34, 45, 46, 47, 48, 49, 50.

4. Übungsgerät „Lafayette"

Dieses Übungsgerät wurde speziell zur Förderung der visuo-motorischen Koordination konstruiert und ist im Handel erhältlich.

Anwendung:
Zwei ca. 25 cm lange Metallschienen sind mit der Breitseite gegenüberliegend verstellbar auf ein Holzbrett geschraubt. Dazwischen befindet sich eine etwa 3,5 cm breite Spiegelleiste. Über einen Leiter sind die beiden Metallschienen mit zwei Kontaktsteckern verbunden, die sich ebenfalls auf dem Holzbrett befinden. An einem dieser Stecker ist ein Metallstift mit Plastikgriff festgeschraubt. Die Kontaktstecker erhalten den Strom über einen Transformator. Mit dem Metallstift soll das Kind über die Spiegelleiste zwischen den Metallschienen fahren. Berührt es mit dem Metallstift die Metallschienen an irgendeiner Stelle, so schließt sich der Kontakt und es ertönt ein Summton.

Der Abstand zwischen den Metallschienen kann von ca. 3 cm bis 0,8 cm verändert werden.

C. Figur-Grund-Wahrnehmung

Mit den Übungen zur Figur-Grund-Wahrnehmung soll das Kind befähigt werden:

- Figuren aus einem komplexen Hintergrund zu isolieren
- sich auf den „wichtigen Reiz" (als Zentrum der Aufmerksamkeit) zu konzentrieren
- „geschriebene oder gedruckte Formen und Symbole deutlich und in der richtigen Reihenfolge wahrzunehmen, ohne sich von den umgebenden Reihen ablenken zu lassen" (*Frostig/Reinartz* 1972, S. 6).

Lehraufgabe	Lernziele	Lehrinhalte	Methodische und didaktische Hinweise	Wortschatz Begriffe	Hilfsmittel	Kontrolle
Diskriminierung bestimmter Eigenschaften	Erkennen, daß man sich zur Lösung dieser Aufgaben auf das Wesentliche konzentrieren muß. – Loslösen bestimmter Merkmale vom „Grund".		– unter gleichen Gegenständen immer das herausfinden, das nicht dazugehört	gleich verschieden	z. B. 10 rote 1 blauer Muggelstein	der nicht dazugehörige Stein wird gefunden
			– Angelspiel: In einem Kasten befinden sich Pappfische, an die ein Metallscheibchen befestigt ist. Außerdem liegt in dem Kasten noch ein Schuh mit einem Metallscheibchen. Das Kind soll mit einer Angel (Schnur + Magnet) die Fische fangen	angeln Fische	Pappfische, Schnur, Stock, Magnet Reißnägel, Pappkarton (Spiel auch im Handel)	Kind fängt nur die Fische
			– In einem Karton befinden sich je zwei gleiche Gegenstände. Das Kind soll die jeweils zusammengehörigen Paare suchen	gleich Paar	Legestäbch. Knöpfe Steine usw.	Paare werden gefunden
			– Verschiedene Gegenstände liegen vor den Kindern auf dem Tisch. Die Kinder schließen die Augen. Ein Gegenstand wird weggenommen. Die Kinder öffnen wieder die Augen und müssen feststellen, welcher Gegenstand fortgenommen wurde.	fehlen	–,,–	fehlender Gegenstand wird genannt

Lehraufgabe	Lernziele	Lehrinhalte	Methodische und didaktische Hinweise	Wortschatz Begriffe	Hilfsmittel	Kontrolle
			– dgl., aber zwei Gegenstände werden nur ausgetauscht.	wechseln		Wechsel wird erkannt
			– Kinder sitzen im Kreis. Alle Kinder schließen die Augen. Zwei Kinder wechseln still ihre Plätze. Die anderen müssen raten, wer seinen Platz gewechselt hat.	wechseln		
			– Ein Kind verläßt den Raum. Zwei Kinder wechseln inzwischen ein Kleidungsstück.	wechseln		–„–

Lehraufgabe	Lernziele	Lehrinhalte	Methodische und didaktische Hinweise	Wortschatz Begriffe	Hilfsmittel	Kontrolle
s. S. 38	s. S. 38	s. S. 38	– Spiel: Ich sehe was, was Du nicht siehst…	Text		Kind nennt Gegenstan
			– Kim-Spiele		(im Handel)	
			– Memory-Spiele		(im Handel)	
			– Puzzle-Spiele		(im Handel)	
			– „Polizist, finde mein Kind" – s. Anleitung *Frostig/Reinartz* 1972, S. 30			Erfragen d. Person
			– Gegenstände und Personen nach Merkmalen ordnen, z. B. nach Farbe, Form, Größe, Bewegung, Geruch, Geschmack…	Name der Gegenstände Personen		richtiges Zuordnen
			– unter einer Decke liegen dem Kind verborgen Gegenstände, die das Kind durch Tasten erraten und nennen soll.	Name der Gegenstände	Decke, Ball, Klotz, Apfel, Knopf usw.	richtiges Erraten
			– dgl. mit den Füßen ertasten	–,,–	–,,–	–,,–
			– Kofferspiel: Aus einem Koffer sollen mit verbundenen Augen Gegenstände einzeln herausgenommen und durch Tasten erraten werden.	–,,–	–,,– u. Koffer	–,,–
			– *Montessori*-Übungen: Sandpapiertäfelchen, Stoffe, Gewichtstäfelchen, Säckchen mit Gegenständen, Temperaturflaschen, farbige Zylinder, rosa Turm, Braune Treppe, rote Stangen, Farbtäfelchen, Riech- und Geräuschbüchsen		(im Handel)	–,,–

Lehraufgabe	Lernziele	Lehrinhalte	Methodische und didaktische Hinweise	Wortschatz Begriffe	Hilfsmittel	Kontrolle
Beispiele für Übungen im Tageslauf	Erkennen, daß man sich auf das Wesentliche konzentrieren muß. – Loslösen bestimmter Merkmale vom „Grund".	Sortier- und Unterscheidungsübun.	– eigene von Kleidung anderer unterscheiden können Spiel: Kleider tauschen – Findet seine Kleidung im Schrank – Erkennt seinen Eßplatz – Erkennt seinen Arbeitsplatz – Unterscheidet Toilettensymbole	Possessiv-pronomina H D Herren Damen	Symbole	erkennt die vertauschten Kleidungsstücke
			– Zurechtfinden in bekannten Räumen – Aufräumen und Aufbewahren der Spiel- und Schulsachen – Bedienen von Radio, Fernseher, Plattenspieler und Tongerät – Beachten von Verkehrszeichen		Ampel, Verkehrszeichen f. Fußgänger und Radfahrer	
			– Verschließt Knöpfe an Mantel, Jacken u. ä. – dgl. Reißverschluß, Druckknöpfe, Schleife – Deckt den Tisch – erkennt bestimmte Ordnung			

Lehraufgabe	Lernziele	Lehrinhalte	Methodische und didaktische Hinweise	Wortschatz Begriffe	Hilfsmittel	Kontrolle
Spezielle Aufgaben zu den Übungen zur Figur-Grund-Wahrn.	Erkennen, daß Figuren aus einem komplexen Hintergrund isoliert werden können. Erleben, daß diese Isolierung variiert werden kann.		– Bild herstellen durch Übereinanderschichten von ausgeschnittenen Rechtecken, Quadraten und Dreiecken – frei und nach Themenstellung	Bild	Buntpapier Schablone Papier, Bleistift, Schere	Vorgegebene Figur wird eingehalten
			– Suchen bestimmter Gegenstände auf Bildern – Wir zeigen dem Kind Bilder, auf denen Fehler versteckt sind: z. B. an einem Auto fehlt ein Rad, ein Gesicht ohne Nase usw.	Was ist falsch?	Bilderbücher Bilderbücher	Antwort Antwort
			– Die Kinder sitzen um einen Spielteppich. Auf dem Teppich werden geometrische Figuren – immer je zwei – ausgelegt. Die zwei gleichen Formen werden mit einer Schnur verbunden. Die Kinder sollen nach Aufforderung von einer Form zur entsprechenden gehen (s. Aufgaben aus dem Training Nr.: 16, 26, 27)	Was ist gleich? Was paßt zusammen?	Logische Blöcke von *Dienes*; Springseile, Spielteppich	Kind verbindet die richtigen geometrischen Fig.
			– Mehrere verschiedenfarbige Bänder werden kreuzweise übereinandergelegt. Die Kinder der sollen Anfang und Ende der jeweiligen Bänder zeigen. (s. Aufgabe Nr. 15 aus dem	–,,–	Wollfäden	Anfang und Ende werden richtig gezeigt

D. Wahrnehmungskonstanz

Das Kind soll geometrische Figuren verschiedener Größe und Lage wiedererkennen und von ähnlichen Figuren genau unterscheiden.

Dies geschieht durch
- den Erwerb von Kenntnissen über geometrische Flächen und Körper
- das Erleben dieser Figuren in der Umwelt
- das Benennen dieser Figuren
- das Erfassen bildlicher Darstellungen
- das Erkennen von
  - Formkonstanz
  - Größenkonstanz
  - Helligkeitskonstanz
  - Farbkonstanz
- die Entwicklung einer Generalisationsfähigkeit bei visuell wahrzunehmendem Material.

Lehraufgabe	Lernziele	Lehrinhalte	Methodische und didaktische Hinweise	Wortschatz Begriffe	Hilfsmittel	Kontrolle
Unterscheidung von groß u. klein lang u. kurz dick u. dünn Begriffsbildungsübungen, Zuordnen, Benennen, Sortieren, Diskriminieren	Unterscheiden von groß und klein		– Erfahren der Größe am eigenen Körper Spiel: Wir sind Zwerge (Kinder gehen in die Hocke). Wir sind Riesen (Kinder stellen sich auf die Zehenspitzen)	groß Riese klein Zwerg groß-klein	Bleistift Spielauto Buch, Stuhl	Mitspielen Vergleichen und ordnen
			– Verschiedene Gegenstände im Raum der Größe nach sortieren			
			– Sortieren verschieden großer Dosen. Dosen werden im Raum verteilt; Aufgabe: Stelle Dich auf die größte Dose; Stelle Dich auf die kleinste Dose; Baue die Dosen der Größe nach auf	–,–	Blechdosen	–,–
			– Sortieren verschieden großer Pappschachteln – Baue eine Treppe	–,–	Verpackungsmaterial	Es entsteht eine Treppe
			– Innen- u. Außenrand einer Schallplatte umfahren	gr. Kreis kl. Kreis groß-klein	Schallplatte	
			– Im Handel: Ineinandersteckbare Baubecher, „Russische Puppe"		Baubecher Steckeier Steckkugeln Puppe	Vergleichen Ordnen
			– Gegenstände mit verschlossenen Augen der Größe nach sortieren	–,–	–,–	–,–
			– Montessori-Material: „Rosa Turm", bestehend aus 10 roten Würfeln in den Größen 10 cm	–,–	Montessori „Rosa Turm"	unharmonische Größenab-Benab-

Lehraufgabe	Lernziele	Lehrinhalte	Methodische und didaktische Hinweise	Wortschatz Begriffe	Hilfsmittel	Kontrolle
s. S. 43	Unterscheiden von lang u. kurz		– Unterschiedlich lange Nägel sortieren – dgl. mit Legestäbchen	lang-kurz	Nägel *Fröbel*-Stäbe	Sortier-schablone
			– *Montessori*-Material „Rote Stangen" der Länge nach sortieren: 10 rote Stangen (abgestuft von 10 cm bis 1 m) sollen nebeneinander gelegt werden	lang-kurz	Rote Stangen von *Montessori*	unharmonische Abstufung überzählige Stange
	Unterscheiden von dick u. dünn		– aus Knetgummi eine dicke und dünne Rolle (Wurst) herstellen lassen	dick-dünn	Knetmasse	Besprechen
			– Gegenstände nach Dicke sortieren	dick-dünn	Kerzen, Bleistift, Buch-Heft	
			– Spiel und Lied: Spannen-Hansel – nudeldicke Dirn	Liedertext		Kind spielt u. sing mit

Lehraufgabe	Lernziele	Lehrinhalte	Methodische und didaktische Hinweise	Wortschatz Begriffe	Hilfsmittel	Kontrolle
Umgehen eines Kreises auf dem Fußboden	Wissen: Auf einem Kreis geht man „herum" Einhalten einer vorgegebenen Linie	Erkennen, daß die Gehbewegung eine bestimmte Form einnimmt	Gymnastikreifen auf dem Boden ansehen, umschreiten, Ball herumrollen. Das Kind braucht nicht unbedingt auf dem Kreisrand zu balancieren!	Kreis, rund herumgehen herumrollen	Gymnastikreifen Ball	Fuß bedeckt – wenigstens annähernd den Reihenrand
Malen des Kreises auf dem Fußboden	Wissen: Bei einem Kreis treffen sich die Linien	Erkennen, daß die gemalte Form mit der gelegten identisch ist	Kreide möglichst am Innenrand des Gymnastikreifens entlangführen – Hilfestellung	Kreide herum-	Gymnastikreifen malen	Der Kreis ist in etwa Kreide
Umgehen des gemalten Kreises ten Kreises	wie oben	wie oben	Kreis ansehen. Langsam abschreiten – Hilfestellung	wie oben	wie oben	Sohle der Turnschuhe hat Kreideabdruck
Umgehen des Gymnastikreifens mit geschlossenen Augen	wie oben bewegung eine be-	Fühlen, daß die Gehbewegung eine bestimmte Form einnimmt	Gymnastikreifen liegt auf dem Boden. Kind balanciert mit geschlossenen Augen auf ihm herum – dabei Führung durch einen anderen – mit sprachlicher Unterstützung. Weitere Hilfe: Balanc. Kind geht barfuß	Kreis herumgehen Ansageformeln: z. B. gut, richtig, weiter	Gymnastikreifen Tuch	wie oben Bal. Kd. folgt den Anweisungen
freies Malen eines Kreises auf dem	wie oben	wie oben	Kinder sitzen auf dem Boden und zeichnen Kreis mit bevorzugter Hand	Kreide, Kreis, malen	Kreide	Der Kreis ist in etwa rund

Lehraufgabe	Lernziele	Lehrinhalte	Methodische und didaktische Hinweise	Wortschatz Begriffe	Hilfsmittel	Kontrolle
Fußboden wie oben, nur beid-händig	wie oben beide Hände müssen gleichzeitig bewegt	wie oben Erkennen: Ich kann auch mit der linken u. re-b. linkshänd.	Kinder sitzen auf dem Fußboden und malen den Kreis um sich herum – Anfang bei den Füßen	wie oben	Kreide	Der Kreis ist in etwa rund u. ge-schlossen

Lehraufgabe	Lernziele	Lehrinhalte	Methodische und didaktische Hinweise	Wortschatz Begriffe	Hilfsmittel	Kontrolle
Die Kinder bilden einen Kreis	Wissen: Durch Anfassen bilden wir einen Kreis	Erkennen: Bei einem Kreis müssen sich alle Kinder mit beiden Händen links u. rechts mit je einem anderen anfassen	Die Kinder fassen sich zum „Kreistanz" an. Hilfen: Die Kinder stellen sich in Blickrichtung an einen gezeichneten oder gelegten (Zauberschnur) Kreis.	Kreis rund anfassen	(Zauberschnur)	Kinder können einen Kreistanz ausführen
Variieren d. Kreisgröße	Wissen: Je mehr Kinder, desto größer der Umfang des Kreises	wie oben	wie oben	„Zweierkreis" „Dreierkreis" usw.	wie oben	wie oben
Die Kinder bilden einen Kreis Wir tanzen!	wie oben	wie oben	Tanzlieder (nach Schallplatte oder Gesang) z. B. Ri-ra-rutsch; Ringel-Rangel-Reihe; Komm, wir wollen wandern!	(Liedertexte)	Schallplatte m. Kinderliedern	wie oben
Die Kinder sitzen im Kreis	wie oben	wie oben	wie oben z. B. Der Plumpsack geht um….	(Text)	wie oben	Kinder sitzen ohne gr. Lücke im Kreis

Lehraufgabe	Lernziele	Lehrinhalte	Methodische und didaktische Hinweise	Wortschatz Begriffe	Hilfsmittel	Kontrolle
kleine Kreise in größere malen	Wissen: Der Innenkreis muß kleiner als der Außenkreis sein	Erkennen: Nur genaues Einzeichnen ergibt die Lösung	– Kinder malen mit Kreide auf dem Fußboden – vorerst auch Legen: z. B. Tennisring in Gymnastikreifen legen – Kind malt die Kreise auf Zeichenkarton	Kreis klein–groß rund	Kreide Tennisring Gymnastikreifen	Innenkreis liegt in der Mitte des Außenkreises
Bildliche Darstellung mit Kreisen	Wissen: Der Kreis bleibt konstant	wie oben	– Zeichenthema: Luftballons fliegen am Himmel. Lustige Bälle schwimmen auf dem Wasser – Kleben eines Schneemanns aus großen und kleinen Kreisen	Luftballon Schneemann	blauer Zeichenkarton Fingerfarbe dunkler Zeichenkarton Kreise aus weißem Papier, Klebe	Vergleichen Besprechen –„–
			– Legen und Kleben lustiger Gesichter aus Kreisen – Herstellen einer Maske	Gesicht Maske	Zeichenkarton Kreisschablone Schere, Klebe	–„–

153

Lehraufgabe	Lernziele	Lehrinhalte	Methodische und didaktische Hinweise	Wortschatz Begriffe	Hilfsmittel	Kontrolle
Umgehen eines Quadrats a. d. Fußboden	Wissen: Ein Quadrat setzt sich aus 4 gleichlangen Seiten zusammen	Erkennen d. „Eckigkeit"	– Umgehen eines gezeichneten Quadrats – Umgehen einer quadratischen Holzplatte – ein Quadrat aus einem Seil legen und umschreiten – einen Ball herumrollen – dgl. Kind mit geschlossenen Augen wird um das gelegte Quadrat geführt	Quadrat eckig Ecke Gerade Gerade	Kreide Sperrholz Springseil Springseil	Form wird umgangen
Bildliche Darstellung mit Quadraten	Wissen: Das Quadrat bleibt konstant	Erkennen von klein u. groß	– wir legen und kleben eine „Bungalowstadt" aus unterschiedlich großen Quadraten	–„–	blauer Zeichenkarton Quadrate aus Papier	Vergleichen u. Besprechen
Wiederholen der obengenannten Aufgaben mit Rechtecken!						
Unterscheiden quadratisch, rechteckig	Wissen: bei einem Quadrat sind 4 Seiten gleich / bei einem Rechteck immer 2 Seiten	Erkennen der Unterschiede	– Umgehen von Rechteck und Quadrat – Wiedererkennen von Rechteck und Quadrat im Raum, auf der Straße…	Quadrat Rechteck –„–	Kreide z. B. Tür-Rechteck/Fenster-Quadrat	Form wird erkannt –„–
Bildliche Darstellung mit Rechteck und Quadrat			– Legen und Kleben einer Stadt aus Rechtecken und Quadraten	–„–	blauer Zeichenkarton, Rechtecke u. Quadrate	–„–

Lehraufgabe	Lernziele	Lehrinhalte	Methodische und didaktische Hinweise	Wortschatz Begriffe	Hilfsmittel	Kontrolle
Umgehen eines Dreiecks auf dem Fußboden	Wissen: Ein Dreieck hat 3 Seiten u. 3 Ecken (Winkel)	Erkennen der dreieckigen Form	– Umgehen eines gezeichneten Dreiecks – Umgehen einer dreieckigen Holzplatte – Ein Dreieck aus einem Seil legen und umschreiten – einen Ball an der Innenseite des aus einem Seil gelegten Dreiecks entlangrollen – Umschreiten des gelegten Dreiecks mit geschlossenen (Führung)	Dreieck	Kreide Sperrholz Springseil Springseil Ball Augenbinde	Form wird eingehalten
Wiedererkennen d. Dreiecksform in der Umwelt	Wissen: Das Dreieck kommt gemeinsam mit anderen Formen vor	–,,–	– Aus einer Menge Verkehrszeichen Dreiecksformen heraussuchen – Papier, Stofftuch zu einem Dreieck falten	–,,–	Verkehrszeichen DIN A 4-Bogen Kopftuch	Form wird erkannt richtiges Falten
Bildliche Darstellung m. Dreiecken	Wissen: Das Dreieck bleibt konst.	–,,–	– Legen und Kleben einer Zeltstadt aus Dreiecken – durch Übereinanderlegen u. -kleben einen Tannenbaum darstellen	–,,– Zelt Tannenbaum	blauer Zeichenkarton bunte Papierdreiecke Klebe, Zeichenkarton, grüne Papierdreiecke	Vergleichen u. besprechen –,,–

Lehraufgabe	Lernziele	Lehrinhalte	Methodische und didaktische Hinweise	Wortschatz Begriffe	Hilfsmittel	Kontrolle
Unterscheiden von Quadrat und Dreieck (Viereck)	Wissen: Dreieck = 3 Ecken Quadrat = 4 Ecken	Erkennen d. Unterschiede	– Legen und Kleben von Häusern – An einer Hafttafel befinden sich Dreiecke u. Quadrate (auch auf andere Formen erweitern). Auf dem Boden wurden diese Formen aufgemalt. Kind soll Form von der Hafttafel nehmen und in die entsprechende „Bodenform" legen.	Quadrate u. Dreiecke –,,–	Papierformen Klebe, Papier Filztafel Filzformen Kreide	–,,– Quadrat richtiges Zuordnen

Lehraufgabe	Lernziele	Lehrinhalte	Methodische und didaktische Hinweise	Wortschatz Begriffe	Hilfsmittel	Kontrolle
Zusammensetzen geometrischer Figuren aus Dreiecken	Wissen: Das Dreieck bleibt konstant	Erkennen, daß eine geometrische Figur in andere zerlegt werden kann	Bemerkung: Diese Übung ist mit Geistigbehinderten nur bedingt durchführbar. Aus dem *Montessori*-Material „Konstruktive Dreiecke" werden durch Zusammenlegen Quadrate, Rechtecke, Sechsecke, Rhomben, Trapeze gebildet	Bezeichnung der geometr. Figuren	„Konstruktive Dreiecke" von *Montessori*	die geforderten Formen werden gelegt
Umgehen einer Ellipse auf dem Fußboden	Wissen: Auf einer Ellipse gehen wir „herum"	Erkennen der „Eiform"	– Umgehen einer gezeichneten Ellipse – Umgehen einer gelegten Ellipse – dgl. bei geschlossenen Augen (Führung)	Ellipse Oval, Ei*)	Kreide Springseil	Form wird eingehalten
Bildliche Darstellungen mit Ellipsen	Wissen: Die Ellipse bleibt	–„,–	– Legen und Kleben: Eier im Nest – Luftballons am Himmel	Ei Luftballon	grüner/ blauer Zeichenkarton Ellipsen Einlegebrett Eiformen	Form wird erkannt Vergleichen und besprechen
			– Arbeiten mit Einlegebrettern auch mit Größenunterschieden – Rätsel: Kannst Du ein Ei auf die Spitze stellen? Ja: Hartgekochtes Hühnerei in einen Teller mit Mehl stecken	Ei	Ei, Teller Mehl	genaues Einlegen Ei steht

*) jeden der angeführten Begriffe gelten lassen

Lehraufgabe	Lernziele	Lehrinhalte	Methodische und didaktische Hinweise	Wortschatz Begriffe	Hilfsmittel	Kontrolle
Unterscheidungs- und Sortierübungen mit geometr. Figuren	Erkennen verschiedener Formen und Wiedererkennen der geometr. Figuren auch in einer anderen Zusammenstellung		– Auf dem Tisch liegen eckige und runde Gegenstände. Das Kind soll die Gegenstände sortieren.	eckig rund	eckig: Klotz Schachtel Kreide rund: Ball, Orange, Knopf	Korrektes Sortieren
Erkennen Zuordnen Sortieren Diskriminieren Benennen			– Kind sortiert die „Logischen Blöcke"	Kreis Dreieck Quadrat Rechteck	Logische Blöcke (*Dienes*)	Sortieren gelingt – zuerst ohne Benennung
			– Kind sortiert Legeplättchen von *Fröbel:* – freies Sortieren – Kind legt die Legeplättchen auf Abbildungen gleicher Größe	„,–	*Fröbel* Legeplättchen	„,–
			– Kind legt die Legeplättchen auf verkleinerte Abbildungen			
			– Spiel: Zeiger, dreh Dich; ein Zeiger wird gedreht und zeigt auf eine geometr. Figur, die das Kind aus einem Kasten suchen soll.	„,–	„Zeiger dreh Dich" (im Handel)	„,–
			– Puzzle aus geometrischen Figuren	„,–	Pappe, Schere	„,–
			– Geometr. Formen in ein Formenbrett legen – Geometrische Kommode – Zeichenfiguren	„,–	*Montessori*-Material	Formen passen

Lehraufgabe	Lernziele	Lehrinhalte	Methodische und didaktische Hinweise	Wortschatz Begriffe	Hilfsmittel	Kontrolle
			– Formen aus Legestäbchen legen	Quadrat Dreieck Rechteck	Legestäbchen v. *Fröbel* Legeplättchen	hinein Form ist erkennbar Zuordnung gelingt
			– ein möglichst großer Würfel wird mit geometrischen Formen beklebt: 1-Kreis, 2-Dreieck, 3-Rechteck, 4-Ellipse, 5-Quadrat, 6-nichts. Aus einer Menge erwürfelt Kind geometrische Figuren aus	–,,–	Würfel mit Formen	

Lehraufgabe	Lernziele	Lehrinhalte	Methodische und didaktische Hinweise	Wortschatz Begriffe	Hilfsmittel	Kontrolle
s. S. 51	s. S. 51	s. S. 51	– Auf einem Teller liegen runde, quadratische, rechteckige und dreieckige Kekse. Mit einem Formenwürfel erwürfeln die Kinder die Kekse	rund eckig Keks	Kekse Formen- würfel	Zuordnung gelingt
			– Wir nageln auf ein quadrati- sches Brett (15 × 15 cm) 9 Nägel so, daß sie 1 cm aus dem Brett herausragen. Um diese Nägel soll das Kind geometr. Figuren mit Band legen: z. B.	geometr. Figuren	Nagelbrett auch Brett mit Schrau- ben	Form wird gespannt
			– aus zweiseitig haftendem Klebeband werden geometr. Figuren geklebt. Das Kind soll mit Wollfäden diese Formen nachkleben.	–,– kleben	Teppich- Klebeband	Figur wird sauber nach- geklebt
			– Aus verschiedenen Materialien werden geometrische Figuren gelegt		Knöpfe Kastanien	Form ist erkennbar

Lehraufgabe	Lernziele	Lehrinhalte	Methodische und didaktische Hinweise	Wortschatz Begriffe	Hilfsmittel	Kontrolle
			– Wir zeichnen auf Holz Dreieck, Kreis, Quadrat, Rechteck – bestreichen die Flächen mit Leim und streuen Sand darauf. Das Kind soll mit verbundenen Augen die geometr. Figuren ertasten. – dgl. Formen werden aus Sandpapier ausgeschnitten und aufgeklebt.	Dreieck Kreis Quadrat Rechteck	Holzbretter Seesand Klebe Lineal Bleistift Augenbinde	Formen werden erkannt

Lehraufgabe	Lernziele	Lehrinhalte	Methodische und didaktische Hinweise	Wortschatz Begriffe	Hilfsmittel	Kontrolle
Erfassen verschiedener geometr. Figuren in bildlichen Darstellungen	Wissen: Eine Form bleibt konstant – auch wenn sich die Umgebung ändert	Erkennen der Unterschiede	– Puzzle aus Kreis, Ellipse, Dreieck analog Aufgaben 29, 30, 31 Ente legen – Legen und Kleben eines Eisenbahnzuges aus geometrischen Figuren – Bilderlegen aus Leisten. Gelegte Bilder raten lassen – Domino mit geometrischen Figuren	Benennen d. geometr. Formen Zug	Legeplättchen v. *Fröbel* –,– Klebe, Papier Schere Leisten verschiedener Längen Domino (im Handel)	eine Ente ist erkennbar Zug ist erkennbar Vergleichen u. Besprechen Formen richtig zuordnen
Unterscheiden der geometr. Körper	Erkennen der geometr. Körperformen in der Umwelt		– eine Mauer aus Quadern schichten – Herstellen von Figuren aus Knetmasse – Schneemann aus Kugeln – Ball aus Knetmasse rollen – Menschen und Tiere – Arbeiten mit dem *Montessori*-Material „Geometrische Körper" – Formen ertasten, mit den Händen umfahren – Vergleichen dieser Formen mit Formen aus der Umwelt, z. B. Kugel – Ball, Perlen – Einstecken verschiedener	Mauer Schneemann Kugel Erwerb einiger Begriffe bei Geistigbeh. einschränken!	Quadersteine Kentmasse Kugel, Ei, Würfel, Kegel Ellipsoid Zylinder Pyramide dreiseitiges u. vierseitiges Prisma Einsteckbox	Erkennen d. Fugen Kugel rollt Einige Körper werden erkannt richtiges

E. Wahrnehmung der Raumlage

Das Kind soll lernen
– Gegenstände aus der Umwelt in der Beziehung zu sich selbst visuell wahrzunehmen
– und dieses auch anhand bildlicher Darstellungen nachzuvollziehen.

Diesen Übungen müssen Übungen zum Körperbewußtsein (s. A. Vorbereitungsprogramm) vorausgehen. Das wird ergänzt durch
– psychomotorische Übungen zur Schulung der Körper-Objekt-Beziehungen
– den Erwerb der Orientierungsmerkmale rechts und links
– das Kennenlernen der Umkehrbarkeit und Drehbarkeit räumlicher Anordnungen (Reversion und Rotation).

Lehraufgabe	Lernziele	Lehrinhalte	Methodische und didaktische Hinweise	Wortschatz Begriffe	Hilfsmittel	Kontrolle
Richtungs- und Raumfahrung	Kennenlernen verschiedener Räume im Haus, in der Wohnung, im Kindergarten, in der Schule.		– Gemeinsamer Gang – für die einzelnen Räume typische Tätigkeiten in ihnen durchführen	z. B. Flur, Wohnzimmer, Küche, Badezimmer, Toilette,		
	In der näheren Umgebung, auf dem Spielplatz, auf der Straße, der Weg zum Kaufmann.		z. B. Küche – kochen Badezimmer – waschen Spielplatz – spielen – Für die einzelnen Räume typ. Mögel oder Geräte betrachten und handhaben – Später Möbel und Geräte im Modell betrachten (z. B. Puppengeschirr)	Kinderz., Schlafz., Gruppenraum, Sandkiste, Turngeräte, Geschirr, Topf,		Beteiligung
			– Betrachten der Möbel und Geräte auf Abbildungen – Einiges in den Kindern bekannren Räumen verändern. Veränderungen nennen lassen. – Aufträge an die Kinder:	Besteck, Treppenhaus, Straße, Kaufmann, Platz,		Richtiges Nennen
			z. B. Hole ein Handtuch aus dem Badezimmer! Hole einen Topf aus der Küche! – Wir richten eine Puppenstube ein	Rasen, Park, Garten		Ausführungen, Beteiligungen

Lehraufgabe	Lernziele	Lehrinhalte	Methodische und didaktische Hinweise	Wortschatz Begriffe	Hilfsmittel	Kontrolle
			– Gehen verschiedener Wege Aufträge: z. B.: Gehe in die Küche, von dort ins Badezimmer und von dort zurück ins Kinderzimmer – Auf Anweisung verschiedene Wege im Raum gehe, z. B. an das Fenster, zur Tür... – dgl. mit verbundenen Augen evtl. mit Führung	Kind führt Fenster Tür	Augenbinde	Kind führt richtig durch die Räume

165

Lehraufgabe	Lernziele	Lehrinhalte	Methodische und didaktische Hinweise	Wortschatz Begriffe	Hilfsmittel	Kontrolle
Richtungs- und Raumerfahrung im Spiel	Kenntnis der Lagebestimmungen	Erkennen der Ordnung im Raum	– Die Kinder haben feste Plätze im Raum. Jedes Kind verläßt seinen Platz, läuft, tanzt oder hüpft (mit oder ohne Musik) durch den Raum. Auf ein Zeichen müssen alle Kinder zu ihren Plätzen zurücklaufen. Spiel: Königstanz	Beschreiben des eigenen Platzes, z. B. Ich sitze neben... hinter... vor...	Gymnastikreifen oder Stühle	mitmachen wiederfinde
			– Auf ein selbstgewähltes Ziel geradewegs zugehen	geradeaus		Ziel erreichen
			– dgl. mit verbundenen Augen (evtl. mit Führung)		Augenbinde	
			– dgl. Zugehen in verschiedenen Bewegungsformen			
			– mit geschlossenen Augen eine sich bewegende Geräuschquelle verfolgen, Geräusch erkennen		Ball mit Glocke	Kopf wird auf Geräuschquelle gerichtet
			– Im Raum liegen mehrere Reifen. Das Kind soll durch den Raum gehen, ohne die Reifen (Inseln) zu betreten	dazwischen	Reifen	Umgehen d. Reifen
			– dgl. mit geschlossenen Augen	hinein	Augenbinde	in Reifen
			– dgl. Kind geht immer in den Reifen durch den Raum	in	Reifen	bleiben
			– Kinder gehen hintereinander durch den Raum und versuchen den gleichen Abstand zu halten	hinter		harmonischer Abstand
			– Spiel: „Blindekuh"		Augenbinde	Freude am

Lehraufgabe	Lernziele	Lehrinhalte	Methodische und didaktische Hinweise	Wortschatz Begriffe	Hilfsmittel	Kontrolle
Richtungs- und Raum- erfahrung	Kenntnis der Lagebestim- mungen	Befolgen bestimmter Anweisungen	– auf einen Stuhl stellen – über Bausteine springen – unter den Tisch kriechen – um einen Reifen springen – in einen Reifen springen – aus dem Reifen herausgehen – durch einen senkrechten Reifen steigen	auf über unter herum hinein heraus hindurch	Stuhl Bausteine Tisch Reifen Reifen Reifen Reifen	Ausführung
			– vor einen Stuhl stellen – hinter einen Stuhl stellen – neben einen Stuhl stellen – zwischen zwei Stühle stellen	vor hinter neben zwischen	Stuhl Stuhl Stuhl 2 Stühle	Benennen u. evtl. Ausführen
		Bestimmen des Platzes im Raum	sagen: – wo stehe ich gerade – wohin will ich gehen – worüber ich kriechen kann usw. – Kind sitzt auf einem Stuhl 1 m von einem Tisch entfernt, die Tischplatte ist in Augenhöhe des Kindes. Wir stellen an den zum Kinde führenden Tisch- rand einen Bauklotz. Wir neh- men einen zweiten Bauklotz. Dieser soll genau – für das Kind – hinter den ersten Klotz gestellt werden. Das Kind schließt ein Auge und gibt An- weisung, damit beide Klötze in eine Sichtlinie kommen.	genau hinter	Stuhl verstell- barer Tisch 2 Bauklötze (auch 2 Puppen u. a.)	genaues Abschätzen

Lehraufgabe	Lernziele	Lehrinhalte	Methodische und didaktische Hinweise	Wortschatz Begriffe	Hilfsmittel	Kontrolle
Rechts-Links-Orientierung	Kenntnis der Orientierungsmerkmale rechts und links Benennen und Verwenden		– Vor dem bäuchlings auf einer Matte liegenden Kind einen begehrten Gegenstand abwechselnd rechts u. links legen	rechts links	Keks Teddy Puppe Matte rotes Band	Kind verfolgt Gegenstand m. d. Augen Ausführungen sind richtig
			– ein farbiges Bändchen um rechten Arm binden – dann Aufgaben stellen, wie: hebe Deinen rechten Arm, zeige mit dem rechten Arm auf Dein linkes Bein	–,,–		
			– dgl. Bändchen um rechtes Bein: Hebe Deinen rechten Fuß. Steige mit dem linken Fuß auf die Stufe....			–,,–
			– Wiederholungsübungen (regelmäßig und häufig durchführen!): Benenne und zeige: linken Arm, rechtes Ohr, linkes Auge, rechtes Bein usw. Frage: Wer sitzt rechts neben Dir?	rechts/links u. Körperteile		
			– Doppelübung: Mit der linken Hand linkes Ohr, mit der rechten Hand Nasenspitze anfassen – dann Wechsel.	–,,– –,,–		–,,– –,,–

Lehraufgabe	Lernziele	Lehrinhalte	Methodische und didaktische Hinweise	Wortschatz Begriffe	Hilfsmittel	Kontrolle
			– Durch das Loch in der Mitte eines Pappquadrates stecken wir einen Holzstab, so daß die Pappscheibe gedreht werden kann. In einer Ecke der Scheibe befindet sich deutlich ein roter Punkt. Das Kind dreht die Scheibe und soll nach Stillstand genau die Lage des Punktes beschreiben: oben rechts, unten rechts, oben links, unten links.	oben unten links links	Quadrat (20 × 20 cm) aus Pappe Holzstab (30 cm)	die Lage des Punktes wird angegeben

Lehraufgabe	Lernziele	Lehrinhalte	Methodische und didaktische Hinweise	Wortschatz Begriffe	Hilfsmittel	Kontrolle
Übungen zur visuellen Wahrnehmung von Reversion Rotation	Erkennen, daß räumliche Anordnungen verdrehbar und umkehrbar sind		– Wiederholung mit einigen Aufgaben zur Wahrnehmungskonstanz: Übungen und Spiele mit geometrischen Figuren, s. S. 42 bis S. 53 räumliche Anordnung wird aber ständig verändert.	s. S. 45 f.	s. S. 45 f.	Erkennen der Veränderung Betrachten Besprechen
			– Geschichte: Ein Quadrat trifft auf der Straße seinen Bruder. Der Bruder hatte sich aber verändert:	Besprechung	Tafelzeichn. Darstellung mit logischen Blöcken von *Dienes*	–,,–
			„Was ist denn mit Dir passiert?" fragte das Quadrat seinen Bruder.			
			– Arbeitsblatt: Verschiedene Drachen:	–,,–	–,,–	–,,–
			– Kinder verändern Gegenstände und berichten von den umänderungen, z. B. Stuhl wird mit den Beinen nach oben auf den Tisch gestellt, Tisch wird umgedreht usw.	umdrehen	Stuhl Tisch Tasse Roller Fahrrad u. a.	–,,–
			– Kind bekommt 4 Bausteine und soll daraus immer neue Bauten herstellen, indem es immer	verändern	Bauklötze	–,,–

Literatur

Aschmoneit, W./G. Böckmann/W.-R. Walburg: Bewegen – Spielen – Sprechen. Bern 1973

Aschmoneit, W./G. Böckmann/K. Josef/W.-R. Walburg: Sprachstörungen. Limburg 1976

Bildungsplan der Sonderschule für Geistigbehinderte der Länder Rheinland-Pfalz und Saarland. Grünstadt 1971

Bildungspläne für die allgemeinbildenden Schulen im Lande Hessen. Vorläufige Richtlinien für die Arbeit in der Schule für Praktisch Bildbare (Sonderschule). Wiesbaden 1971

Eggert, D.: Empirische Untersuchungen zur Psychodiagnostik der geistigen Behinderung; Entwicklung und Weiterführung der TBGB. In: Z. f. Heilpädagogik, H. 9, 1970, 457 f.

Eggert, D./E. J. Kiphard: Die Bedeutung der Motorik für die Entwicklung normaler und behinderter Kinder. Schorndorf 1972

Frostig, M./Maslow/Lefever/Whittlesey: The Marianne Frostig Developmental Test of Visual Perception 1963 Standardization. In: Z. Perceptual and Motor Skills, H. 19, 1964, 463–499

Frostig, M./Lefever/Whittlesey: Administration and Scoring Manual for the Marianne Frostig Developmental Test of Visual Perception, Palo Alto, California 1966

Frostig, M.: in association with *P. Maslow:* Move-Grow-Learn. Chicago 1969. Deutsche Ausgabe: *Frostig, M.,* unter Mitarbeit von *P. Maslow:* Bewegen – Wachsen – Lernen. Bewegungserziehung (BWL). Hrsg. von *A.* u. *E. Reinartz.* Dortmund 1974

Frostig, M./D. Horne/A. M. Miller: Pictures and Patterns. Deutsche Ausgabe: *Frostig, M./D. Horne/A. M. Miller:* Wahrnehmungstraining. Anweisungsheft für deutsche Verhältnisse. Bearbeitet und herausgegeben von *A.* u. *E. Reinartz.* Dortmund 1972

Frostig, M.: Bewegungs-Erziehung – Neue Wege der Heilpädagogik. München/Basel 1973

Graumann, C. F.: Nicht-sinnliche Bedingungen des Wahrnehmens. In: Handbuch Psychologie, Bd. 1, 1. Hlbbd., *Metzger, W.* (Hrsg.). Göttingen 1966

Helming, H.: Montessori-Pädagogik. Freiburg/Basel/Wien 1963[6]

Hünnekens, H./E. Kiphard: Bewegung heilt. Gütersloh 1966

Josef, K.: Musik als Hilfe in der Erziehung geistig Behinderter. Berlin 1967

Josef, K.: Lernen und Lernhilfen bei geistig Behinderten. Berlin 1968.

Josef, K./G. Böckmann: Spracherziehungshilfen bei geistig behinderten und sprachentwicklungsverzögerten Kindern. Berlin 1971

Kiphard, E. J.: Sensumotorische Frühdiagnostik und Frühtherapie. In: *Eggert, D./E. J. Kiphard* (Hrsg.): a.a.O., 1972, 12 f.

Knoblauch, E.: Vergleichende Untersuchungen zur optischen Auffassung hochgradig schwachsinniger und normaler Kinder. In: Z. angewandte Psychologie, Bd. 47, H. 5 u. 6, 1934

Krenzer, R.: Spiele mit behinderten Kindern. Heidelberg 1971

Krenzer, R.: Spiel und Beschäftigung im Kleinkind- und Vorschulalter. Heidelberg 1973

Marfeld, A. F.: Kybernetik des Gehirns. Hamburg 1973

Mattmüller-Frick, F.: Rhythmik. Bern 1971³

Morgenstern, M./H. Löw Beer/F. Morgenstern: Heilpädagogische Praxis. München/Basel 1968

Morgenstern, F. S.: Spezialmaterial zur Förderung der Fähigkeiten Geistes- und Körperbehinderter. Köln 1969

Neise, K.: Montessori-Erziehung bei Geistigbehinderten. In: Z. f. Heilpädagogik, H. 9, 1973, 737–754

Nickel, H.: Die visuelle Wahrnehmung im Kindergarten- und Einschulungsalter. Bern/Stuttgart 1967

Oerter, R.: Moderne Entwicklungspsychologie. Donauwörth 1972¹¹

Oswald, P./G. Schulz-Benesch: Grundgedanken der Montessori-Pädagogik. Freiburg/Basel/Wien 1967

Peter, A.: Anregungen für die Hauserziehung geistig behinderter Kinder. Berlin 1973

Richtlinien für Erziehung und Unterricht und Bildungsplan der Sonderschule für bildungsschwache Kinder und Jugendliche in Baden-Württemberg. Stuttgart 1968

Richtlinien und Lehrpläne für die Schule für Lernbehinderte (Sonderschule) in Nordrhein-Westfalen. Ratingen/Kastellaun/Düsseldorf 1973

Richtlinien für die Schule für Geistigbehinderte (Sonderschule) in Nordrhein-Westfalen. Schriftenreihe des Kultusministers H. 51, Ratingen/Kastellaun/Düsseldorf 1973

Schraml, W. J.: Einführung in die moderne Entwicklungspsychologie. Stuttgart 1972

Seidel, Chr./P. Biesalski: Psychologische und klinische Erfahrungen mit dem Frostig-Test und der Frostig-Therapie bei sprachbehinderten Kindern. In: Z. Praxis der Kinderpsychologie und Kinderpsychiatrie, H. 1, 1973, 2–15

Spiekers, R.: Untersuchungen zum Problem des Durchgliederungsvermögens bei Schwachbegabten. In: Z. f. exper. u. angew. Psychologie, Bd. IV/1, 1957, 139–166

Standing, E. M.: Maria Montessori. Stuttgart o.J.

Walburg, W.-R.: Lebenspraktische Erziehung Geistigbehinderter. Berlin 1974²

Walburg, W.-R.: Die Förderung der visuellen Wahrnehmung nach *Frostig/Reinartz* bei Schülern mit Lernbeeinträchtigungen. Dissertation der Pädagogischen Hochschule Ruhr, Dortmund 1975

Neuere Ergebnisse zur visuellen Differenzierungsfähigkeit im Vorschulalter, ihre entwicklungstheoretische und praktisch-pädagogische Bedeutung

Von Horst Nickel

I

Noch bis vor wenigen Jahren galt die visuelle Wahrnehmung des vorschulpflichtigen Kindes sowie auch die des Schulanfängers als undifferenziert bzw. komplex-ganzheitlich. Man nahm an, daß Kinder dieses Alters vorwiegend einen globalen Eindruck von den Objekten ihrer Umwelt und erst recht auch von neuen, fremdartigen Reizkonfigurationen erleben. Dieser Eindruck wird in erster Linie durch emotionale Momente bestimmt und besitzt einen weitgehend diffusen Charakter, d. h. die Wahrnehmungsinhalte sind nur in geringem Maße gegliedert und hinsichtlich ihrer konstituierenden Teilelemente durchstrukturiert, sie bleiben vorwiegend ungenau, unpräzise, unklar und verschwommen (vgl. u. a. *Werner* 1959, S. 85 ff.; *Sander* und *Volkelt* 1962). Demzufolge sprach man vielfach auch von einer synkretischen Wahrnehmung des Vorschulkindes und Schulanfängers, der man die analytische, auf ein zergliederndes Herausheben von Einzelheiten gerichtete Auffassung des Schulkindes gegenüberstellte. Zwischen beiden nahm man einen mehr oder weniger sprunghaften Übergang an, der im Durchschnitt um das siebte bis achte Lebensjahr erfolgen sollte, wie die seither, zumindest im deutschen Sprachgebiet, vielfach zitierten Untersuchungen von *Selinka* (1939 und 1940) ergeben hatten.

Diese in ihren wesentlichen Aspekten nur kurz skizzierten Annahmen ergaben sich vor allem aus den Arbeiten der genetischen Ganzheitspsychologie. Sie hatte sich in zahlreichen Untersuchungen dem Problem der Entwicklung der Wahrnehmung im Kindesalter zugewandt, weil sie glaubte, gerade hier wesentliche Grundannahmen ihrer Entwicklungstheorie empirisch verifizieren zu können. Es handelt sich dabei in erster Linie um die Differenzierungs-Zentralisations-Theorie der Entwicklung. Diese wird zwar in mehr oder weniger modifizierter Form auch von anderen Autoren und psychologischen Schulen vertreten – so u. a. von *Kurt Lewin,* der sie mit seiner topologischen Psychologie verband –, sie er-

hielt aber dort nie den Auschließlichkeitsanspruch, den ihr die gene-
tische Ganzheitspsychologie zusprach. Nach deren Auffassung stellt
sich die Entwicklung in erster Linie als ein Prozeß fortschreitender Differenzierung von einem diffusen, ungegliederten Anfangszustand zu einem gegliederten, differenzierten Endzustand dar, wobei dem Prozeß
fortschreitender Differenzierung zugleich ein solcher der hierarchischen
Zentralisation entgegenwirkt, der verhindert, daß ein immer weiterge-
hender Differenzierungsvorgang schließlich zum Zerfall der Einheit des
Individuums führt. *Werner* (1959), der diese Annahmen wohl am eindeutigsten formulierte, glaubte dadurch zugleich die wesentlichen Prozesse
und determinierenden Faktoren der gesamten Persönlichkeitsentwicklung in Kindheit und Jugend kennzeichnen zu können. Frühe und
spätere Abschnitte des so bestimmten Entwicklungsvorgangs werden
daher u. a. durch Begriffspaare charakterisiert wie: synkretisch – abge-
sondert; diffus – gegliedert; verschwommen – prägnant, also in ähnlicher Weise wie die Art der Wahrnehmung im frühen bzw. späten Kindesalter.

Die Befunde von *Selinka* (1939 und 1940), die auf einen sprunghaften
Übergang von einer diffus-ganzheitlichen zu einer gegliedert-analysie-
renden Auffassung hinzudeuten schienen, stellten ferner die Verbindung zu einer anderen bis vor wenigen Jahren weithin akzeptierten Vorstellung über den Entwicklungsverlauf dar, dem sogenannten Stufen-
modell. Danach erfolgt Entwicklung nicht kontinuierlich fortschreitend,
sondern abschnittsweise, sprunghaft von Stufe zu Stufe, wobei jede
Stufe eine besondere qualitative Eigenart besitzt, die sie grundlegend
von allen vorangegangenen und nachfolgenden Stufen oder Phasen unterscheidet. Die jeweils neue Stufe wird durch einen Entwicklungsschub
erreicht, der von endogenen, d.h. im Individuum angelegten Faktoren
ausgeht. Diese Auffassung, in der die meisten der zahlreichen und im
einzelnen recht unterschiedlichen Stufenmodelle weitgehend überein-
stimmen, wurde am eindeutigsten wohl von *Kroh* (1951) formuliert, einem der namhaftesten Vertreter dieser Entwicklungstheorie. Die einzelnen im Verlauf von Kindheit und Jugend zu durchschreitenden
Entwicklungsstufen und auch der Zeitpunkt des Übergangs sind danach
letztlich also genetisch determiniert. Lernen und Übung vermögen zwar
in den Ruhepausen zwischen den einzelnen Entwicklungsschüben ein
besseres Zusammenspiel der bis dahin herangereiften Funktionen und
somit auch höhere Leistungen zu erreichen, nicht aber die Entwicklung
selbst voranzutreiben in dem Sinne, daß sie zu neuen Leistungen führen,
diese zeigen sich immer erst dann, wenn neue Funktionen heranreifen
(*Kroh* 1951, S. 443). Genau dieser Auffassung entsprechen die dargelegten Annahmen über die Entwicklung der visuellen Wahrnehmung im
Kindesalter mit einem sprunghaften oder schubartigen Übergang von
einer komplex-ganzheitlichen zu einer einzelheitlich-zergliedernden

174

Auffassung um das siebte bis achte Lebensjahr; er kann auch nach der Auffassung anderer Autoren, wie z. B. *Metzger* (1956) durch äußere Faktoren, insbesondere durch Übung und Training, nicht wesentlich beeinflußt werden. Diese Annahmen hatten nun zugleich auch nachhaltige praktische Konsequenzen, insbesondere für die Didaktik und Methodik des Anfangsunterrichts. Er sollte danach auf jeden Fall der noch vorherrschenden ganzheitlichen Auffassung des Schulanfängers Rechnung tragen. Das geschah u. a. durch den sogenannten ganzheitlichen Erstleseunterricht, der bis heute noch in unseren Schulen dominiert, obwohl sich inzwischen aufgrund verschiedener Untersuchungen und empirischer Erfolgskontrollen auch aus pädagogischer Sicht erhebliche Zweifel an der Effizienz dieses Verfahrens erhoben haben (*Müller* 1964, *Schmalohr* 1968). Diese Methode verschiebt die Analyse einzelner Laute bzw. Buchstaben aus der Wort- und Satzganzheit und deren erneute Synthese von der Zeit des Schulanfangs auf die Mitte oder gar auf das Ende des ersten Schuljahres, also auf einen Zeitpunkt, zu dem sich nach den bisher dargelegten Befunden der Übergang zur einzelheitlich-gegliederten Auffassung in der Entwicklung des Kindes anbahnen soll. Ein solches Aufschieben der Analyse und Synthese stellt jedoch nach der Auffassung von *Polzin* (1968) keine Hilfe, sondern nur ein Ausweichen vor den Schwiergkeiten dar, die nur durch eine pädagogisch gezielte Übung der Analyse und Synthese von Anfang an angemessen bewältigt werden können. Bei dieser Feststellung stützt sich *Polzin* u. a. auf neuere Untersuchungen, die die bisher dargestellten Annahmen über die visuelle Differenzierungsfähigkeit im Vorschulalter nicht nur in Frage stellten, sondern einer grundsätzlichen Revision unterzogen.

II

Schon seit etwa 10 Jahren konnten die eingangs geschilderten Befunde, besonders aus den Schulen der Ganzheits- und auch der Gestaltpsychologie, in verschiedenen Untersuchungen zunehmend nicht mehr bestätigt werden. Das zeigte sich auch bei Autoren, die sowohl nach ihrem theoretischen Konzept als auch in ihrem Untersuchungsansatz diesen Auffassungen nahestanden bzw. geradezu davon ausgingen. So fand *Winnefeld* (1959) bei der Replikation einer Untersuchung von *Heiß* (1932) auch schon unter drei- und vierjährigen Kindern solche, für die eher die Annahme einer einzelheitlichen Wahrnehmung zuzutreffen schien. Das bestätigte sich bei der Analyse verschiedener zeichnerischer Darstellungen derselben Vpn. Allerdings blieb *Winnefeld* bei der Interpretation seiner Ergebnisse innerhalb eines genetisch bezogenen Konzepts und meinte, es handele sich hier um typologisch bedingte Leistungsunterschiede im Sinne von einzelheitlichen und ganzheitlichen Auffassungstypen. In einer anderen Untersuchung stellte *Pfaffenberger*

(1960) weiterhin fest, daß bei der Auffassung verschiedener geometrischer Konfigurationen sog. „diffuse, strukturreduzierte Vorgestalten" zwar auf allen Altersstufen zwischen 2;4 und 6;9 Jahren vorkamen, daß sie jedoch durchweg relativ selten waren. Dagegen traten bei den jüngeren Kindern unter den vor der Endgestalt zu beobachtenden Vorformen sog. „Mosaik-Vorgestalten" am häufigsten auf. Darunter versteht der Autor „Kleinflächen-Strukturen", bei denen nur Teilelemente der dargebotenen Reizkonfigurationen erfaßt wurden, und zwar unter Verlust des Gesamteindrucks. Die verhältnismäßig geringe Zahl der Versuchspersonen in diesem Experiment gestattet jedoch keine zuverlässige Unterscheidung zwischen den Leistungen verschiedener Altersgruppen.

In diesem Zusammenhang sei noch erwähnt, daß auch die früheren Befunde zur Frage der visuellen Differenzierungsfähigkeit im Kleinkind- und Vorschulalter keineswegs einheitlich waren. Das dürfte vor allem auf die recht unterschiedlichen Untersuchungsmethoden zurückzuführen sein. Darüber hinaus muß das methodische Vorgehen verschiedener Untersuchungen aus dem Bereich der genetischen Ganzheitspsychologie auch schon vom Stand jener Zeit her durchaus bedenklich stimmen (vgl. *Pfaffenberger* 1960, S. 157; *Nickel* 1967, S. 32ff.).

Verschiedene während der letzten Jahrzehnte in den USA durchgeführte Arbeiten ließen ebenfalls erhebliche Zweifel an der Annahme entstehen, daß Kleinkinder nicht oder nur in sehr beschränktem Maße zu einer differenzierenden visuellen Wahrnehmung fähig sind (vgl. *Leuba* 1940, *Hunton* 1955 und *Ghent* 1956). Allerdings erfolgten diese Arbeiten unter speziellen Fragestellungen, die meistens nicht unmittelbar das Problem einer ganzheitlichen oder einzelheitlichen Auffassung berührten und daher nur indirekte Schlüsse gestatten. Demgegenüber lassen die Befunde von *Elkind, Koegler* und *Go* (1964) eindeutig erkennen, daß vier- bis fünfjährige Kinder in der Mehrzahl dann die Teile vor dem Gesamtbild auffassen, wenn die dargebotenen Bilder ihrer Erfahrungswelt entstammen und wenn die Teile durch bestimmte Gestaltfaktoren (wie z.B. Geschlossenheit und gute Form) vor der Gesamtkonfiguration ausgezeichnet sind. In Deutschland stellte *Lorf* (1964 und 1966) ferner in Untersuchungen mit zwei-, drei- und fünfjährigen Kindern fest, daß bereits auf jeder dieser Altersstufen analytisch-synthetische Operationen möglich sind, wenn auch auf unterschiedlichem Niveau der Vervollkommnung. Die Leistungen waren vor allem abhängig von der Art der aufzufassenden Objekte bzw. von ihrer Bekanntheit und von der Struktur des bisherigen Erfahrungsbesitzes sowie, vorzugsweise bei jüngeren Kindern, von einer auf das gegenständliche Reagieren gerichteten Motivation.

Etwa zur gleichen Zeit überprüfte der Verfasser in einer Untersuchung an 256 Kindern im Alter von vier bis sieben Jahren die Frage, ob und inwieweit vorschulpflichtige Kinder und Schulanfänger bei visueller Ge-

genstandswahrnehmung Einzelheiten aufzufassen und Unterschiede in kleinen Details sonst übereinstimmender Abbildungen zu erkennen vermögen (*Nickel* 1967). Dabei wurde außer den dargebotenen Reizkonfigurationen auch die Art der Versuchsanordnungen variiert. Bei der einen Versuchsanordnung, als „Unterschiedsangabe" bezeichnet, waren jeweils an einer von zwei Abbildungen eines Gegenstandes maximal fünf kleine Veränderungen zu erkennen. Diese Aufgabe wurde schon von den Vierjährigen recht gut bewältigt; ihre Durchschnittsleistung lag bei 23 von 30 möglichen Punkten. Bereits vom fünften Lebensjahr an streuten die erreichten Werte nur noch im oberen Drittel der Skala, und für die beiden folgenden Lebensjahre stauten sie sich zunehmend am oberen Skalenende. Es trat also ein sog. „ceiling-effect" auf, der darauf hinweist, daß die Anforderungen für diese Altersstufen bereits zu leicht waren und daß die Kinder noch feinere Unterschiede hätten herausfinden können. Das deutete sich u. a. auch darin an, daß teilweise schon die Vierjährigen ganz minimale Abweichungen erkannten, die zufällig bei der Reproduktion der Vorlagen entstanden waren. In ähnlicher Weise stellte *Langhorst* (1967) bei der Beurteilung von Märchenbildern durch Kinder vom sechsten Lebensjahr an auf allen Altersstufen fest, daß nicht nur „das Interesse in hohem Maße detailorientiert" war, sondern „daß auch viele Kleinigkeiten angeführt wurden, denen der erwachsene Betrachter keine Beachtung schenkt" (S. 91).

Etwas unterschiedlich fielen dagegen die Ergebnisse zu der anderen Versuchsanordnung aus, die als „Auswahl des Gleichen" bezeichnet wurde (*Nickel* 1967, S. 5ff.). Hier war jeweils aus vier Abbildungen eines Gegenstandes diejenige auszuwählen, die mit einer fünften vorgegebenen völlig identisch war, während die drei anderen in je einem geringfügigen Detail von ihr abwichen. Diese Art der Versuchsanordnung stellt vor allem erhöhte Anforderungen an ein systematisches Vorgehen beim Bildvergleich, insbesondere auch an die Fähigkeit, vier Vorlagen gleichmäßig zu beachten; sie erfordert also eine erhöhte Konzentration und Ausdauer. Gerade das aber bereitete den Vier- und Fünfjährigen, wie die gleichzeitig durchgeführte Verhaltensbeobachtung ergab, teilweise erhebliche Schwierigkeiten. Um so bedeutsamer muß es erscheinen, daß immer noch mehr als ein Drittel der Vierjährigen und fast die Hälfte der Fünfjährigen Leistungen erreichten, die nicht mehr durch eine zufällige Auswahl des richtigen Bildes zu erklären sind; bei den Sechsjährigen waren es fast zwei Drittel, bei den Siebenjährigen alle bis auf ein Kind. Einem Teil der jüngeren Kinder gelang es bei dieser Aufgabenstellung nur schwer oder überhaupt nicht, alle fünf Vorlagen gleichmäßig zu beachten, wohl aber vermochten sie die Abweichungen im Vergleich von zwei oder drei Reizkonfigurationen zu erkennen. Eine ähnliche Beobachtung ergab sich auch in einer späteren Untersuchung von *Vurpillot* (1968), in der drei- bis neunjährige Kinder Übereinstimmungen und Unterschiede an Zeichnungen von Häusern aufzeigen sollten. Kinder unter sechs Jahren hatten ebenfalls erhebliche Schwierigkeiten, die Vorlagen systematisch zu vergleichen, sie beachteten oft nur einen begrenzten Teil der gebotenen Stimuli. Die sorgfältige Betrachtung der gesamten Vorlagen stieg deutlich mit dem Alter an, wie u. a. durch eine gleichzeitige Registrierung der Augenbewegungen nachgewiesen wurde.

In einem weiteren Experiment konnte die Bedeutung emotional-motivationeller Faktoren für die Art der Auffassung bei Vorschulkindern bestätigt werden. Die für die Vierjährigen noch schwierigen Aufgaben nach dem Prinzip „Auswahl des Gleichen" wurden in kurze Geschichten eingebettet, die die Kinder emotional ansprachen, ihnen die Möglichkeit gaben, sich mit der jeweiligen Hauptfigur der Erzählungen zu identifizieren und sie motivierte, durch die anschließende Auswahl der Bilder dem Kind der Geschichte bei der Bewältigung einer ähnlichen Situation zu helfen. Dadurch verbesserten sich die Leistungen gegenüber einer Kontrollgruppe statistisch sehr bedeutsam und durchschnittlich 33% (*Nikkel* 1968).

Eine Untersuchung mit demselben Material, die einige Jahre später durchgeführt wurde, bestätigte die ersten Befunde völlig. Zugleich wurde jetzt noch der Einfluß intellektueller Faktoren kontrolliert (*Nickel* 1969c). Es ergab sich eine hohe Übereinstimmung der erfaßten visuellen Differenzierungsleistungen einerseits mit der Beurteilung der Begabung durch die betreuenden Kindergärtnerinnen in Tagesheimen sowie mit den Leistungen in dem sprachfreien Intelligenztest nach *Snijders-Oomen* andererseits. Die ermittelten Korrelationen lagen alle über .60 und waren statistisch hochsignifikant. Einen relativ engen Zusammenhang zwischen visuellen Wahrnehmungsleistungen und Intelligenztestwerten fand auch *Lockowandt* (1970) bei einem Vergleich der Ergebnisse des „Frostig Developmental Test of Visual Perception" und des Binet-Stanford-Tests.

Diese Befunde erscheinen auch durchaus plausibel, wenn man daran denkt, daß die Analyse von Einzelelementen aus einem Gesamt einen grundlegenden Prozeß intellektueller Auseinandersetzung und Problembewältigung darstellt und insofern auch zu Recht in zahlreichen Intelligenztestaufgaben impliziert ist. Sie spielt ganz besonders auch für die Art der Begriffsbildung im Kindesalter eine wichtige Rolle, wie z. B. aus entsprechenden Versuchen von *Kagan* und *Moss* (1963) deutlich wird. Auch *Galparin* (1967) weist nachdrücklich auf die Bedeutung der Tätigkeit des Ausgliederns für die intellektuelle Entwicklung im Vorschulalter hin. Andererseits macht dieser Zusammenhang zugleich auch verständlich, daß schwachbegabte Kinder bei ganzheitlich-analytischen Erstlese-Methoden größere Schwierigkeiten haben als bei lautsynthetischen Verfahren, wie u. a. *Müller* (1964) in einer entsprechenden Untersuchung nachwies und wie auch aus schulpraktischer Erfahrung, insbesondere aus Sonderschulen, vielfach bestätigt wird.

Die Überlegenheit überdurchschnittlich intelligenter Kinder bei den visuellen Differenzierungsaufgaben könnte möglicherweise auch in einfacherer und plausiblerer Weise die eingangs erwähnten Befunde von *Winnefeld* (1959) erklären, daß es schon im Vorschulalter Kinder mit einer deutlich auf die Heraushebung von Einzelheiten gerichteten Wahrnehmung gibt und andere noch mehr eine komplex-ganzheitliche Auffassung zeigen. Während *Winnefeld* meinte, es handele sich um verschiedene Auffassungstypen, erscheint es naheliegender anzunehmen, daß sich darin ein unterschiedliches Intelligenzniveau der Vpn widerspiegelt, dieser Faktor war von *Winnefeld* (1959) nicht kontrolliert worden.

III

Die bisher dargestellten Ergebnisse lassen insgesamt klar erkennen, daß auch im Vorschulalter durchaus eine differenzierende visuelle Wahrnehmung möglich ist, wenn sie auch von verschiedenen Bedingungen abhängt und keineswegs so sicher gelingt wie auf den folgenden Altersstufen. Insbesondere aber kann man keineswegs annehmen, daß in jener Zeit eine ganzheitliche oder diffus-synkretische Wahrnehmung dominiert, die sich erst im Schulkindalter infolge eines Entwicklungsschubs zu einer einzelheitlich-analytischen Auffassung verändert. Das wurde auch in einer Untersuchung von *Schmalohr* (1969) noch einmal bestätigt. Er ließ verschiedene zeichnerische Darstellungen[1] vier- bis sechsjähriger Kinder durch unabhängige Beurteiler nach dem Anteil ganzheitlicher bzw. einzelheitlicher Lösungen einstufen. Der Anteil der als einzelheitlich beurteilten Darstellungen übertraf danach auf allen Altersstufen den der ganzheitlichen Lösungsformen, die nicht einmal ein Drittel ausmachten. Darüber hinaus zeigte sich aber – und dies dürfte das bedeutsamste Ergebnis der Untersuchung sein –, daß die beiden Kategorien „ganzheitlich" und „einzelheitlich" keineswegs zur Beurteilung der Darstellung ausreichten, sondern daß eine dritte Kategorie notwendig wurde, die als „richtige", d. h. „vorlagegetreue Lösung" bezeichnet wurde. Solche vorlagegetreuen Lösungen nehmen im Vorschulalter am stärksten zu und kennzeichnen am besten den Entwicklungsfortschritt in der visuellen Durchgliederung. Dieser vollzieht sich, wie *Schmalohr* (1969) betont, in erster Linie also nicht von einer ganzheitlich-synkretischen zu einer einzelheitlich-gegliederten Auffassung, sondern er geht aus von „einseitigen ganzheitlichen und einzelheitlichen Leistungen"

---

[1] Aufgaben aus dem Grundleistungstest von *Kern* und dem Wartegg-Zeichentest sowie das Abzeichnen von Figuren.

179

und führt unter ausgewogener Beachtung des Ganzen und der Teile zu einer vorlagegetreuen richtigen Auffassung und Wiedergabe.

Eine Theorie, die den Entwicklungsprozeß in erster Linie als einen Vorgang fortschreitender Differenzierung von einem diffus-ganzheitlichen Anfangszustand zu einem gegliederten Endzustand versteht, konnte also gerade auf jenem Gebiet, auf dem sie meinte, ihre Annahmen am eindeutigsten empirisch verifizieren zu können, in dieser Ausschließlichkeit bzw. in der von ihr beanspruchten Präferenz nicht bestätigt werden. Dasselbe gilt auch für die Annahme eines mehr oder weniger sprunghaften Übergangs von einer ganzheitlichen zu einer einzelheitlichen Auffassung im Sinne eines Entwicklungsschubs, wie sie von den eingangs skizzierten Stufentheorien der Entwicklung mit Nachdruck betont wurde, und die bis zum gegenwärtigen Zeitpunkt zahlreiche pädagogisch-didaktische Maßnahmen tiefgreifend beeinflußte, insbesondere auch die Entscheidung über die Schulfähigkeit aufgrund einer Schulreifeuntersuchung, die überwiegend oder ausschließlich die sog. Gliederungsfähigkeit prüft, etwa in Anlehnung an *Kern* (1954).

IV

Offen bleibt allerdings bis hierher noch immer die Frage, ob die Entwicklung einer vorlagegerechten, differenzierenden Auffassung primär als das Ergebnis eines durch innere Faktoren bedingten Reifungsprozesses aufzufassen ist und damit mehr oder weniger auch an bestimmte Abschnitte im zeitlichen Kontinuum des Entwicklungsablaufs gebunden bleibt, oder ob sie nicht weitgehend die Folge von Lernprozessen darstellt und daher durch entsprechende Übung auch in früherem Lebensalter, als bisher angenommen wurde, bedeutsam gefördert werden kann. Diese Frage ist nicht nur von entwicklungstheoretischer, sondern vor allem auch von erheblicher praktisch-pädagogischer Relevanz, nicht zuletzt im Hinblick auf eine entsprechende vorschulische Erziehung. In neuerer Zeit wurde die Annahme einer vorwiegend reifungsabhängigen Entwicklung der visuellen Wahrnehmung im Vorschulalter wohl am nachdrücklichsten von *Metzger* (1956) betont. Er bezieht sich bei seiner Annahme insbesondere auf Untersuchungen von *Kahrs* (1949), denen zufolge im Verlauf des siebten Lebensjahres auch ohne entsprechende schulische Übung ein Übergang von einer bis dahin vorherrschenden undifferenzierten zu einer einzelheitlich-analysierenden Auffassung stattfinden soll, und zwar primär als Ergebnis innerer Reifungsprozesse. Dieselbe Annahme liegt sowohl dem Konzept des Grundleistungstests von *Kern* und einer darauf basierenden Diagnose der Schulreife zugrunde als auch einem Erstleseunterricht, der die Tendenz hat, den Prozeß der Analyse zeitlich möglichst hinauszuschieben.

Demgegenüber konnten aber *Kemmler* und *Heckhausen* (1962) bei Untersuchungen mit dem Grundleistungstest von *Kern* feststellen, daß die dort gemessene Gliederungsfähigkeit innerhalb von 6 Wochen Schulbesuch in einem Ausmaß anstieg, das durch ein umweltunabhängiges Reifungsgeschehen nicht mehr zu erklären ist. *Lorf* (1964 und 1966) beobachtete außerdem, daß sich die visuellen Differenzierungsleistungen vorschulpflichtiger Kinder im Verlauf einer Untsuchung wesentlich verbesserten, wenn die Unterscheidung der im Experiment dargebotenen Figuren vorher geübt wurde. Auch *Polzin* (1968) wies eine ähnliche Wirkung systematischer pädagogischer Beeinflussung auf die Verbesserung entsprechender Wahrnehmungsleistungen im Verlauf einer Untersuchung nach. In einem gezielten Experiment überprüfte der Verfasser die Wirkung eines systematischen, über sechs Wochen verteilten Trainings auf die Differenzierungsleistungen vier- bis fünfeinhalbjähriger Kinder (*Nickel* 1969a und 1969b). Eine erste Nachuntersuchung eine Woche nach Beendigung des Trainings ergab gegenüber einer entsprechenden Anfangsprüfung der Differenzierungsleistungen in der Versuchsgruppe eine Leistungssteigerung von 42%, die sich statistisch auf dem 0,1%-Niveau als signifikant erwies. In der Kontrollgruppe ließ sich dagegen nur ein Leistungszuwachs von 7,9% erkennen, der statistisch nicht signifikant war und wohl als Testungseffekt interpretiert werden darf. Eine weitere Untersuchung drei Monate nach Beendigung des Trainings zeigte ferner, daß die Versuchsgruppe den einmal erreichten Leistungsstand im Durchschnitt zu halten vermochte.

Während das Ausmaß des Trainingserfolges vom intellektuellen Niveau der Vpn weitgehend unabhängig war, erwies sich ihr sozioökonomischer Status jedoch als bedeutsame Moderatorvariable. Kinder aus unteren sozialen Schichten zeigten nicht nur ein geringeres Ausgangsniveau, wie es sich auch in anderen Untersuchungen zur visuellen Wahrnehmung ergeben hatte (*Gill* et al. 1968), sondern zugleich auch einen größeren Leistungszuwachs am Ende der Trainingsperiode. Jedoch erwies sich dieser im Vergleich mit Kindern aus anderen sozio-ökonomischen Gruppen auch als weniger stabil. Eine Erklärung dafür könnte die Beobachtung sowie die Mitteilung vieler Eltern liefern, daß die Kinder seit Beginn des Trainings und auch noch nach dessen Beendigung ein großes Interesse für Bilder aller Art entwickelt hatten und erstaunliche Details beachteten bzw. überall nach Unterschieden suchten. Der Erfolg des Trainings dürfte also nicht zuletzt auch darauf beruhen, daß hier durch Anregung sowohl im motivationellen Sinne als auch hinsichtlich des Erwerbs einer bestimmten Methode bzw. einer Art der Beachtung von Gegenständen bzw. Abbildungen ein Lernprozeß ausgelöst wurde, der keineswegs mit Beendigung der Trainingsprozedur aufhörte, sondern sich im Alltag der Vpn fortsetzte. Es erscheint nun ferner plausibel, daß dieser Prozeß bei Kindern der untersten sozialen Schichten weniger nachhaltig war, da sie weiterhin geringere entsprechende Anregungen aus ihrer häuslichen Umwelt erhielten, so daß ihre Leistungen nicht auf dem einmal erreichten Niveau blieben, sondern nach drei Monaten eher eine abfallende Tendenz erkennen ließen, während die Leistungen von Kindern aus den anderen sozialen Schichten noch weiter anstiegen. .

Ein positiver Effekt eines entsprechenden Trainings auf die visuelle Wahrnehmung von Kindern verschiedener sozioökonomischer Gruppen konnte auch für Kinder einer ersten Klasse in den USA nachgewiesen werden (*Resnick* 1969); Erfahrung erwies sich hier ebenfalls als ein bedeutsamer Faktor in der Entwicklung der Wahrnehmung. Diese Ergebnisse bestätigen also die bereits aus den früheren Befunden (*Kemmler* und *Heckhausen* 1962, *Lorf* 1964 und 1966, *Polzin* 1968) abgeleitete Vermutung, daß es sich bei der Entwicklung einer differenzierenden visuellen Wahrnehmung keineswegs um einen überwiegend von endogenen Faktoren gesteuerten Reifungsprozeß handelt, wie sowohl die Differenzierungs-Zentralisations-Theorie der genetischen Ganzheitspsychologie als auch verschiedene Vertreter eines Stufenmodells der Entwicklung übereinstimmend annahmen. Lernprozesse, insbesondere Erfahrungsbildung in Verbindung mit geeigneten Anregungen und auch Anleitungen aus der Umwelt, dürften vielmehr eine entscheidende Rolle spielen. Damit erhält die von der russischen Kinderpsychologin *Ljublinskaja* (1961, S. 302) schon vor mehr als einem Jahrzehnt erhobene Forderung neue Bedeutung, Vorschulkindern die Methode des Wahrnehmens im Sinne einer analytisch-synthetischen Tätigkeit zu lehren.

V

Unter entwicklungstheoretischem Aspekt dürften die hier vorgetragenen Ergebnisse Anlaß sein, die eingangs dargestellten Aussagen neu zu überprüfen und entsprechend zu revidieren; vom praktisch-pädagogischen Gesichtspunkt aus legen sie nicht nur eine Modifikation des Anfangsunterrichts nahe, sondern verweisen vor allem auch mit Nachdruck auf die Notwendigkeit einer entsprechenden vorschulischen Förderung, ganz besonders für Kinder aus sozioökonomisch unterprivilegierten Bevölkerungsschichten.

Nicht zuletzt hat gerade die vor allem in den Stufen- und Phasenmodellen häufig implizierte Annahme, daß Entwicklungsfortschritte in erster Linie schubartig aufgrund innerer Reifungsprozesse erfolgen und eine vorzeitige Übung nicht nur zwecklos, sondern u. U. sogar schädlich sei, dazu geführt, einer Entwicklungsförderung durch geeignete pädagogische Maßnahmen keine oder nur eine geringe Beachtung zu schenken. Das galt vor allem für das Vorschulalter und hier ganz besonders für die Wahrnehmung, da man meinte, diese sei von allen psychischen Funktionen wohl am ehesten durch Reifungsfaktoren bedingt. Die bisher vorliegenden Ergebnisse über die Möglichkeit einer Förderung der visuellen Differenzierungsleistung durch Training bzw. anderweitige pädagogische Beeinflussung rechtfertigen diese Annahme jedoch nicht nur in keiner Weise, sondern legen eher das Gegenteil nahe. Sieht man sie darüber hinaus im Zusammenhang mit weiteren Befunden über die Auswirkung gezielter Lernprozesse auf andere kognitive Leistungen im Vorschulalter, wie sie u. a. von *Böttcher* (1966) für die Entwicklung des Zahlbegriffs vorgelegt wurden oder von *Weinert* (1967) für bestimmte Denkleistungen und von *Schmalohr* und *Winkelmann* (1969) zur Mengen- und Substanzerhaltung, so muß man feststellen, daß sie auch von der Entwicklung der Wahrnehmung her jene Auffassung unterstützen, die die grundlegende Bedeutung von Lernprozessen gerade für die vorschulische Entwicklung betonen (vgl. u. a. *Lückert* 1969, *Aebli* 1969). Als praktische Konsequenz daraus ergibt sich die Forderung, durch frühzeitige systematische pädagogische Einwirkungen die in dem jeweiligen gegebenen Entwicklungsstand enthaltenen Möglichkeiten und Ansätze durch geeignete Lernerfahrungen weiterzubilden und sie damit über das einmal erreichte Niveau hinauszuführen. In bezug auf die visuelle Wahrnehmung bedeutet dies, daß eine systematische, kindgemäße Übung einer differenzierenden Auffassung im Sinne einer analytisch-synthetischen Tätigkeit wesentlicher Bestandteil einer jeglichen vorschulischen Erziehung sein sollte. So sieht *Hillebrand* (1970) denn auch in der Förderung des Ausgliederns und Kombinierens einen wesentlichen Fortschritt in Richtung zum eigentlichen Lesenlernen, wie er u. a. auch durch vorschulische Leseübungen erreicht werden kann. Da wir es bei den Vorgängen der Analyse und Synthese, wie wir bereits feststellten, mit grundlegenden geistigen Operationen zu tun haben, könnte eine solche systematische Übung, insbesondere im Vorschulalter, zugleich einen bedeutsamen Faktor einer generellen basalen Entwicklungs- und Bildungsförderung darstellen (vgl. *Lückert* 1969), nicht zuletzt vor allem auch im Sinne einer kompensatorischen Erziehung. Diese Annahme erfährt u. a. eine gewisse Bestätigung durch die Befunde von *Wilke* und *Denig* (1971), daß bei durchschnittlich begabten Fünfjährigen allein die Übung der Gliederungsfähigkeit mittels eines Leselernspiels eine signifikante Steigerung der Intelligenzleistung, gemessen mit dem Rheinhauser-Gruppentest für Schulanfänger, zu bewirken scheint. Allerdings sind zu diesem Problem noch weitere grundlegende Untersuchungen dringend erforderlich. Darüber hinaus darf aber jetzt schon für den Leseunterricht im ersten Schuljahr die Forderung von *Polzin* (1968) als voll berechtigt gelten, die Analyse zeitlich nicht hinauszuschieben, sondern bereits mit Analyse und Synthese zu beginnen, weil nur so eine angemessene Übung möglich erscheint.

Literatur

Aebli, H.: Die geistige Entwicklung als Funktion von Anlage, Reifung, Umwelt- und Erziehungsbedingungen, in: *Roth, H.* (Hrsg.), Begabung und Lernen, Stuttg. 1969

Böttcher, H. F.: Trainingsverfahren zur Entwicklung des Zahlbegriffs im Vorschulalter. Probleme u. Ergebnisse d. Psychol., 1966, *19*, 7–43

Elkind, D., Koegler, R. R., u. *E. Go:* Studies in perceptual development: II. Part – whole Perception. Child Developm., 1964, *35*, 81–91

Galparin, P. J.: Die Entwicklung der Untersuchungen über die Bildung geistiger Operationen, in: *Hiebsch, H.* et al. (Hrsg.), Ergebnisse der sowjetischen Psychologie. Akademie-Verlag, Berlin 1967

Ghent, L.: Perception of overlapping and embedded figures by children of different ages. Amer. Journ. Psychol., 1956, *69*, 575–587

Gill, N. T., Herdtner, T. J., u. *L. Lough:* Perceptual and socioeconomic variables, instruction in body orientation, and predicted academic success in young children. Except. Children, 1968, *35*, 239

Heiß, A.: Zum Problem der isolierenden Abstraktion. Genetisch vergleichende Studien. Neue Psychol. Stud., 1932, *4*, 285–318

Hillebrand, M. J.: Zum Problem der Vorschulerziehung. Westerm. Pädag. Beiträge, 1970, *22*, 341–351

Hunton, V. D.: The recognition of inverted pictures by children. Journ. Genet. Psychol., 1955, *86*, 281–286

Kagan, J., u. *H. A. Moss:* The psychological significance of styles of conceptualization. Monogr. Soc. Res. Child Developm., 1963

Kemmler, L., u. *H. Heckhausen:* Ist die sogenannte „Schulreife" ein Reifungsproblem? in: *Ingenkamp, K. H.* (Hrsg.), Praktische Erfahrungen mit Schulreifetests. Psychol. Praxis, 1962, Heft 30, 52–89

Kern, A.: Sitzenbleiberelend und Schulreife. Herder, Freiburg [2]1954

Kroh, O.: Psychologie der Entwicklung, in: Lexikon der Pädagogik, (Franke) Bern, 1951, 438–447

Langhorst, E.: Märchenbilder im Urteil von Kindern der Vorkriegszeit und Gegenwart. Bouvier, Bonn 1967

Leuba, C.: Children's reactions to elements of simple geometric patterns. Amer. Journ. Psychol., 1940, *35*, 575–578

Ljublinskaja, A. A.: Die psychische Entwicklung des Kindes. Übers. a. d. Russischen. Volk u. Wissen, Berlin 1961

Lockowandt, O.: Diagnostik der Wahrnehmungsentwicklung. Referat 27. Kongr. DGfPs., Kiel 1970

Lorf, M.: Die Entwicklung analytisch-synthetischer Operationen im Wahrnehmen und Denken des Kleinkindes. Probleme u. Ergebnisse d. Psychol., 1964, *11*, 43–50

– Entwicklungsbedingungen der Differenzierungsfähigkeit im Kleinkind- und Vorschulalter. Probleme u. Ergebnisse d. Psychol., 1966, *17*, 7–33

Lückert, H.-R. (Hrsg.): Begabungsforschung und Bildungsförderung als Gegenwartsaufgabe. E. Reinhardt, München/Basel 1969

Metzger, W.: Die Entwicklung der Gestaltauffassung in der Zeit der Schulreife. Westerm. Pädag. Beitr., 1956, *8*, 531–543 u. 603–615

Müller, H.: Methoden des Erstleseunterrichts und ihre Ergebnisse. Hain, Meisenheim 1964

Nickel, H.: Die visuelle Wahrnehmung im Kindergarten- und Einschulungsalter. Huber u. Klett, Bern u. Stuttgart 1967

– Untersuchungen zur Bedeutung einer erhöhten Motivation für eine einzelheitliche Auffassung in der visuellen Wahrnehmung vierjähriger Kinder. Psychol. Rundsch., 1968, *19,* 9–17

– Untersuchungen über den Einfluß eines besonderen Trainings auf die visuelle Differenzierungsfähigkeit 4- bis 5jähriger Kinder. Ber. 26. Kongr. DGfPs., Hogrefe, Göttingen 1969a

– Die Bedeutung planmäßiger Übung für die Entwicklung einer differenzierenden visuellen Auffassung im Vorschulalter. Ztschr. Entw.-Psychol. u. Pädag. Psychol, 1969b, *11,* 103–118

– Visuelle Differenzierungsfähigkeit und allgemeine geistige Begabung im Vorschulalter. Psychol. Rundsch., 1969c, *20,* 257–274

Pfaffenberger, H.: Untersuchungen über die visuelle Gestaltwahrnehmung vorschulpflichtiger Kinder. Beltz, Weinheim 1960

Polzin, G.: Ergebnisse experimenteller Untersuchungen zur Entwicklung der Differenzierungsfähigkeit im Vorschulalter und ihre Bedeutung für den Erstleseunterricht und die Schulfähigkeit. Schule u. Psychol., 1968, *15,* 180–188

Resnick, R. J.: A developmental and socioeconomic evaluation of perceptual integration. Developm. Psychol., 1969, 1, 69–96

Sander, F., u. *H. Volkelt:* Ganzheitspsychologie. Beck, München 1962

Schmalohr, E.: Psychologische Untersuchungen zum Streit um die Ganzheitsmethode, in: *Meyer, E.* (Hrsg.), Erstleseunterricht, Klett, Stuttgart 1968

– Zur ganzheitlichen und einzelheitlichen Auffassung in der visuellen Wahrnehmung bei 4- bis 6jährigen Kindern. Ber. 26. Kongr. DGfPs., Hogrefe, Göttingen 1969

– u. *W. Winkelmann:* Über den Einfluß der Übung auf die Entwicklung der Mengen- und Substanzerhaltung beim Kinde. Ztschr. Entw.-Psychol. u. Pädag. Psychol., 1969, 1, 93–102

Selinka, R.: Der Übergang von der ganzheitlichen zur analytischen Auffassung im Kindesalter. Ztschr. Pädag. Psychol. u. Jugendk., 1939, *40,* 256–278 u. 1940, *41,* 31–36

Snijders, J. Th., u. *N. Snijders-Oomen:* Sprachfreie Intelligenzentwicklung. Groningen 1958

Vurpillot, E.: The development of scanning strategies and their relation for visual differentiation. Journ. Exp. Child Psychol, 1968, *6,* 632–650

Weinert, R.: Über den Einfluß kurzzeitiger Lernprozesse auf die Denkleistungen von Kindern. Ber. 25. Kongr. DGfPs., Hogrefe, Göttingen 1967

Werner, H.: Einführung in die Entwicklungspsychologie. Barth, München [4]1959

Wilke, I., u. *F. Denig:* Vorschulerziehung und Steigerung der Intelligenzleistung. Schule u. Psychol., 1971, *18,* 37–44

Winnefeld, F.: Gestaltauffassung und Umgestaltung in genetischer Sicht. Ztschr. exper. u. angew. Psychol, 1959, *6,* 589–602

Bemerkung: Nachdruck aus Ztschr. Schule und Psychologie (E. Reinhardt Verlag, München) 1972, Heft 1 S. 1 ff.

Zur optischen Wahrnehmung von einfachen Zeichen

Untersuchung an Kindern der Grundschule und der Lernbehinderten-schule mit pädagogisch-psychologischen Folgerungen für die Praxis

Von Rudolf Spiekers

1. Einleitung und Fragestellung

Die Fragestellung der nachstehend referierten Arbeit ergab sich aus einer früheren Untersuchung zum Durchgliederungsvermögen bei Schwachbegabten. Hier hatte sich nämlich bei einer Wiederholung des Versuches von *R. Selinka (Selinka* 1939) bei Schwachbegabten (*Spiekers* 1957) gezeigt, daß neben anderen Befunden die verschieden großen Ähnlichkeitsbeziehungen der verwendeten „Blumenformen" für das richtige Zusammensetzen von „Blumenkränzen" nach einer gegebenen Vorlage von Bedeutung waren. Die Tatsache, daß die Kranzelemente besonders von zwei Vorlagen infolge nur geringfügiger Abänderung an den Außenrändern der Unterganzen, der „Blütenblätter" fast identisch waren, daher schon im Einzelvergleich (wenigstens bei den Schwachbegabten) erhebliche Schwierigkeiten bereiteten, und beim Zusammensetzen der „Blumenkränze" die meisten Fehler auf sich vereinigten, führten zu der Frage, ob und inwieweit die Fähigkeit zur Erfassung und Unterscheidung von Formen, wenn deren Ähnlichkeit nicht auf strukturellen, sondern auf rein metrischen Abweichungen – d. h. nur auf Abweichungen von Maßen bei gleichem Aufbau – einem Entwicklungsprozeß unterworfen ist, und zwar sowohl beim isolierten Einzelvergleich als auch nach Einordnung derartiger Formen in einen größeren Zusammenhang.

Nach *Rausch* (1952) sind an jeder optischen Figur Struktur und Metrik zu unterscheiden. „Während Struktur etwa soviel wie das allgemeine Aufbauprinzip der Figur bedeutet, gehören zur Form außerdem noch metrische Bestimmungen besonderer Art..." (*Rausch* 1952; S. 175), unter denen man die Maßverhältnisse des (gesehenen) Ganzen und seiner Teile zu verstehen hat. Diese metrischen Bestimmungen können in gewissem Maße variiert werden, ohne daß die anschauliche Ähnlichkeit von Figuren dadurch berührt wird oder verlorengeht (*Goldmeier* 1937).

Dieser Frage nach der Unterscheidbarkeit von dem Aufbau nach gleichen und nur durch metrische Abweichungen voneinander verschiedenen optischen Figuren bei Volksschülern (jetzt: Grund- und Hauptschülern) und Schülern der Sonderschule für Lernbehinderte (in den weiteren Ausführungen kurz als Sonderschule bzw. Sonderschüler bezeichnet) und sich dabei evtl. ergebenden Leistungsunterschieden wollten die im weiteren beschriebenen Untersuchungen nachgehen, wobei in einem ersten Teil geklärt werden sollte, welche Rolle Lebensalter, Intelligenzstand und Geschlecht für die Leistungen bei isoliertem Einzelvergleich geeigneter Formen spielen, während in einem zweiten Teil untersucht wurde, welchen Einfluß eine bestimmte Stellung eines Zeichens innerhalb einer Zeichenreihe und die Länge dieser Reihe auf das Erfassen der metrischen Abweichungen und damit auf die Unterscheidungsleistungen hatten.

2. Grundversuch

2.1. Versuchsbedingungen

Nach Voruntersuchungen über die Größe der Zeichen und über geeignete Formen und Verfahren wurden, von einem möglichst gradlinigen Grundzeichen in der Höhe von 6 mm ausgehend, Abwandlungsformen geschaffen, die sich hauptsächlich durch feine Abweichungen konkaver oder konvexer Art an den Unterteilen oder in einigen Fällen durch geringfügige Richtungsänderungen oder durch Proportionsänderungen von dem Grundzeichen und voneinander unterschieden. (Abb. 1)
Innerhalb der Gruppen wurden alle Zeichen miteinander und mit sich selbst kombiniert, so daß sich – insgesamt 119 ungleiche und 61 gleiche Zeichenpaare ergaben.
Da das Zuordnungsverfahren sich in den Vorversuchen als wenig geeignet erwiesen hatte, wurde die Methode des Paarvergleiches mit fest vorgegebenen Paaren gewählt, die auf einem Blatt in der Größe DIN A3 auf 180 Felder in der Größe 3,0 × 1,5 cm nach Zufall verteilt wurden. (Beispiel siehe Abb. 2)
Die Untersuchungen wurden in der Zeit von Frühjahr 1964 bis März 1965 in Volks- und Sonderschulen der Städte Dortmund, Castrop-Rauxel und Rheinhausen mit insgesamt 3240 Sonderschülern und 2987 Volksschülern durchgeführt. Bei der Auswahl der Sonderschüler wurde darauf geachtet, daß sie sich in einem ihrem Alter in etwa entsprechenden Jahrgang befanden. Von den Volksschulen wurden nur solche gewählt, die hinsichtlich der Schulverhältnisse als durchschnittlich gelten konnten. Die Aufgabe für die Versuchspersonen bestand darin, die Zeichenpaare

1. 2. 3. 4. 5. 6. 7. 8. 9. 10. 11. 12. 13. 14.

Abb. 1.

Abb. 2.

in den einzelnen Feldern zu vergleichen und Gleichheit durch ein Kreuz, Verschiedenheit durch Durchstreichen des ganzen Feldes zu kennzeichnen. Der Zeitverbrauch war dabei freigestellt. Auf ruhige und sorgfältige, nicht zu hastige Arbeitsweise wurde Wert gelegt (durch die Versuchseinführung und durch Zwischenbemerkungen während der Versuchsdurchführung). Alle ungleichen Zeichenpaare, die nicht als solche erkannt waren, wurden als Fehler bewertet, während die gleichen Paare als Kontrolle dienten, ob die Vpn nicht durch Raten zu zufällig richtigen Lösungen kamen.

2.2. Entwicklungspsychologische Auswertung

Als Maß für die Leistungen der einzelnen Versuchsgruppen wurde die maximale Fehlerzahl zugrundegelegt, die jeweils von 25% (unteres Quartil) 50% (Median) und 75% (oberes Quartil) der Versuchspersonen nicht überschritten wurde. Da die Ergebnisse sich nicht normal verteilten, wurde zur Sicherung der Ergebnisse ein verteilungsfreies Verfahren benutzt. Die gewonnenen Werte jeweils zwei benachbarter Versuchsgruppen wurden daher mit Hilfe des Mediantestes auf ihre Signifikanz hin untersucht. (*Mittenecker* 1960)

189

2.2.1. Die Fehlerhäufigkeit auf den verschiedenen Altersstufen

Statistisch bedeutsame Unterschiede ergaben sich bis auf die Drei-zehn–Vierzehnjährigen zwischen allen Altersgruppen bei Volks- und Sonderschülern, und zwar jeweils zugunsten der älteren Versuchsper-sonen. Bei beiden Versuchsgruppen erfolgte ein starker Rückgang der Fehlerzahlen im gleichen Zeitraum, nämlich im Alter von 8–10 Jahren. Es zeigte sich also sowohl bei Volks- als auch bei Sonderschülern, – wenn auch im verschiedenen Maße, – daß die Leistungen im Unterscheiden der ähnlichen Zeichenpaare deutlich vom Alter abhängig waren. (siehe Tab. 1 und Abb. 3)

2.2.2. Intelligenz und Fehlerzahl

Von einem gemessenen Intelligenzstand, der in Form eines IQ ausge-drückt ist, waren keine Rückschlüsse auf die Unterscheidungsleistun-gen möglich. Wie Abb. 4 zeigt, blieben die durchschnittlichen IQ unge-

Tab. 1: Übersicht über die Anzahl der Fehler (unteres Quartil, Median, oberes Quartil) auf den Altersstufen.

Al-ter	Sonderschule u. Q. 25%	Md. 50%	o. Q. 75%	Q.	Chi²	Volksschule u. Q. 25%	Md. 50%	o. Q. 75%	Q.	Chi²
6	—	—	—	—	—	33	45	61	14,0	
										27,92
7	—	—	—	—	—	22	36	53	15,5	
										9,43
8	43	60	78	17,5		13	31	45	16,0	
					45,09					**59,56**
9	31	47	64	16,5		6	16	30	12,0	
					11,74					**26,99**
10	19	36	55	18,0		6	10	21	7,5	
					8,97					**8,14**
11	15	31	48	16,5		5	9	17	6,0	
					10,51					**10,58**
12	10	23	44	17,0		4	6	14	5,0	
					8,17					**4,61**
13	8	17	36	14,0		2	5	10	4,0	
					2,37					2,00
14	8	20	40	16,0		1	4	7	3,0	

Signifikante und hoch signifikante Chi²-Werte sind halbfett gedruckt

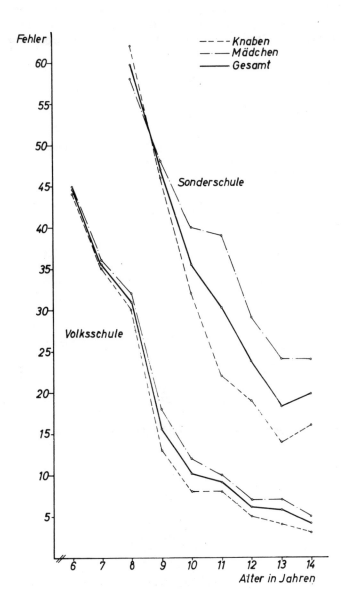

Abb. 3: Anzahl der Fehler (Median) auf den Altersstufen.

fähr die gleichen, während die Fehlerzahl mit steigendem Alter beträchtlich abnahm. Es ist daher mit einiger Sicherheit zu erwarten, daß von Kindern verschiedenen Alters ungeachtet ihres IQ (bei nicht zu extremen Differenzen) die älteren gewöhnlich bessere Leistungen zeigen. Diese Aussage konnte jedoch nur für Sonderschüler getroffen werden, weil nur von dieser Gruppe Intelligenzquotienten verfügbar waren.

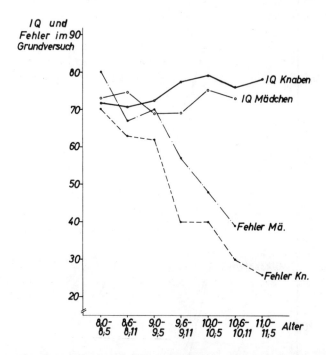

Abb. 4: Mittlerer IQ und mittlere Fehlerzahl auf den verschiedenen Altersstufen.

2.2.3. Geschlechtsunterschiede

Wie Abbildung 1 zeigt, lagen bei der Volksschule die Leistungen der Mädchen immer geringfügig unter denen der Knaben, signifikant waren die Unterschiede jedoch nur im Alter von 9 und 10 Jahren und hielten sich mit den Fehlerdifferenzen noch in mäßigen Grenzen. Bei der Sonderschule hingegen waren die Unterschiede ab 10 Jahren durchgängig statistisch bedeutsam, und zwar ebenfalls zugunsten der Knaben. Während im Alter von 8 Jahren noch eine kleine, aber nicht signifikante Überlegenheit der Mädchen festzustellen war, haben die Knaben bereits auf der folgenden Altersstufe die Mädchen – wenn auch nicht signifikant – überholt, zeigten dann zwei steile Abfälle der Fehlerkurve bis zum Alter von 11 Jahren und schließlich ein weiteres, aber in den Differenzen geringeres Zurückgehen der Fehler bis zum Alter von 14 Jahren. Bei den Mädchen hingegen fand sich im Alter von 10–11 Jahren ein Stehenbleiben der Leistungen, ein steiler Abfall der Fehlerzahlen von 11 nach 12 Jahren, der bei den Knaben schon zwei Jahre früher zu verzeichnen war, geringere Rückgänge der Fehlerzahlen in den beiden folgenden Jahren, ohne daß der Endstand der Knaben je erreicht wurde.

Während die Ergebnisse bei der Volksschule nicht interpretierbar erschienen, wurden die Befunde bei den Sonderschulen dahingehend gedeutet, daß die Fähigkeit zur Unterscheidung ähnlicher Formen sich allgemein bei den Knaben der Sonderschule besser entwickelt und in ihrer Ausdifferenzierung voraus ist, so daß auf gleicher Altersstufe in der Regel die Knaben den Mädchen überlegen sind.

2.2.4. Die Entwicklung der Unterscheidungsfähigkeit bei Volks- und Sonderschülern

Beim Vergleich der Werte des Medians (50%) und des oberen Quartils (75%) ergab sich nach Tabelle 1 folgendes Bild:

a) Auf gleichen Altersstufen blieben die Unterscheidungsleistungen der Sonderschüler erheblich hinter denen der Volksschüler zurück.

b) Die Ergebnisse der sechs- bis achtjährigen Volksschüler entsprachen fast genau denen der neun- bis elfjährigen Sonderschüler, d.h. gleiche Leistungen für die Unterscheidung ähnlicher Zeichen, wie sie in der Untersuchung dargeboten wurden, traten um rund 3 Jahre verzögert auf.

c) Für die folgenden Altersstufen ließ sich diese Relation allerdings nicht mehr nachweisen. Es war vielmehr so, daß die Kluft zwischen Volks- und Sonderschülern noch größer wurde. Die Entwicklung der Unterscheidungsfähigkeit setzte also nicht verspätet ein, sondern verlangsamte sich auch in den folgenden Jahren. (Siehe auch *Schenk-Danzinger* 1959)

Auch hinsichtlich der mittleren Quartile als Kennzeichnung des Bereichs, in dem die mittleren 50% der Versuchspersonen lagen, ergaben sich charakteristische Unterschiede. Während bei den Sonderschülern die mittleren Quartile annähernd den gleichen Wert behielten, begann sich bei den Volksschülern vom Alter von 9 Jahren an dieser Bereich immer mehr einzuengen, so daß also bei den Dreizehn-/Vierzehnjährigen die mittleren 50% in einem relativ engen Bereich um den Median streuten.

Bislang wurden die einzelnen Altersstufen der Volks- und Sonderschule immer nur hinsichtlich ihrer Leistungen als Gruppe betrachtet, wie sie in den Werten des Medians und oberen Quartils zum Ausdruck kam. Um Aussagen darüber machen zu können, wie die Leistungen sich über die jeweilige Altersstufen verteilten, wurde eine andere Art der Berechnung vorgenommen, die die prozentualen Anteile beider Versuchsgruppen an 5 gesetzten Leistungsklassen wiedergibt. Dabei umfaßte Leistungsklasse

I	alle Fälle mit	0–	5%	Fehlern
II	alle Fälle mit	6–	10%	Fehlern
III	alle Fälle mit	11–	25%	Fehlern
IV	alle Fälle mit	26–	50%	Fehlern
V	alle Fälle mit		51%	Fehlern

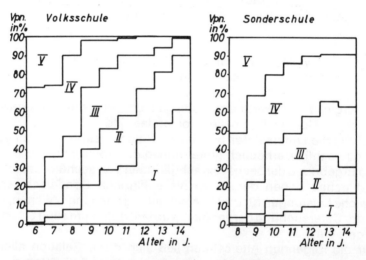

Abb. 5: Anteil in % an den Leistungsklassen I–V bei Volks- und Sonderschule.

Bei einem Vergleich der so gewonnenen Werte (siehe Abb. 5) ergab sich folgendes Bild:

a) Die Ergebnisse der sechs- bis achtjährigen Volksschüler entsprachen wie in den vorangegangenen Vergleichen in etwa denen der neun- bis elfjährigen Sonderschüler.

b) Auf den folgenden Altersstufen wuchsen die Werte nicht mehr im gleichen Verhältnis, sondern die Sonderschüler blieben vielmehr erheblich zurück. Die Leistungsklasse V war bei den Volksschülern vom Alter von 9 Jahren praktisch ohne Bedeutung.

c) Der Anteil an der Leistungsklasse I wuchs bei den Volksschülern immer mehr und war im Alter von 14 Jahren fast viermal so groß.

194

d) Auch bei den Sonderschülern nahmen mit steigendem Alter die Fälle mit guten Leistungen zu, aber der größte Teil von ihnen blieb doch auf einer mittleren Leistungsstufe stehen.

2.3. Wahrnehmungspsychologische Auswertung

Bei der wahrnehmungspsychologischen Auswertung zeigte sich:

1. Eine Analyse der Fehlerzahlen bei den verschiedenen Zeichenpaaren ergab keine Fehler, die für Volks- oder Sonderschüler besonders typisch gewesen wären, sondern beide Gruppen folgten demselben Trend, nur daß die Fehlerzahlen der Sonderschüler um etliches höher lagen.
2. Der Versuch, die beträchtlichen Unterschiede in den Fehlerzahlen bei den einzelnen Zeichen auf die verschieden große Ähnlichkeit zurückzuführen, die auf der Übereinstimmung in Teilbereichen beruht, stellte sich als unzureichend heraus. Es wurden daher neue Prinzipien gesucht. Als solche ergaben sich:
   a) Wenn die Variation figurtragende Teile betraf oder aus zwei Figurteilen einen machte und somit eine neue Figur entstand, war für fast alle Versuchspersonen der Eindruck der Ungleichheit vorhanden.
   b) Bei Erhaltung des Aufbaues der Zeichen erwies sich,
      aa) daß von der Geraden ausgehend – ceteris paribus – konvexe Abweichungen stärker zu einem Eindruck der Ungleichheit führten als konkave,
      bb) konkave gegen konvexe Abweichungen angesetzt mehr differenzierten als die Ansätze gerade gegen konkav und gerade gegen konvex,
      cc) zusätzliche Richtungsänderungen den Unterschied gerade–konkav und gerade–konvex verstärkten.
      dd) daß sich der Eindruck größerer Unähnlichkeit ergab, wenn die Variation dem Figurteil eine andere Eigenschaft gab, als die übrigen unter sich gleich Figurteile besaßen.

2.4. Der „Ähnlichkeitsumfang" bei Sonderschülern

Über die rein wahrnehmungspsychologische Erörterung hinaus ergab sich, daß Sonderschüler einen größeren „Ähnlichkeitsumfang" hatten als Volksschüler. Dieser Begriff wurde in Anlehnung an den Begriff des Äquivalenz-Umfanges eingeführt, der besagt, daß und in welchem Maße Individuen eine verschieden große Anzahl von Reizen noch als äquivalent ansehen, und der nicht nur für die Wahrnehmung, sondern wie sich nachweisen ließ, auch für die verschiedensten kognitiven Verhaltensweisen von Bedeutung ist (*Graumann* 1966; S. 1042). Wie die Befunde der hier referierten Untersuchung zeigten, war bei Sonderschülern ein viel größerer Ähnlichkeitsumfang vorhanden als bei den Volksschülern, d. h. bei den ersteren ergab sich beim Vergleich einander ähnlicher optisch dargebotener Formen in viel stärkerem Maße der Eindruck der Gleichheit als bei letzteren. Der größere Ähnlichkeitsumfang hatte sich schon bei der Gegenüberstellung der einzelnen Altersstufen ergeben, wurde aber bei der Betrachtung der beiden Schularten als Gesamtgruppe ohne Berücksichtigung von Alter und Geschlecht durch die bei den Zeichenpaaren erzielten Ergebnisse nochmals bestätigt. Es zeigte sich, daß der größere Ähnlichkeitsumfang besonders im Bereich mittlerer Schwierigkeitsgrade (10 bis 50%) deutlich wurde. Das Erfassen der Abweichungen mißlang den Sonderschülern hier in erheblichem Maße, und es ergaben sich beträchtliche Unterschiede in den Leistungen. Bei den schweren Zeichenpaaren (über 50% Fehler) und bei den leichten (bis zu 10% Fehler) war zwar auch eine Unterlegenheit der Sonderschüler gegenüber den Volksschülern vorhanden, aber die Differenzen waren hier kleiner. Die in der Untersuchung dargebotenen Aufgaben differenzierten also im Bereich mittlerer Schwierigkeitsgrade viel deutlicher zwischen den beiden Versuchsgruppen als im oberen oder unteren Bereich.

3. Hauptversuch

3.1. Einleitung und Fragestellung:

Die Untersuchungen gingen der Frage nach, ob und in welchem Maße dieselben Zeichen wie im Grundversuch noch erfaßt und unterschieden werden konnten, wenn sie als Glieder in bestimmter Stellung innerhalb einer linearen Zeichenreihe mit einer bestimmten Anzahl von Gliedern auftraten.

Nach früheren Untersuchungen (*Heiss* 1930, *Kahrs* 1948 und *Selinka* 1939) gelang das Ausgliedern eines Teils aus einem Ganzen um so weniger, je jünger die Versuchspersonen waren bzw. je stärker die Einbettung in das Ganze war und war außerdem noch von Bedingungen wie Größe, Anzahl und Grad der Ähnlichkeit der Teile abhängig (*Spiekers* 1957). Die von den genannten Autoren benutzten Konfigurationen waren allerdings ausgezeichnete Ganze, während es sich bei der nachstehenden Untersuchung um eine lineare Reihung von Zeichen – analog einem Wort in Druckschrift – handelte, bei der jedes Zeichen relativ isoliert blieb und nur durch seine besondere Stellung am Anfang in der Mitte oder am

Ende einer Zeichenreihe von wechselnder Länge ausgezeichnet war. Es erhob sich die Frage, ob die Zeichen bei der an sich geringen gestaltlichen Bindung genau so gut wie beim Einzelversuch unterschieden werden konnten, und ob bei eventuellen Unterschieden die Anzahl, die Position innerhalb der Zeichenreihe und das Lebensalter eine Rolle spielten.

3.2. Versuchsbedingungen

Im Hauptversuch wurden aus den 119 ungleichen Paaren des Grundversuches diejenigen herausgesucht, in denen das möglichst gradlinige Zeichen mit den Abwandlungsformen verglichen war. Es ergaben sich insgesamt 50 Paare, die zweimal dargeboten wurden, dazu kamen noch 16 gleiche Paare, die jeweils viermal gegeben wurden, so daß insgesamt 164 Paare zu vergleichen waren. Als Verfahren wurde wie im Grundversuch der Paarvergleich mit fest vorgegebenen Paaren gewählt. Während das Ausgangszeichen isoliert stehen blieb und als Vorlage diente, wurde die jeweilige Abwandlungsform in eine Zeichenreihe eingefügt, die aus 2,3 oder 7 Zeichen bestand, und zwar so, daß sie sich am Anfang, in der Mitte oder am Ende der Zeichenreihe befand. Insgesamt ergaben sich 8 Serien, die 860 Sonderschülern aus 6 Sonderschulen und 826 Volksschülern aus 2 Volksschulen vorgelegt wurden. Die Versuchspersonen hatten festzustellen, ob das Vorlagezeichen in der Zeichenreihe noch einmal vorkam oder nicht, und in der gleichen Weise wie im Grundversuch zu kennzeichnen. Auch hier war der Zeitverbrauch freigestellt. Die Bewertung der Leistungen bei den einzelnen Serien erfolgte nach Anzahl der Fehler, die in Beziehung zu den Fehlern des Grundversuches gesetzt wurde. Da es sich um mehrere Messungen unter verschiedenen Bedingungen an derselben Stichprobe handelte, wurden die Ergebnisse mittels des Vorzeichentests statistisch gesichert (*Mittenecker* 1960).

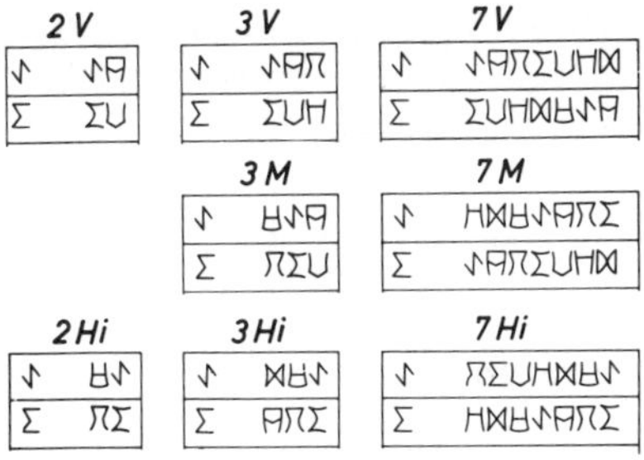

Abb. 6: Beispiele für Vorderstellung (V). Mittelstellung (M). Hinterstellung (Hi).

3.3. Auswertung der Befunde

3.3.1. Der Einfluß von Reihenlänge und von Stellung innerhalb der Zeichenreihe

Beim Vergleich der Ergebnisse mit denen des Grundversuches und beim Vergleich der Ergebnisse der 8 Variationen untereinander zeigte sich folgendes:

a) Bis auf die unterste Altersstufe bei Volks- und Sonderschule (6 Jahre bzw. 8 Jahre) war die Stellung des Zeichens zu Anfang der Reihe auch bei verschiedener Reihenlänge ohne Einfluß auf das Erfassen der Unterschiede. Die Zeichen wurden genau so gut erkannt wie im Grundversuch.

b) Die Stellung am Ende der Zeichenreihe bedeutete gegenüber dem Grundversuch eine signifikante Erschwerung. Die Reihenlänge war dabei ohne Einfluß. Ein Vergleich der Wette bei 2, 3 oder 7 Zeichen untereinander brachte keine signifikanten Unterschiede.

c) Als schwerste Variation erwies sich die Mittelstellung des Zeichens. Hier spielte die Reihenlänge eine Rolle. Die Erfassung der Unterschiede war bei einer Reihenlänge von 7 Zeichen insgesamt signifikant schwerer als bei nur 3 Zeichen.

3.3.2. Der Einfluß des Lebensalters

Die Abhängigkeit der Erfassungsleistungen vom Lebensalter zeigte sich insofern, als mit steigendem Alter die Unterschiede zwischen Grundversuch und schwerster Variation, der Mittelstellung des Zeichens bei einer Reihenlänge von insgesamt 7 Zeichen, immer geringer wurden. Je älter ein Kind also war, desto weniger spielten Position und Anzahl der Zeichen für das Erfassen der Abweichungen eine erschwerende Rolle. Die Fehler, die dann noch gemacht werden, waren bei den Volksschülern im wesentlichen auf die Schwierigkeiten der Zeichen an sich zurückzuführen, wie sie bereits im Grundversuch auftraten. Bei den Sonderschülern blieb die Wirkung von Stellung und Reihenlänge zwar in stärkerem Maße erhalten, aber die Änderung der Proportionen und die Abnahme der Differenzen zwischen dem Grundversuch und den einzelnen Variationen zeugte auch hier von dem sich mit zunehmendem Alter abschwächenden Einfluß von Position und Reihenlänge.

4. Praktische Folgerungen

Obwohl die Median-Werte gleicher Altersstufen der beiden Schularten beträchtlich voneinander abwichen, darf für die praktischen Folgerungen jedoch nicht übersehen werden, daß die Leistungsbereiche sich weitgehend überschnitten, daß es also Volksschüler mit mittleren und schlechten und ebenso Sonderschüler mit guten Unterscheidungsleistungen gab. Wenn auch ein Versagen bei den dargebotenen Aufgaben bei den Sonderschülern viel häufiger war als bei den Volksschülern, darf dennoch nicht aus vorhandenen Mängeln der Unterscheidungsfähigkeit auf Sonderschulbedürftigkeit zurückgeschlossen werden. Die Untersuchungsbefunde dürften daher nicht so sehr für die Auslese von Sonderschülern als vielmehr für den Unterricht und für pädagogisch-therapeutische Hilfen in der Sonderschule und möglicherweise auch für die Verhütung von Sonderschulbedürftigkeit von Bedeutung sein.

Von besonderer Bedeutung erscheint die Tatsache, daß Sonderschüler jüngeren Alters schon in der Wahrnehmung einen recht großen Ähnlichkeitsumfang besitzen und daß dieser sich erst im Alter von etwa 10 Jahren erheblich eingeengt hat. Der Unterricht in den ersten Klassen des Primarbereiches der Sonderschule muß dieser Gegebenheit schon bei der Darbietung Rechnung tragen und durch geeignete Maßnahmen wie grob-sinnliche Anschauung und Einsatz kontrastierender Arbeitsmittel (mit deutlichen strukturellen und metrischen Abweichungen) zu erreichen suchen, daß die Kinder an klaren Unterschieden das Dargebotene erfassen und die Inhalte somit auch später bei der Verarbeitung unterschieden bleiben. Zu vermeiden ist auf jeden Fall die gleichzeitige bzw. räumliche oder zeitliche Darbietung einander ähnlicher Inhalte, da diese zu wenig voneinander abgehoben sind und nicht hinreichend durchstrukturiert werden können. Die Untersuchungsergebnisse weisen weiterhin auf die Notwendigkeit einer systematischen Schulung und Förderung der visuellen Wahrnehmung und des optischen Durchgliederungsvermögens mit entsprechendem Material. hin, damit der Ähnlichkeitsumfang geringer wird und die Kinder lernen, auch weniger von einander abweichende Dinge klar und sicher voneinander zu trennen. Zu denken wäre auch vielleicht an eine Verwendung ähnlicher Aufgaben, wie sie im Hauptversuch benutzt wurden, um für den Leselehrgang die optische Analyse vorzubereiten und zu erleichtern.

Als weiter bemerkenswert erscheint der Umstand, daß auf allen Stufen der Sonderschule die Streuung der Leistungen erheblich größer war als bei der Volksschule. Zumindest auf den höheren Altersstufen gab es Sonderschüler, die die gleichen Spitzenleistungen wie die besten Volksschüler zeigten, andererseits waren auf der gleichen Altersstufe Kinder mit so niedrigen Unterscheidungsleistungen vorhanden, wie sie die Volksschule – besonders vom Alter von 9 Jahren an – kaum aufzuweisen hatte. Daraus ergibt sich die Forderung nach einer stärkeren Differenzierung des Unterrichts in den einzelnen Klassen der Sonderschule auch noch bei den oberen Jahrgängen und die Forderung nach zusätzlichen

Förderungsmaßnahmen, die die optische Unterscheidungsfähigkeit weiter entwickeln könnten.

Die Verwendung der in dieser Untersuchung dargebotenen Aufgaben (nach entsprechender Überarbeitung) oder die Verwendung anderer, möglicherweise standardisierter Unterscheidungsaufgaben beim Umschulungsverfahren oder zu einem späteren Zeitpunkt könnte dazu beitragen, auch den Ähnlichkeitsumfang festzustellen, den ein Kind in seinem visuellen Wahrnehmen besitzt, um so die notwendigen individuellen Hilfen für die Entwicklung des Unterscheidungsvermögens ansetzen zu können und die Voraussetzungen zu schaffen für die bessere intellektuelle Verarbeitung des Wahrgenommenen.

Der relativ hohe Anteil von Sonderschülern mit schlechten Unterscheidungsleistungen bei den jüngeren Altersstufen legt den Schluß nahe, daß das Versagen in der Volksschule und die Überweisung dieser Kinder in die Sonderschule neben anderen Mängeln auch durch eine nur schwach ausgeprägte Unterscheidungsfähigkeit mitbedingt ist. Geeignete Förderungsmaßnahmen – etwa intensive Übung des optischen Zuordnens, Vergleichens und Unterscheidens mit entsprechendem didaktischen Spielmaterial, gezielte Schulung der Sinne nach *Maria Montessori* oder ein Wahrnehmungstraining nach *Marianne Frostig* – in der Vorschulzeit und in den Klassen des Primarbereiches könnten sicherlich dazu dienen, die visuelle Wahrnehmung allgemein und insbesondere das Unterscheidungsvermögen für optisch zu erfassende Gestalten besser zu entwickeln und somit zur möglichen Verhütung des Schulversagens und damit der Sonderschulbedürftigkeit beizutragen.

Literatur

Anastasi, A.: Differential Psychology, Individual and group differences in behaviour. 3. Aufl., (Macmillan) New York 1964

Bender, L.: A visual motor Gestalt test and its clinical use. The American orthopsychiatric Association, New York 1938

Bergius, R.: Untersuchungen zur Entwicklung des visuellen Wahrnehmens. In: *L. Schenk-Danzinger* und *H. Thomae* (Hrsg.), Gegenwartsprobleme der Entwicklungspsychologie, Festschrift für Charlotte Bühler, Hogrefe, Göttingen 1963, S. 136–149

Bleidick, U.: Probleme der heilpädagogischen Psychologie unter genetisch-ganzheitlichem Gesichtspunkt. Praxis der Kinderpsychologie und Kinderpsychiatrie, 8. Jg., Hefte 5 und 8, 1959, S. 161–170 und S. 284–288

Bühler, K.: Die geistige Entwicklung des Kindes. 6. durchgesehene Auflage, Fischer, Jena 1930

Busemann, A.: Abzeichentest mit 4 Vorlagen. Hogrefe, Göttingen 1955

Busemann, A.: Die Hilfsschule und ihre psychologischen Probleme. In: *H. Hetzer* (Hrsg.), Handbuch der Psychologie, Bd. 10, Pädagogische Psychologie, Hogrefe, Göttingen 1959, S. 386–403

Busemann, A.: Psychologie der Intelligenzdefekte. 2. durchgesehene Auflage, Reinhardt, München/Basel 1963

Cohen, R.: Zeichentests zur Prüfung der Intelligenz. In: *R. Heiss* (Hrsg.), Handbuch der Psychologie, Bd. 6: Psychologische Diagnostik, Hogrefe, Göttingen 1964, S. 260–279

Fuchs, A.: Schwachsinnige Kinder. Ihre sittliche, religiöse, intellektuelle und wirtschaftliche Rettung. Bertelsmann, Gütersloh 1922

Goldmeier, E.: Über Ähnlichkeit bei gesehenen Figuren. Psychologische Forschung 21, 1937, S. 146–208

Graumann, C. F.: Nicht-sinnliche Bedingungen des Wahrnehmens. In: *W. Metzger* (Hrsg.), Handbuch der Psychologie, Bd. 1, 1. Halbband: Wahrnehmung und Bewußtsein, Hogrefe, Göttingen 1966, S. 1031–1096

Heiß, A.: Zum Problem der isolierenden Abstraktion. Neue psychologische Studien, 4. Bd., 2. Heft, 1930, S. 285–318

Kahrs, J.: Experimentelle Untersuchungen über das Verhältnis zwischen Teil und Ganzem in der Gesichtswahrnehmung des Kindes. Dissertation Münster 1948

Kern, A.: Sitzenbleiberelend und Schulreife. 2. Auflage, Herder, Freiburg 1954

Kleinhans, W.: Das Nachzeichnen von Figuren als Intelligenztest. Zeitschrift für Heilpädagogik, Heft 6, 1956, S. 252–258

Lienert, G. A.: Verteilungsfreie Methoden in der Biostatistik. Hain, Meisenheim am Glan 1962

Lipmann, O.: Psychische Geschlechtsunterschiede. Beiheft 14 der Zeitschrift für angewandte Psychologie, 1917

Meili, R.: Lehrbuch der psychologischen Diagnostik. 4., neu bearbeitete Auflage, Huber, Bern und Stuttgart 1961

Metzger, W.: Psychologie. Die Entwicklung ihrer Grundannahmen seit Einführung des Experiments. 2. neu bearbeitete Auflage, Steinkopff, Darmstadt 1954

Metzger, W.: Die Entwicklung der Gestaltauffassung in der Zeit der Schulreife. Westermanns Pädagogische Beiträge, Hefte 11 und 12, S. 531–543 und S. 603–615

Mittenecker, E.: Planung und statistische Auswertung von Experimenten. 3. durchgesehene Auflage, Deuticke, Wien 1960

Müller, L.: Vom schöpferischen Primitivganzen zur Gestalt. Beck, München 1961

Pfaffenberger, H.: Untersuchungen über die visuelle Gestaltauffassung vorschulpflichtiger Kinder. Beltz, Weinheim 1960

Ranschburg, P.: Auffassung. In: *A. Dannemann* u. a. (Hrsg.), Enzyklopädisches Handbuch der Heilpädagogik, 2. völlig neu bearbeitete Auflage, Marhold, Halle a. S. 1934, Spalte 235 ff.

Rausch, E.: Struktur und Metrik figural-optischer Wahrnehmung. Kramer, Frankfurt a. M. 1952

Rosenblith, J. F.: Judgement of simple geometric forms by children. Perceptual and motor skills, Vol. 21, Nr. 3, Dezember 1965, S. 947–990

Rupp, H.: Über optische Analyse. Psychologische Forschung 4, 1923, S. 262–300

Rüssel, A.: Über Formauffassung zwei- bis fünfjähriger Kinder. Neue psychologische Studien 7, 1, 1931, S. 5–108

Scheffler, G.: Projektive Testverfahren als zusätzliche Mittel zur Feststellung von Hilfsschulbedürftigkeit. Zeitschrift für Heilpädagogik, Heft 6, 1954, S. 239–248

Schenk-Danzinger, L.: Begabung und Entwicklung. In: *H. Thomae* (Hrsg.), Handbuch der Psychologie, Bd. 3: Entwicklungspsychologie, Hogrefe, Göttingen 1959, S. 358–403

Selinka, R.: Der Übergang von der ganzheitlichen zur analytischen Auffassung im Kindesalter. Zeitschrift für pädagogische Psychologie, Heft 11/12, 1939, S. 256–278

Spiekers, R.: Untersuchungen zum Problem des Durchgliederungsvermögens bei Schwachbegabten. Zeitschrift für experimentelle und angewandte Psychologie, Bd. IV/1, 1957, S. 139–166

Volkelt, H.: Fortschritte der experimentellen Kinderpsychologie. Bericht IX. Kongreß für experimentelle Psychologie in München 1925, S. 81–135

Volkelt, H.: Neue Untersuchungen über die kindliche Auffassung und Wiedergabe von Formen. Bericht 4. Kongreß für Heilpädagogik in Leipzig 1928, S. 15–61

Bemerkung: Der Verfasser ist dem hier dargelegten Problembereich in seinem Buch „Über die optische Unterscheidbarkeit einfacher Zeichen", Verlag Anton Hain, Meisenheim am Glan, 1969, ausführlich nachgegangen.

Tangosensorische Wahrnehmung und ihre Förderung bei Kindern

Von Helga R. Reiser

Begriffe, wie z. B. Schmerzsinn, Temperatursinn, Stellungs- und Spannungssinn (vgl. *Stadler* et al. 1975) zeigen, daß die heutige Wahrnehmungsforschung mit den klassischen fünf Sinnen nicht mehr auskommt. An Definitionen, wie audivisuell, visuomotorisch, sensumotorisch u. a. wird die Interdependenz verschiedener Wahrnehmungsbereiche und -funktionen deutlich.

Mit tangosensorischer Wahrnehmung ist der gesamte Bereich derjenigen „taktilen" Rezeptoren gemeint – wie Tastsinn, Druck- und Berührungssinn und Temperatursinn – die außer an den Händen und im Mundbereich, auf der gesamten Körperoberfläche mehr oder weniger gehäuft verteilt sind. Wahrnehmungspsychologisch zählen diese Bereiche zu den sogenannten Nahsinnen. Ihre Reizung erfolgt, vom Individuum aus gesehen, entweder aktiv, wie beim Tastsinn, oder passiv, wie beim Druck- und Temperatursinn. Wobei der Berührungssinn eine ambivalente Stellung einnimmt. Entweder wird er durch Berührung von außen aktiviert (tangiert werden) oder durch Aktivitäten des Individuums selbst erzeugt (tangieren).

Es braucht nicht betont zu werden, daß diese verschiedenen Sinnesbereiche, nicht nur biologisch-anatomisch, sondern auch neurophysiologisch andersgeartete Rezeptoren und Nervenleitungen haben, die die jeweiligen Reizungen weiterleiten und je spezifische Informationen beinhalten die zu entsprechenden kognitiven Erkenntnissen führen. Die Interaktion verschiedener Sinnesgebiete ist nicht nur durch „einschlägige Experimente (*Stevens* 1961)" (Handbuch psychologischer Grundbegriffe; S. 539) nachzuweisen sondern drückt sich auch in der Umgangssprache aus. Taktil erfahrene Eigenschaften werden übertragen auf durch andere Sinnesbereiche erfahrene Phänomene, z. B.: rauher Ton, schwere Aufgabe, lange Geschichte, runde Sache, harte Arbeit, warme Stimme, eckige Bewegungen etc. „Die Widerspiegelung der objektiven Realität" (*Stadler* et al. 1975) oder Informationsaufnahme aus der Umwelt geschieht beim Menschen vornehmlich durch drei Hauptsinne – Tastsinn, Gehörsinn und Gesichtssinn –, deren einzelheitlich gewichtete oder komplex abhängige Beteiligung beim Wahrnehmungsakt nicht mehr bewußt reflektiert wird. Während der menschlichen Entwicklung spielen sie verschiedene dominierende Rollen, deren prozeßhafter Aufbau je einzelheitlich registriert werden kann." So spielt etwa der Tastsinn zunächst im Mundbereich und später im Bereich der Hände bei der Entwicklung des Kindes eine größere Rolle bei der Aneignung der Welt als das visuelle System, das sich... später vom Tastsinn löst und verselbständigt." (*Stadler* et al. 1975; S. 85).

Trotz sogenannter Ablösung des Tastsinns beim Erwachsenen sind doch alle motorischen Aktivitäten Reaktionen tangosensorischer Art auf ebensolche oder auch andersgeartete Wahrnehmungsprozesse. Nur werden Art und Ausprägungsgrad tangosensorischer Fertigkeiten im Erwachsenenalter nicht mehr als Wahrnehmungsempfindungen erlebt. Es sind dann automatisierte, unbewußte Manipulationen, die in vorgeschalteten aktiven-bewußten oder unbewußten Lern- und Übungsprozessen mehr oder weniger beiläufig gelernt worden sind, weil in unserer kognitiv orientierten Welt das Schwergewicht gerade bei Lernerfahrungen auf kognitiven Denk- und Vorstellungsprozessen liegt. Das bedeutet: allen sensumotorischen Handlungen liegen tangosensorische Fertigkeiten zugrunde, die nur durch Lernprozesse im tangosensorischen Wahrnehmungsbereich erworben worden sind. Diese Fertigkeiten stehen dem Erwachsenen zur Verfügung und werden kaum noch bewußt hinterfragt. Einen Schuh zuzubinden geht „wie im Schlaf". Was für ein Lern- und Arbeitsprozeß das einmal war, sehen wir an einem Sechsjährigen, der die Schleife übt.

In allen entwicklungspsychologischen Theorien wird der Tastsinn als im Säuglingsalter existent – wenn auch nicht überall als dominierend – beschrieben. Auch im vorschulischen und schulischen Alter wird er noch mit speziellen Pointierungen aufgeführt. Im Jugend- und Erwachsenenalter wird dieser Wahrnehmungsbereich nicht mehr genannt. Er unterliegt offensichtlich einem entwicklungstypischen-physiologisch nicht zu übersehendem Aufbau, deren Aufgaben mit zunehmendem Aufbau anderer Wahrnehmungsbereiche durch diese übernommen bzw. kompensiert wird; auch im Erwachsenenalter gibt es eine Art „abtastendes" Sehen. Aber auch dieses strukturierende Detailsehen ist nur möglich auf der Grundlage vorangegangener taktil-haptischer Erfahrungen, deren sogen. Abbau nicht nur physiologische Gründe haben dürfte.

Stadler et al. sprechen von „gesellschaftlicher Determiniertheit der Wahrnehmung" (S. 97). „Die erkenntnismäßige Aneignung der Welt durch Sinnes- bzw. Wahrnehmungstätigkeit ist nur soweit möglich, als die bestehenden Eigentumverhältnisse dies zulassen, die Mehrzahl der Menschen hat... lernen müssen, daß alle Gegenstände, die im Lebensraum der Menschen vorkommen, seien sie natürlicher Art oder von Menschen hergestellt, in bestimmten Eigentumsverhältnissen zu anderen Menschen stehen. Diese Gegenstände darf man betrachten, dies ist sogar erwünscht und dient der Erhöhung des Sozialprestiges – aber man darf sie nicht berühren und betasten." (*Stadler* et al. 1975; S. 97). Zu diesen Eigentumsverhältnissen kommen allgemeine Beschädigungsängste – sogar im eigenen Hause – aufgrund dessen kleinen Kindern haptische Erfahrungen vorenthalten werden. Eine weit größere Rolle, bis ins Erwachsenenalter hinein, spielen hygienische und moralische Gründe. Neben dem rein physiologischen „Abbau" erhält die Reduzierung des Tastsinns durch erzieherische Maßnahmen eine scheinbare Legitimierung.[1]

Aus Reduzierung oder gar Verhinderung von tangosensorischen Erfahrungen und Lernprozessen kann „... ein verändertes späteres Verhalten resultieren, mit teilweise erheblichen Schwierigkeiten bei entsprechenden Leistungen." (*Nickel* 1973, S. 33).

Es darf als gesichert angesehen werden, daß tangosensorische Wahrnehmung

– alleine, wichtige Informationen weiterleitet (z. B. taktil erfahrbare Materialeigenschaften, wie Form, Größe, Ausdehnung, Gewicht, Beschaffenheit u. m.)
– andere Wahrnehmungsbereiche mit aufbauen hilft (z. B. Lokalisation bzw. Identifikation von Geräuschquellen, Visuomotorik etc.)
– in Verbindung mit diesen mehr und auch andere Informationen liefert (z. B. Raum- bzw. Tiefenwahrnehmung, andere visuelle Wahrnehmungsphänomene: Konstanzphänomen u. a.)

Damit ist sie Grundlage für aufnehmende und erweiternde Eindrücke aus der Umwelt, für die „Identifikation von Umweltereignissen" (*Hebb*, 1969, S. 70), und ihre Verarbeitung im Vorstellungsbereich; Sprache und Denkprozesse. Sie trägt bei zur Bewußtmachung und zur Einschätzung des eigenen Körpers und zum Erlebnis und Verständnis eigener Gefühle, durch den ihr eigentümlichen, bisher nicht genannten lustbetonten Aspekt: streicheln von Pelzen, Fell oder Haaren, taktiler Hautkontakt z. B. beim Tanzen etc. Sie muß in gewissem Maße auch noch im Erwachsenenalter disponibel sein; entweder pointiert bewußt z. B. bei der Orientierung im dunklen Raum oder bei der Zubereitung eines Babybades, oder auch unbewußt z. B. beim leisen Schließen einer Zimmertür oder beim Zuknöpfen von Hemd und Mantel u. a. m.

Damit ist tangosensorische Sensibilität ein den Menschen bestimmen-

---

1 Zwar ließe die Abnahme beobachtbarer taktiler Manipulationen auf einen Abbau schließen. Hält man aber erzieherische Maßnahmen und Umwelteinflüsse vor Augen, so handelt es sich eher um eine Reduzierung als Produkt von Erziehungseinflüssen oder auch um eine notwendige Akzentverschiebung zu Gunsten anderer Wahrnehmungsbereiche, aber von Abbau kann nicht die Rede sein.

der Faktor gegenüber Dingen, Tieren, anderen Menschen und sich selbst. Ihr Verlust bedeutete Abstumpfung gegenüber z.B. Natur und Kunst, Unempfänglichkeit für taktile Zuwendung, Taktlosigkeit gegenüber Mitmenschen, sie führt zur Vernachlässigung gegenüber sich selbst. Mehr noch, sie kann nicht nur nicht weitergegeben werden, sie kann auch vom Individuum selbst nicht erlebt werden, wenn sie sich an ihm vollzieht.

Bewußte Erziehung zur Sensibilität führt zu mehr Menschlichkeit in unserer an Emotionen immer ärmer werdenden Welt.

Sensibilisierung des tangosensorischen Systems kann erfolgen durch:
– Förderung und Aufbau des Systems als Grundlage:
z. B. durch Spiele, wie Blindekuh, Jakobinchen, wo bist du? Topfschlagen, Hänschen piep einmal, etc.

durch materialgebundene Spiele, wie:
Fühlstäbe, Krabbelsack etc.

durch Spielzeug, das auf dem Markt ist: – aus dem Selecta-Verlag *Tasto* – es werden unterschiedlich dicke Holswalzen in einem Sack abgetastet und in eine Spielplatte eingesetzt, die die entsprechenden Bohrungen hat (äußere Form soll gefühlt werden). *Versteckspiel* – 16 Würfel mit unterschiedlichen Tiefenbohrungen müssen mit ebensolchen unterschiedlich ,,tiefen'' Walzen gefüllt werden. *Fingertip und Minifingertip – Fühldomino* mit unterschiedlichem Belag. *Gewichte-Set* – 12 Gewichte wobei je 3 Gewichte gleich schwer sind u.a. –
Montessori-Material

Rähmchen zum knöpfen, Schleife binden etc. Fühlstäbe – Oberflächenbeschaffenheit und verschiedene Größen geometrischer Figuren, Buchstaben aus Sandpapier etc. –

Ravensburger Spiele auch mit veränderten Spielregeln z.B. Colorama: Farb- und Formwürfel müssen in entsprechende Formen auf einem großen Karton eingesetzt werden; fast alle Kinderpuzzles aber auch alle Spiele und Arbeiten, die die Feinmotorik trainieren, wie flechten, kneten, weben u.a.m. –

solche Materialien können auch selbst hergestellt werden:
○ kleine Papprühren mit verschiedenartigem Material bekleben und etwa paarweise zuordnen lassen,
○ Pappkärtchen bekleben
○ Fühlturm aus Schuhkartons, die eine Öffnung haben und in denen Gegenstände verborgen sind, die durch Abtasten identifiziert und auch benannt werden müssen etc.

Die oben genannten Spiele gelten mehr oder weniger für den vorschulischen Bereich.

Vorwiegendes Medium für die notwendige Akzentverschiebung im Wahrnehmungsbereich ist die Sprache. Durch Aufklärung und Bewußtmachung soll erreicht werden, daß:

- andere Sinnesbereiche differenzierter entwickelt werden,
- sensible „Zurückhaltung" als notwendig erkannt wird, und durch Aufbau von entsprechenden Verhaltensweisen auch gelebt werden kann,
- die eigenen Fähigkeiten eingeschätzt werden können und mit ihnen adäquat umgegangen werden kann.

Mittel dazu sind: Rollenspiele und Analysen tatsächlicher Situationen z. B. im Schulalltag, Interpretationen von Bildergeschichten und anderen Texten; z. B. aus der Werbung Schmusewolle; L...s' schlechtes Gewissen; S... wäscht Wolle weich, so weich, daß man es sieht; oder S... schäfchenweich, Sie können es mit geschlossenen Augen erkennen.

Literatur

Herrmann, Th., Hofstätter, P. R.; Huber, H. P.; Weinert, F. E. (Hrsg.), Handbuch psychologischer Grundbegriffe, Kösel-Verlag, München 1977

Hebb, D. O., Einführung in die moderne Psychologie, Beltz Verlag, Weinheim 1969

Nickel, H., Entwicklungspsychologie des Kindes- und Jugendalters, Verlag H. Huber, Bern/Stuttgart 1973

Stadler, M., Seeger, F.; Raeithel, A., Psychologie der Wahrnehmung, Juventa-Verlag, München 1975

Erkundungsstudie über Zusammenhänge zwischen gestörter auditiver Diskriminationsfähigkeit und Schulversagen

Von Peter Billich, Reimer Kornmann, Hans-Jürgen Hedtke, Hans Hörr und Ingrid Roscoe

1. Fragestellung

Von den verschiedenen Methoden, Störungen der auditiven Diskriminationsfähigkeit im Bereich der Sprache[1] zu erfassen, erweisen sich sog. Wort-Bild-Tests am günstigsten. Den Versuchspersonen (Vpn) werden simultan mehrere bildliche Darstellungen von Begriffen gezeigt, deren Bezeichnungen sich nur in einem Phonem unterscheiden, z.B. Topf, Kopf, Zopf (vgl. Abb. 1).

Abb. 1: Beispiele von Wortbildern zur Prüfung der auditiven Diskriminationsfähigkeit.

Der Versuchsleiter (VL) spricht oder flüstert eines dieser Wörter und fordert die VP auf, das entsprechende Bild zu zeigen.

---

1 Wegen seiner schulischen Relevanz haben wir uns allein auf diesen Aspekt beschränkt. Der Begriff der auditiven Diskriminationsfähigkeit wird nur in diesem eingeschränkten Sinne verwendet.

Bei einem Versagen kann dann auf eine Störung der auditiven Diskriminationsfähigkeit geschlossen werden, wenn sichergestellt ist, daß
- die VP die Instruktion verstanden hat und sich im Test entsprechend verhält,
- die VP die einzelnen Begriffe und ihre Darstellungen kennt,
- der VL gut zu hören ist.

Diese Voraussetzungen lassen sich in der Regel relativ leicht kontrollieren.

Eine Störung der auditiven Diskriminationsfähigkeit würde in einem Test nicht auffallen, wenn
- die VP durch bloßes Raten zufällig genügend Items richtig löst,
- der Test nur einen Teil des muttersprachlichen Phonembestandes prüft,
- die VP die Wörter vom Mund des VL abliest.

Die beiden ersten Fehlerfaktoren können durch eine entsprechend große Anzahl repräsentativ ausgewählter Items weitgehend ausgeschlossen werden; der dritte Fehlerfaktor entfällt in der Regel dadurch, daß der VL hinter einem vorgehaltenen Mundschirm spricht.

Störungen der auditiven Diskriminationsfähigkeit sind vielfach primär organisch bedingt. In diesen Fällen liegen entweder Schädigungen des Ohres, der akustischen Reizleitung oder der zugeordneten akustischen Rindenfelder vor.

Vollkommene organische Intaktheit garantiert aber noch keine störungsfreie auditive Diskriminationsfähigkeit. Störungen der auditiven Diskriminationsfähigkeit bei intaktem Gehör ohne nachweisbare organische Schädigung können nach Ansicht von *C. P. Deutsch* (1964) auch auf mangelnde Lernprozesse in der Zeit vor und während des Spracherwerbs zurückgeführt werden. Fehlende oder inadäquate Stimulation bestimmter Sensorien im Säuglings- und Kleinkindalter führt – wie das Übersichtsreferat von *Moog* und *Moog* (1972) eindrucksvoll belegt – zu oft nur schwer kompensierbaren Funktionsstörungen der entsprechenden Organe. Kinder, die beispielsweise in einer Umwelt mit ständig hohem Geräuschpegel aufwachsen müssen, können die sprachlichen Laute nur diffus wahrnehmen und auf diese Weise nur schlecht akustisch diskriminieren lernen. Gleiches gilt natürlich auch, wenn die sprachlichen Vorbilder (Eltern, Geschwister) sehr ,,verwaschen'' sprechen, oder wenn kaum Gelegenheit besteht, die menschliche Sprache zu hören, weil vorwiegend nonverbale Kommunikationstechniken verwendet werden. Diese ungünstigen Bedingungen für die Entwicklung der Hör- und Sprachfähigkeit sind bei den Angehörigen der sozialen Unterschicht gehäuft anzutreffen (vgl. *Oevermann*, 1972, S. 37 ff.).

Es leuchtet unmittelbar ein, daß Störungen der auditiven Diskriminationsfähigkeit – gleich welcher Genese und Form – das sprachliche Artikulationsvermögen (*Templin*, 1957; *Weiner*, 1967) und die schulische

Leistungsfähigkeit (*Deutsch,* 1964) mindern. Dennoch ist gerade im Hinblick auf prophylaktische und rehabilitative Maßnahmen eine differenzierte Analyse der Ursachen und Symptome erforderlich. Dabei ist an folgende Systematik zu denken (Tab. 1):

Tab. 1: Übersicht über verschiedene Formen von Hörstörungen

Art der Störung	Personenkreis	Ursache	Therapeutisch Intervention
1. Störung der auditiven Diskriminationsfähigkeit bei Hörverlust	keine wesentliche Überrepräsentation in bestimmten sozialen Schichten	organische Schädigung	apparative Korrektur des Hörverlusts mit Diskriminationsübungen
2. Störung der auditiven Diskriminationsfähigkeit ohne Hörverlust	vorwiegend Angehörige der sozialen Unterschicht	mangelhafte Lernprozesse und/oder zentrale Schädigungen	Diskrimationsübungen Hörtraining

In einigen, wohl aber sehr seltenen Fällen könnten allerdings Störungen der auditiven Diskriminationsfähigkeit und zusätzlicher Hörverlust kombiniert auftreten, aber unabhängig voneinander entstanden sein. Insofern müßte diese Art der Störung in der sozialen Unterschicht prozentual geringfügig häufiger anzutreffen sein.

Wir wollten nun prüfen, ob sich die oben dargestellte Differenzierung der gestörten auditiven Diskriminationsfähigkeit (Gruppe 1 und 2) mittels einfacher diagnostischer Methoden bestätigen läßt.

Im Falle eines positiven Resultates sollte sodann erkundet werden, ob Störungen der auditiven Diskriminationsfähigkeit bei lernbehinderten Sonderschülern häufiger vorkommen als bei nicht lernbehinderten Grundschülern, und ob bei Kindern mit Störungen der auditiven Diskriminationsfähigkeit ohne Hörverlust (Gruppe 2) eine Milieubelastung im Sinne von *Deutsch* (1964) vorliegt. Weiterhin sollten erste Anhaltspunkte über die Häufigkeit von Störungen der auditiven Diskriminationsfähigkeit gewonnen werden.

2. Methode

a) Ablauf der Untersuchungen

Da unser Untersuchungsanliegen zunächst vorwiegend deskriptiven

Zielen diente, schien uns folgender einfacher Versuchsplan zunächst zu genügen:

1. Anwendung eines Wort-Bild-Testes zur Ermittlung von Kindern mit Störungen der auditiven Diskriminationsfähigkeit; Feststellung der prozentualen Häufigkeit.
2. Tonaudiometrische Untersuchung aller Kinder mit Störungen der auditiven Diskriminationsfähigkeit zur Feststellung, ob ein Hörverlust vorliegt oder nicht; Ermittlung der prozentualen Häufigkeiten.
3. Untersuchung der Häufigkeit von Störungen der auditiven Diskriminationsfähigkeit ohne Hörverlust bei Grundschülern und lernbehinderten Sonderschülern.
4. Untersuchung des familiären Milieus der Kinder mit gestörter auditiver Diskriminationsfähigkeit ohne Hörverlust.

b) Untersuchungsverfahren

Als Methode zur Prüfung der auditiven Diskriminationsfähigkeit wurde der „Heidelberger Hörprüf-Bild-Test (HHBT)" von *Löwe* und *Heller* (1972) verwendet. *Löwe* (1971) hat den Test bereits beschrieben, so daß wir uns hier auf einige wenige Anmerkungen beschränken können. Zunächst ist zu vermerken, daß das Verfahren gemäß der Intention seiner Autoren als Screening-Test zur Erkennung von Hörschäden bei Schulanfängern eingesetzt werden soll, also nicht ausschließlich der Prüfung der auditiven Diskriminationsfähigkeit dient. Folgerichtig wurde für die Validierung des Tests die Leistung beim Quick-Check-Audiometer herangezogen, so daß hier die Validität an einem Außenkriterium nachgewiesen ist („concurrent validity", vgl. *Lienert,* 1969). Untersucht man aber die Anforderungen, die der Test an die Probanden stellt, dann erfüllt er die Kriterien für inhaltliche Validität („content validity") in sehr hohem Maße, sofern allein die auditive Diskriminationsfähigkeit geprüft werden soll. Ein anderes, nach psychometrischen Grundsätzen entwickeltes Verfahren, welches sich zur Prüfung der auditiven Diskriminationsfähigkeit eignen könnte, liegt in deutscher Sprache nicht vor. Um möglichst reliable Ergebnisse zu erhalten, wurde stets die Langform durchgeführt. Zur Messung des Hörverlusts wurde die „Atlas-Audiotest-G-Anlage" verwendet. Es handelt sich um ein tragbares Audiometer, das den Hörverlust über Luft- und Knochenleitung prüft.

Die Anlage besteht aus dem Audiometer, Luftleitungshörer, Knochenleitungshörer, Netzgerät, Patiententaste, Audiogrammkarte und Farbstiften (rot und blau). Mit dem Frequenzschieber sind Frequenzen der Töne 125, 250, 500, 1000, 2000, 3000, 4000, 6000 und 8000 Hz einzustellen, wobei die Frequenzgenauigkeit ± 3% beträgt. Der Schieber des dB-Teilers ermöglicht die Einstellung von − 10

212

dB bis 110 dB in 5-dB-Schritten beim Luftleitungshörer, wobei die Toleranzen maximal ± 3 dB betragen. Jeder eingestellte Ton wird durch Freigeben des Tastknopfes geprüft. Wenn keine Reaktion des Probanden mehr erfolgt, wird zur Absicherung des Ergebnisses eine Stufe zurückgeschaltet, um dann noch einmal den Grenzbereich einzustellen. Der zuletzt gehörte Ton wird in jedem geprüften Frequenzbereich auf der Audiogrammkarte (rechtes Ohr = rot, linkes Ohr = blau) eingetragen. Auf diese Weise werden beide Ohren geprüft. Nach vorheriger Einweisung und Überprüfung der Anweisung legt der Proband, um zu erkennen zu geben, daß der Ton noch gehört wird, ein Klötzchen aus einem Kasten.

Zur Messung der Störgeräusche und zur Korrektur der eigenen Sprechlautstärke benutzten wir den Schallpegelmesser EZLT, dessen Frequenzbereich von 30–12500 Hz reicht. Der Lautstärkemeßbereich beträgt 30 bis 120 dB; er ist unterteilt in acht Bereiche. Das Gerät genügte, normgerecht Lautstärkemessungen ausführen zu können.

c) Versuchspersonen

Untersucht wurden anfallende Stichproben von 104 Grundschülern und 108 lernbehinderten Sonderschülern aus ersten bis dritten Klassen mit einem Höchstalter von 12 Jahren. Alle Schüler galten bis zu dieser Untersuchung bezüglich ihrer Hörfähigkeit als unauffällig. Sie alle wurden in der Stadt Mannheim beschult.

d) Durchführung

Die Untersuchungen wurden im Februar 1973 in den o. g. Schulen während des Unterrichts in den jeweils schallärmsten Räumen durchgeführt. Dabei zeigte der Schallpegelmesser auch hier häufig Werte von 50 dB und höher. In diesen Fällen wurde die Untersuchung unterbrochen. Für die Testung wurden Gruppen von je 5 Kindern aus den Klassen geholt. Vor der Durchführung des HHBT vergewisserten sich die VL, daß den VPn alle Begriffe bekannt waren. Bei einigen lernbehinderten Sonderschülern mußte die Zuordnung mancher Begriffe zu ihren Darstellungen erst gelernt werden. Dann wurde je ein Kind in den Untersuchungsraum geführt und mit dem HHBT getestet, während die übrigen Kinder außerhalb des Raumes unter Aufsicht blieben. Diejenigen Kinder, welche beim HHBT weniger als sieben Fehler hatten, kamen sofort in ihre Klassen zurück. Die übrigen wurden noch mit Hilfe des Atlas-Audiometers von einem zweiten VL tonaudiometrisch untersucht. Eine mögliche Befangenheit oder Angst vor dem Gerät wurde dadurch beseitigt, daß man die Kinder spielerisch mit der Wirkungsweise des Audiometers und der Funktion der Kopfhörer vertraut machte.

Wegen der relativ geringen Retest-Reliabilität des HHBT wurden alle im Test auffälligen Probanden, bei denen sich kein Hörverlust ergab, zur Absicherung des Ergebnisses nach Durchführung der ersten Untersuchungsreihe erneut getestet.

Die Eltern derjenigen Kinder, bei denen eine Störung der auditiven Diskriminationsfähigkeit ohne Hörverlust anzunehmen war, wurden zu Hause aufgesucht. Dort wurde eine gründliche Anamnese durchgeführt, welche Hinweise auf eine mögliche Hirnschädigung (Fragenkatalog von *Kornmann* und *Schenck*, 1971), die sozioökonomischen und soziokulturellen Voraussetzungen sowie über Sprach- und Verhaltensauffälligkeiten ergeben sollte. Diese Angaben wurden durch eine Befragung der Lehrer über Verhalten und schulische Leistungen ergänzt.

e) Auswertung

Eine gestörte auditive Diskriminationsfähigkeit wurde diagnostiziert, wenn in zwei Testungen mit dem HHBT jeweils sieben oder mehr Fehler auftraten. Als entsprechendes Kriterium bei der tonaudiometrischen Untersuchung wurde ein mittlerer Hörverlust von mehr als 20 dB für die Frequenzen 500, 1000, 2000 und 4000 Hz festgesetzt. Die aufgrund dieser Kriterien gebildeten Gruppen von Grundschülern und lernbehinderten Sonderschülern waren z. T. so klein, daß sich eine statistische Inferenz erübrigte.

3. Ergebnisse

Die Ergebnisse im Überblick zeigt Tabelle 2.

Bei den sieben lernbehinderten Sonderschülern mit einer Störung der auditiven Diskriminationsfähigkeit ohne Hörverlust ergab die Anamnese die in Tabelle 3 zusammengefaßten Resultate.

Alle Kinder kommen aus Arbeiterfamilien, die – ausgenommen Kind 5 – erheblich sozioökonomisch benachteiligt sind, wenn man hierfür Höhe und Regelmäßigkeit des Einkommens, Komfort und Größe der Wohnung in Relation zur Familiengröße sowie die Wohnlage als Kriterien gelten läßt. Bei drei Kindern ergaben sich anamnestische Hinweise auf eine mögliche Hirnschädigung:

1. Frühgeburt; mit 18 Monaten schwerer Schädelbruch, der nicht sofort erkannt wurde.
5. Blutgruppenunverträglichkeit der Eltern.
6. Bei Geburt Nabelschnur um den Hals; war nach der Geburt im Gesicht blau; stärkere Gelbfärbung in den ersten Lebenswochen; Gehirnerschütterung mit 6 Jahren.

Tab. 2: Störungen der auditiven Diskriminationsfähigkeit mit und ohne Hörverlust bei Grundschülern und lernbehinderten Sonderschülern

	Grundschüler N = 104	Lernbehinderte N = 108
Bei der 1. Untersuchung mit dem HHBT auffällig:	11 = 10,6%	22 = 20,4%
Davon tonaudiometrisch auffällig (Hörverlust 20 dB)	3 = 2,9%	10 = 9,3%
Davon tonaudiometrisch unauffällig	8	12
Von den tonaudiometrisch unauffälligen werden bei der 2. Untersuchung mit dem HHBT erneut auffällig	0	7 = 6,5%

4. Diskussion

Zunächst fällt die hohe Zahl von Kindern mit tonaudiometrisch festgestellten Hörverlusten (13 von 212 = 6,1%) auf. Dabei handelt es sich jedoch nur um Schüler, die zuvor im HHBT auffällig geworden sind. Es ist immerhin denkbar, daß bei einer tonaudiometrischen Untersuchung der *gesamten* Stichprobe noch weitere schwerhörige Kinder hätten ermittelt werden können. Besonders hoch ist der Anteil unter den lernbehinderten Sonderschülern (10 von 108 = 9,3%). Dabei sei noch einmal betont, daß für die Untersuchungen nur diejenigen Kinder ausgewählt wurden, welche nach amtlichen Angaben als nicht hörauffällig galten. Nach den in Baden-Württemberg geltenden Verwaltungsvorschriften (Kultus und Unterricht, 1971) muß bei den zur Überprüfung der Sonderschulbedürftigkeit angemeldeten Schülern eine Hörprüfung vorgenommen werden. Bei den von uns ermittelten Fällen wurde diese Prüfung entweder nicht gründlich genug durchgeführt, oder der positive Befund wurde weder vermerkt, noch fachärztlich überprüft und gegebenenfalls behandelt. Natürlich können unsere Resultate wegen der geringen Größe und mangelnder Repräsentativität der Stichprobe nicht verallgemeinert werden. Immerhin fand *Drees* (1968) in einer methodisch vergleichbar angelegten Untersuchung an 1620 lernbehinderten Sonderschülern 103 = 6,4% hörgeschädigte Kinder, wobei das Kriterium für den Hörverlust etwas strenger gehandhabt wurde als bei uns. Nur bei drei dieser 103 Kinder waren Eltern oder Lehrern die Hörstörung bekannt (zit. n. *Albert-Joppich* und *Schilling,* 1972). Im Hinblick auf die Vorbeugung sekundärer Behinderungen bei primären Hördefekten (vgl. *von Bracken,* 1969) unterstreichen unsere Ergebnisse die Notwendigkeit äußerst gründlicher Untersuchungen der Hörfähigkeit bei der Prüfung der Sonderschulbedürftigkeit.

Rein tonaudiometrische Untersuchungen – etwa mit dem Quick-Check-Audiometer – reichen dazu allerdings nicht aus, da mit einem nicht unbeträchtlichen Anteil (bei uns 6,5 %) von Kindern mit Störungen der auditiven Diskriminationsfähigkeit *ohne* Hörverlust zu rechnen ist. Diese Störung – so legt unsere weitergehende Untersuchung nahe – steht in engem Zusammenhang mit wesentlichen Ursachenfaktoren der Lernbehinderung (sozioökonomische Bedingungen, Schädigungen des Zentralnervensystems). Daneben kommt sie selbst als primäre Ursache des Schulversagens in Betracht (vgl. *Deutsch,* 1964). Aus diesen Gründen sollte bei schulleistungsschwachen Schülern stets abgeklärt werden, ob die auditive Diskriminationsfähigkeit intakt ist. Die Entwicklung eines entsprechenden psychometrisch einwandfreien deutschsprachigen Instrumentariums scheint ein vordringliches Forschungsdesiderat zu sein. Vorläufig empfiehlt sich die wiederholte Anwendung des HHBT.

Über die Häufigkeit von Hörstörungen kann unsere Studie keine allzu aussagekräftigen Ergebnisse liefern, da der Versuchsplan nicht im Hinblick auf diese Fragestellung angelegt war.

Die hier vorgelegten Befunde dürften folgende Forderungen für die Diagnostik lernschwacher Schüler hinreichend begründen:

1. Alle lernschwachen Schüler müssen gründlich audiometrisch untersucht werden.
2. Dabei sollten sowohl die Hörfähigkeit tonaudiometrisch als auch die auditive Diskriminationsfähigkeit für Sprache untersucht werden.
3. Das diagnostische Inventar zur Prüfung der auditiven Diskriminationsfähigkeit muß verbessert werden.

Darüber hinaus weist unsere Studie auf die Bedeutung exogener Faktoren hin, die ihrerseits zumindest teilweise ökonomisch bedingt sein dürften (vgl. Tab. 3). Ihre Beseitigung müßte unter dem Gesichtspunkt der notwendigen Prophylaxe ein vordringliches gesellschaftliches Anliegen sein.

5. Zusammenfassung

104 Grundschüler und 108 lernbehinderte Sonderschüler der drei untersten Klassenstufen wurden zunächst mit dem Heidelberger-Hörprüf-Bild-Test (HHBT) von *Löwe* und *Heller* (1972) untersucht. Dabei fielen 11 Grundschüler und 22 Lernbehinderte wegen einer zu hohen Fehlerquote auf. Diese Schüler wurden tonaudiometrisch nachuntersucht. Bei acht Grundschülern und zwölf Lernbehinderten ergab sich kein Hinweis auf einen Hörverlust. Bei einer erneuten Untersuchung dieser Schüler mit

Tab. 3: Ergebnisse der Anamnese bei den Schülern mit gestörter auditiver Diskriminationsfähigkeit ohne Hörverlust

Schüler	Kinder-zahl/ Position	Familien-verhältnisse	Wohn-verhältnisse	Sprachfehler	Schulleistungen	Verdacht auf Hirn-schädigung
1. Mädchen	3/1	Eltern leben getrennt, Vater Alkoholiker	Einfachstwohnung (3 Zimmer)	keine	gut, Deutsch schwächer	ja
2. Mädchen	6/4	Vater verließ Familie, Mutter Alkoholikerin	Alle Kinder im Heim, da Eltern Fürsorgerecht entzogen	Dysgram-matismus	mangelhaft	nein
3. Mädchen	6/5	geordnet, beide Eltern voll berufstätig	Einfachstwohnung (3 Zimmer)	Sigmatismus	Deutsch mangelhaft	nein
4. Junge	4/2	Ehe geschieden, Kinder bei der Mutter	beengt (3 Zimmer)	Sigmatismus	befriedigend, Deutsch aus-reichend	nein
5. Junge	2/1	geordnet, früher gestört	beengt (2 Zimmer)	d/g-Stammeln, Sigmatismus	noch befriedigend, Deutsch mangelhaft	ja
6. Junge	9/6	geordnet	Einfachstwohnung (4 Zimmer)	Sigmatismus	gut, Deutsch mangelhaft	ja
7. Junge	13/7	geordnet	Einfachstwohnung (5 Zimmer)	multiples Stammeln	mangelhaft	nein

dem HHBT zeigten noch sieben lernbehinderte Sonderschüler keine ausreichenden Leistungen. Ihr Versagen muß auf eine Störung der auditiven Diskriminationsfähigkeit ohne Hörverlust zurückgeführt werden. Eine Anamnese dieser Kinder bestätigte die von *C. P. Deutsch* (1964) berichteten Ergebnisse über mögliche Ursachen und Folgen der Störung. Die Notwendigkeit einer gründlichen und differenzierten audiologischen Untersuchung aller Schulversager wird hervorgehoben. Auf die Bedeutung entsprechender prophylaktischer Maßnahmen wird hingewiesen.

Literatur

Albert-Joppich, Erdmuthe u. *Schilling, F.:* Probleme leichter Mehrfachbehinderungen im Kindesalter. Berlin (Marhold) 1972

von Bracken, H.: Mehrfachbehinderte Kinder als heilpädagogische Aufgabe. In: *Stutte, H.* u. *von Bracken, H.* (Hrsg.): Vernachlässigte Kinder. Marburg (Elwert) 1969

Deutsch, Cynthia, P.: Auditory Discrimination and Learning: Social Factors. Merril-Palmer Quarterly 1964, 10, 277–296

Drees, J.: Hör- und Sprachstörungen bei Schulkindern. Diss. Mainz 1968

Kornmann, R. u. *Schenck, K.:* Zur Frage der Anwendbarkeit kurzer Anamnese-Fragebögen in der Erziehungsberatung. – Dargestellt am Beispiel der frühkindlichen Hirnschädigung bei fehlender Schulreife. In: *Stutte, H.* (Hrsg.): Jahrbuch für Jugendpsychiatrie und ihre Grenzgebiete VIII. Bern/Stuttgart (Huber) 1971

Lienert, G. A.: Testaufbau und Testanalyse. Weinheim (Beltz) 1969[3]

Löwe, A.: Heidelberger Hörprüf-Bild-Test für Schulanfänger. Heilpäd. Forsch. 1971, 3, H.1, 44–48

Löwe, A. u. *Heller, K.:* Heidelberger Hörprüf-Bild-Test für Schulanfänger (HHBT). Villingen (Neckar-Verlag) 1972

Moog, W. u. *Moog, Susanne:* Die entwicklungspsychologische Bedeutung von Umweltbedingungen im Säuglings- und Kleinkindalter. Berlin (Marhold) 1972

Oevermann, V.: Sprache und soziale Herkunft. Frankfurt/M. (Suhrkamp) 1972

Templin, M. C.: Certain Language Skills in Children. Minneapolis (Univ. of Minnesota Press) 1957

Weiner, P. S.: Auditory Discrimination and Articulation. J. Speech and Hearing Disorders 1967, 32, 19–28

Bemerkung: Nachdruck aus Ztschr. Heilpädagogische Forschung (Marhold-Verlag, Berlin-Charlottenburg) Band VI, Heft 2, 1976, S. 166 ff.

Über Störungen der Artikulation und Lautdiskrimination bei lernbehinderten und legasthenen Schülern

Ansovine und Hans Wocken

1. Einleitung und Fragestellung

Die Lernstörungen Legasthenie und Lernbehinderung lassen sich auf der begrifflich-theoretischen Ebene scheinbar deutlich trennen:
- Legasthenie ist eine spezielle, isolierte Lernstörung ausschließlich im Bereich des Lesens und Rechtschreibens. Lernbehinderung dagegen ist eine allgemeine, umfängliche Lernstörung, die sich in aller Regel durch ein Leistungsversagen in mehreren schulischen Bereichen manifestiert.
- Legasthenie ist eine Lernstörung bei grundsätzlich intakter und mindestens durchschnittlicher Intelligenz. Lernbehinderung ist eine Lernstörung, bei der eine deutliche Intelligenzminderung oder strukturelle Intelligenzdefekte gegeben sind oder angenommen werden.
- Legasthenie ist eine relativ kurzfristige, prinzipiell therapierbare Lernstörung. Lernbehinderung wird demgegenüber als langdauernde, mehr oder minder irreversible Lern- und Leistungsbeeinträchtigung betrachtet.

Die „Klassenunterschiede" zwischen den leserechtschreibschwachen Schülern mit durchschnittlicher bzw. unterdurchschnittlicher Intelligenz haben zur Redensart von der „elitären" bzw. „ordinären" Lese-Rechtschreibschwäche (*Angermaier* 1974) geführt und legitimieren scheinbar zweifelsfrei eine dichotome Plazierungsregel: hier Sonderschule für Lernbehinderte, dort LRS-Förderkurs in der Regelschule. Ein kurzer Blick in empirische Untersuchungen kann darüber belehren, daß lernbehinderte und legasthene Schüler sich in der Realität offenbar ähnlicher sind, als es säuberliche definitorische Abgrenzungen und das duale Förderungskonzept wahrhaben wollen:
- Legastheniker sind in der Mehrzahl keineswegs hochintelligente Leseversager, wie oft behauptet wird. Mit zunehmender Intelligenz wird Legasthenie immer seltener, strukturelle Begabungsdefizite sind keineswegs auszuschließen (*Angermaier* 1974, *Schlee* 1976).
- Zweifel sind auch hinsichtlich der kurzfristigen Behebbarkeit leg-

asthener Störungen durch temporär begrenzte Fördermaßnahmen angebracht. In der Regel muß eine hohe Therapieresistenz insbesondere der Rechtschreibstörungen einkalkuliert werden.

– Schließlich beginnt die Vorstellung von Legasthenie als einer isolierten Lernschwäche angesichts nachweislicher Rechenschwierigkeiten und vielfältiger Persönlichkeits- und Verhaltensstörungen („Sekundärsymptomatik") mehr und mehr abzubröckeln (*Angermaier* 1971, *Grissemann* 1974, *Angermaier* 1976).

Im Lichte empirischer Untersuchungen ist Legasthenie also durchaus keine völlig isolierte, kurzfristig therapierbare und intelligenzunabhängige Lernstörung. Trotz mancherlei Relativierungen sind die Etiketten „schwerwiegend", „umfänglich" und „langdauernd" sowohl auf Lernbehinderung als auch auf Legasthenie anwendbar. Ist Lernbehinderung möglicherweise eine fortgeschrittenere, „generalisierte" Legasthenie? Oder umgekehrt: Ist Legasthenie eine Lernbehinderung leichteren Grades? Immerhin konnten *Weinschenk* u. a. (1971 und 1973) sowie *P. Müller* (1971) in methodisch anfechtbaren Untersuchungen etwa zwei Drittel Legastheniker an Sonderschulen für Lernbehinderte ausfindig machen. Alles in allem Grund genug, allen leserechtschreibschwachen und von Leserechtschreibschwäche bedrohten Kindern Aufmerksamkeit zu schenken.

Unter den mannigfachen Erklärungsansätzen für die Verursachung der Legasthenie ist die lange vorherrschende Lehrmeinung, Legasthenie sei als visuelle Perzeptionsschwäche zu interpretieren, gründlich erschüttert worden (*Valtin* 1975). In der neueren Legasthenieforschung gewinnen die lautsprachlichen Fähigkeitsausfälle als mögliche Behinderungsfaktoren legasthener Leistungsstörungen zunehmende Beachtung (*Angermaier* 1976). „Es besteht ein viel engerer Zusammenhang zwischen akustischen Diskriminationsleistungen und Leseleistungen als zwischen optischen Diskriminationsleistungen und Leseleistungen" (*Katzenberger* 1971, 565). Resümierend lassen sich die folgenden theoretischen Sätze formulieren:

– Artikulationsfähigkeit und auditive Diskriminationsfähigkeit sind unabdingbare Lernvoraussetzungen für den Lese- und Rechtschreibeunterricht.

– Phonematische Differenzierungsfähigkeit und lautrichtiges Artikulationsvermögen stehen in einem wechselseitigen Bedingungszusammenhang; zwischen den sprachlautauffassenden und den sprachlautbildenden Leistungen besteht eine Art Funktionssymbiose (*Becker* 1967).

– Die artikulatorischen und lautdifferenzierenden Fähigkeiten werden in der Frühphase der Sprachentwicklung erworben. „Lautnuancentaubheit" *(Bladergroen)* und Störungen der Lautproduktion verweisen auf unzureichende Lernprozesse in der Zeit vor und während des

Spracherwerbs. In der Unterschicht sind gehäuft ungünstige Bedingungen für die Entwicklung der Hörfähigkeit und Sprachfertigkeit anzutreffen (*Billich/Kornmann* u. a. 1976).
Über akusto-sprechmotorische Minderleistungen von Lernbehinderten ist bisher wenig bekannt. Ein gehäuftes Auftreten von Sprachstörungen bei Lernbehinderten, insbesondere von Stammelfehlern und Wahrnehmungsstörungen, wird als gesichert angenommen (*Aab/Reiser* u. a. 1974, *Reinartz, A.* und *E.* 1976); einschlägige empirische Belege sind indes selten. In einer Erkundungsstudie fanden *Billich/Kornmann* u. a. (1976) bei 6,5% der Lernbehinderten Störungen der auditiven Diskriminationsfähigkeit ohne nachweisbare organische Hörschäden gegenüber 0% der untersuchten Grundschüler.
Die neueren Tendenzen in der wissenschaftlichen Bedingungsanalyse von Lese-Rechtschreibschwächen haben in der pädagogischen Praxis bereits erste Antworten gefunden. *A.* und *E. Reinartz* informieren zusammenfassend über die verfügbaren „Materialien zur Förderung der auditiven Wahrnehmung" (1976).
Die Tendenzwende in der wissenschaftlichen Erforschung der Legasthenie und in der praktischen Konzeptualisierung von Trainingsprogrammen und Fördermaterialien war Anlaß, den Funktionsausfällen in der Lautdiskrimination und Lautartikulation bei „ordinärer" und „elitärer" Lese-Rechtschreibschwäche in einer vergleichenden Untersuchung nachzugehen. Die empirische Untersuchung gilt der Frage,
a) ob lernbehinderte und legasthene Schüler außer durch Schwierigkeiten im Erlernen des Lesens und Rechtschreibens auch durch gleichartige Störungen der auditiven Diskrimination und der Artikulation gekennzeichnet sind, und
b) ob und inwieweit die lautsprachlichen Funktionsausfälle durch eine auditive Wahrnehmungsförderung gebessert werden können.

2. Hypothesen der Untersuchung

1. Legastheniker und Lernbehinderte unterscheiden sich nicht bedeutsam
   a) in der phonematischen Differenzierungsfähigkeit und
   b) in der Lautartikulationsfähigkeit.
2. Lernbehinderte Schüler, die durch ein auditives Wahrnehmungstraining gefördert wurden, sind einer nicht-trainierten Vergleichsgruppe
   a) hinsichtlich der Lautunterscheidungsfähigkeit und
   b) der Artikulationsfähigkeit
   überlegen.

3. Methode

3.1. Untersuchungsgruppen:

Die lernbehinderten Schüler stammen aus zwei 3. Schuljahren der Schule für Lernbehinderte (LB-Gruppe), die Legastheniker aus fünf schulexternen LRS-Förderkursen (LRS-Gruppe). Die LB-Gruppe und die LRS-Gruppe wurden nach dem Lebensalter parallelisiert. Eine weitere Untersuchungsgruppe ist ein unausgelesenes 4. Schuljahr einer Lernbehindertenschule, das im Rahmen des regulären Schulunterrichts eine etwa einjährige auditive Wahrnehmungsförderung erhalten hat. Die Übungen zur Hörerziehung beinhalteten das bewußte Erfahren und Erleben der hörbaren Umwelt (Geräusche, Klänge, Musik, Sprache) und liegen mittlerweile als Übungsprogramm vor (*Fritze/Probst* u.a. 1976). Diese LB-Trainingsgruppe soll als quasiexperimentelle Untersuchungsstichprobe im Vergleich mit der LB-Gruppe Aufschluß über die akustosprechmotorischen Übungseffekte der auditiven Wahrnehmungsförderung geben.

3.2. Untersuchungsinstrumente:

Zur Diagnose des lautsprachlichen Entwicklungsstandes wurden der Bremer Lautdiskriminationstest (BLDT) und der Bremer Artikulationstest (BAT) (*Niemeyer* o. J.) verwendet. Der BLDT und BAT sind standardisierte und in der empirischen Forschung bewährte Testverfahren (*Valtin* 1972). Der BAT wurde als Einzeltest, der BLDT zur Sicherung des Instruktionsverständnisses in kleinen Gruppen durchgeführt.

4. Ergebnisse

Als Ergebnisse werden im folgenden die Fehlermittelwerte und die Klassifikation der Probanden nach Versager/Nicht-Versager gemäß der Testnormierung mitgeteilt. Die statistische Signifikanzprüfung der absoluten Fehlerhäufigkeiten erfolgt mittels des nonparametrischen U-Tests von *Mann-Whitney*.

Unter Bezugnahme auf die Untersuchungshypothesen lassen sich die Ergebnisse folgendermaßen formulieren:
- Lernbehinderte und legasthene Schüler zeigen entgegen der Untersuchungserwartung deutliche Unterschiede in der Lautunterscheidungsfähigkeit (Falsifikation von Hypothese 1a).
- Die auditive Wahrnehmungsförderung hat in der LB-Trainingsgruppe eine bedeutsame Steigerung der phonematischen Differenzierungs-

fähigkeit bewirkt. Der mit Hypothese 2a unterstellte Übungseffekt wird damit bestätigt.

- Sowohl Lernbehinderte als auch Legastheniker zeigen deutliche Artikulationsschwächen, jedoch machen beide LB-Gruppen überzufällig mehr Fehler als die LRS-Gruppe. Die Null-Hypothese 1b kann folglich nicht beibehalten werden.
- Die LB-Gruppe und die LB-Trainingsgruppe sind hinsichtlich der Artikulationsfähigkeit gleichwertig. Eine Transferwirkung auditiver Wahrnehmungsübungen auf lautrichtiges Sprechen wird nicht beobachtet (Falsifikation von Hypothese 2b).

Tab. 1: Merkmale der Untersuchungsstichproben

		LRS-Gruppe	LB-Gruppe	LB-Trainingsgr.
N		12	13	13
Alter		9,4	9,4	10,6
IQ		108,6	81,9	74,6
Soziale Schicht:	MS	7	3	2
	US	5	11	12

Tab. 2: Ergebnisse im BLDT und BAT

		LRS-Gruppe	LB-Gruppe	LB-Trainingsgruppe
BLDT	Fehlermittel	4,0	10,3	4,6
	Versager	1	5	1
	Nicht-Versager	11	8	12
	U-Test	U = 27 p = .01		U = 42 p = .025
			U = 50,5 n. s,	
BAT	Fehlermittel	12,3	20,5	20
	Versager	4	11	11
	Nicht-Versager	8	2	2
	U-Test	U = 42,5 p = .05		U = 82,5 n.s.
			U = 38 p = .025	

5. Diskussion der Ergebnisse und pädagogische Konsequenzen

Untersuchungsergebnisse und -interpretationen sind wegen möglicher Stichprobenverzerrungen und wegen der quasiexperimentellen Untersuchungsanlage nicht verallgemeinerungsfähig und haben lediglich den Status begründbarer Annahmen.

Die generelle Erwartung eines gleichen Entwicklungsstandes artikulatorischer und lautnuancierender Fähigkeiten bei Lernbehinderten und Legasthenikern wurde empirisch – unter Berücksichtigung des vorhin Gesagten – falsifiziert. Das genaue Erfassen und differenzierte Wahrnehmen gesprochener Sprache sowie die einwandfreie Lautbildung und artikulierte Aussprache sind Leistungsfelder, auf denen lernbehinderte Schüler bei weitem gravierendere Ausfälle zeigen als Legastheniker. Trotz dieses eindeutigen Untersuchungsresultats muß offen bleiben, ob primär die kognitiven oder die lautsprachlichen Defizite den Leselernprozeß Lernbehinderter erschweren und beeinträchtigen. Möglicherweise sind die lautsprachlichen Funktionsstörungen nicht nur allererste Bedingungsfaktoren für schriftsprachliche Leistungsschwächen, sondern zugleich auch retardierende Momente der intellektuellen Entwicklung. Sonderpädagogisch bedeutsam ist aber zuerst und vor allem, daß akusto-sprechmotorische Leistungsstörungen keine stabilen, statischen Merkmale sind, sondern auch bei Lernbehinderten in hohem Maße reversibel und konstruktiv beeinflußbar sind. Diese Erkenntnis eröffnet die konkrete Möglichkeit, eine bessere Lernausgangslage für die elementaren Schrifterlernungsprozesse herzustellen.

Folgerungen

Eine knappe Skizze der pädagogischen Konsequenzen ergibt: Schüler mit akusto-sprechmotorischen Beeinträchtigungen sind vom Leseversagen bedroht und sonderschulgefährdet. In den Anfangsunterricht der Grundschule sind daher stärker als bisher Übungen zur Förderung der auditiven Wahrnehmung und der artikulatorischen Fähigkeiten zu integrieren. Übungen zur Lautartikulation und Lautdiskrimination wären ein Stück präventiver Sonderpädagogik in der Regelschule. Die „Therapie" beginnt, bevor das Kind „in den Brunnen gefallen" ist. Früherkennung und Frühförderung von potentiell leserechtschreibschwachen Schülern haben sich weniger an der allgemeinen Lernfähigkeit als an gegenstandsspezifischen Lernvoraussetzungen und sprachrelevanten Elementarfähigkeiten zu orientieren. Keinesfalls kann der Intelligenzquotient allein einen schulinternen numerus clausus und ein Zweiklassenrecht im Förderanspruch legitimieren. Nicht nur intelligente Leseversager sind förderungsbedürftig und -fähig, sondern alle leserechtschreibschwachen Schüler, unabhängig von ihrer Intelligenz.

Literatur

Aab, J. / Pfeifer, T. / Reiser, H. / Rockemer, H. G.: Sonderschule zwischen Ideologie und Wirklichkeit. München 1974

Angermaier, M.: Rechenleistungen von Legasthenikern. Schule u. Psychol. 1971, 115–126

Angermaier, M.: Sprache und Konzentration bei Legasthenie. Göttingen 1974

Angermaier, M. (Hrsg.): Legasthenie. Frankfurt 1976

Becker, R.: Die Lese-Rechtschreibschwäche aus logopädischer Sicht. Berlin 1967

Billich, P. / Kornmann, R. / Hedtke, H. J. / Hörr, H. / Roscoe, I.: Erkundungsstudie über Zusammenhänge zwischen gestörter auditiver Diskriminationsfähigkeit und Schulversagen. Heilpäd. Forschung 1976, 166–175

Fritze, Ch. / Probst, W. / Reinartz, A. und *E.:* Hören – Auditive Wahrnehmungsförderung. Dortmund 1976

Grissemann, H.: Legasthenie und Rechenleistungen. Bern 1974

Katzenberger, L. F.: Zur These vom genetischen Primat des Ganzen. Z. f. experim. u. angew. Psychologie 1971, 558–573

Niemeyer, W.: Bremer Artikulationstest und Bremer Lautdiskriminationstest. Bremen o.J. (Verl. Paul Herbig, Waldwinkel 22, 2800 Bremen)

Müller, P.: Leserechtschreibschwäche und Sonderschulbesuch. Z. Heilpäd. 1971, 40–45.

Reinartz, A. u. *E.:* Typische Lernstörungen im Normalschulbereich. Westerm. päd. Beitr. 1976, 303–308

Reinartz, A. und *E.:* Materialien zur Förderung der auditiven Wahrnehmung. Lehrmittel aktuell 3/1976, 37–40

Schlee, J.: Legasthenieforschung am Ende? München 1976

Schwartz, E. (Hrsg.): Legasthenie – Alibi oder Aufgabe? Die Grundschule, Themenheft 3/1976

Valtin, R.: Empirische Untersuchungen zur Legasthenie. Hannover 1972

Valtin, R.: Ursachen der Legasthenie – Fakten oder Artefakte? Z. Päd. 1975, 407–418

Weinschenk, C. / Offhaus, E. / Schädla, H.: Die Häufigkeit der kongenitalen Legastheniker in Sonderschulen für Lernbehinderte I. Heilpäd. Forschung 1971, 1–17

Weinschenk, C. / Jockel, R. / Müller, E.: Die Häufigkeit der kongenitalen Legastheniker in Sonderschulen für Lernbehinderte II. Heilpäd. Forschung 1973, 188–199

Bemerkung: Nachdruck aus Ztschr. Sonderpädagogik (7) Marhold-Verlag, Berlin-Charlottenburg) 1977, Heft 2, S. 74ff.

HÖREN – Einführung in eine Übungsfolge zur auditiven Wahrnehmungsförderung[1]

Von Christa Fritze / Werner Probst / Erika Reinartz / Anton Reinartz

1. Allgemeine Gesichtspunkte zur auditiven Wahrnehmungsförderung

Die Forderung, die kindliche Wahrnehmung in der Vorschul- und Grundschulzeit besonders zu fördern, geht auf wesentliche Erkenntnisse der Wahrnehmungspsychologie zurück. Eine umfassend ausgebildete Wahrnehmung ist Voraussetzung und Hilfe für weiteres Lernen und wirkt Lernstörungen entgegen.
Neuere Forschungen zum Spracherwerb, zum Leselernprozeß und zum Problembereich der Lese-Rechtschreibstörung weisen mit besonderem Gewicht auf die bisher stark vernachlässigte Schulung des Gehörs hin.[2] Während der Bereich der visuellen Wahrnehmung seit längerer Zeit erforscht und für wichtig angesehen wurde, nahm der Hörbereich eine Randstellung ein. Allenfalls die Musikpädagogik sah in der Gehörschulung eine wichtige Aufgabe. Deshalb sollte es endlich zur Selbstverständlichkeit werden, daß das Hören-Lernen neben dem Sehen-Lernen und der allgemeinen Funktionsschulung der Sinne eine grundlegende Erziehungsaufgabe darstellt. Diese kann nicht durch einige Höraufgaben im Musikunterricht und durch wenige akustische Übungen im Leseunterricht erfüllt werden.
Um die Bedeutung eines gezielten Trainings noch deutlicher zu machen, sollen kurz einige Grundzüge der allgemeinen Wahrnehmungserziehung erläutert werden.
Erstens ist davon auszugehen, daß menschliche Wahrnehmungsqualifikationen erworben werden, wobei die jeweils möglichen Umwelterfahrungen sehr bedeutend sind. Die Wahrnehmung kann durch Lernen, d. h.

---

1 W. Crüwell Verlag, Dortmund 1976. Die Übungsfolge besteht aus einem Anweisungsband für den Pädagogen, einem Beispieltonband (bzw. Kassette) und einem Arbeitsblock für die Kinder
2 Ausgewählte Fachliteratur ist am Schluß aufgeführt.

durch weitere Erfahrungen mit der Außenwelt, erheblich verändert und erweitert werden. Aufgrund einschlägiger Untersuchungen wird selbst die Reizschwelle und folglich auch die Empfindlichkeit der Organe nicht als ein für allemal festgelegt und unveränderlich angesehen. Eine Reihe von Untersuchungen sowjetischer Autoren zeigte ihre große Veränderlichkeit.

Zweitens wird in der heutigen Wahrnehmungsforschung und in der Entwicklungspsychologie immer stärker die außerordentliche Bedeutung der Wahrnehmung für den Lernprozeß und darüber hinaus für die gesamte Persönlichkeitsentwicklung gesehen. Dabei wird insbesondere die enge Beziehung zwischen Wahrnehmung und Denken deutlich.

Drittens muß angenommen werden, daß die kindliche Wahrnehmungsfähigkeit entscheidend von sozialen Faktoren beeinflußt wird. Während die Abhängigkeit der Intelligenz- und der Sprachentwicklung von bestimmten Umweltfaktoren und ihr Einfluß auf den Schulerfolg zunehmend als wichtig erkannt werden, sind die Zusammenhänge zwischen Umwelt und Wahrnehmung noch wenig erforscht. Es ist jedoch leicht vorstellbar, daß sich in einer anregungsarmen Umwelt, die wenig Erfahrungsmöglichkeiten und wenig Hilfen zur Verarbeitung der Erfahrungswelt bereithält, keine differenzierte Wahrnehmung entwickeln kann.

Selbst eine „akustisch reiche" Umwelt – Verkehrslärm, ständige Radiomusik u. a. m. – wird kaum zu einer Sensibilisierung der Hörwahrnehmung führen. Eine Folge dürfte eher die Ausbildung des oft beobachteten „Weghörens" sein, das als Schutzfunktion dient. Die Unfähigkeit, verbal gegebenen Äußerungen zu folgen, könnte in dieser Ausbildung des Weghörens begründet sein. Außerdem wird diese „Lärm-Umwelt" sicherlich mit als eine Ursache einer starken Konzentrationsschwäche gesehen werden können.

2. Zur Definition der auditiven Wahrnehmung

Die allgemeinen Erkenntnisse zur Wahrnehmung lassen sich auf die begriffliche Bestimmung der auditiven Wahrnehmung übertragen.

Auditive Wahrnehmung im weiteren Sinne ist zu verstehen als die Fähigkeit, Hörphänomene jeglicher Art (Musik, Sprache, Umwelt, Schall) differenziert wahrzunehmen, sich vorzustellen, erlebnismäßig – emotional zu erfassen, zu verbalisieren und selbst zu produzieren. Dabei ist die „Hörwelt" nicht aus den gesamten Umweltgegebenheiten herauszulösen.

Gerade das Hören ist in seiner Komplexität und Abstraktheit auf die Verbindung mit anderen Sinneswahrnehmungen – vor allem visuellen und haptischen – angewiesen und in engem Zusammenhang mit dem emotionalen, sprachlichen und motorischen Bereich zu sehen.

3. Zur Konzeption der Übungsfolge zur Wahrnehmungsförderung „Hören"

Bei der Entwicklung dieser Übungsfolge wurde versucht, aus diesen wahrnehmungstheoretischen Grundsätzen didaktische Konsequenzen zu ziehen. Die Übungsabschnitte beruhen deshalb in ihrer Konzeption auf folgenden Prinzipien:

a) Die Schulung des Gehörs vollzieht sich nicht in Form eines isolierten Hörtrainings, sondern vielfältige spielerische Übungen mit akustischen Materialien, Explorationen und Klangerzeugungsversuche der Kinder stehen im Vordergrund. Der Übungsleiter hat die Aufgabe, den Kindern vielfältige Erfahrungsmöglichkeiten bereitzustellen. Durch Materialien mit Aufforderungscharakter, durch größtmögliche Anschauung und durch flexible Aufgabengestaltung sollen ihre Motivationen und ihre Interessen für die Hörwelt geweckt und ihre Aktivitäten und Erfahrungen zunehmend bewußt gemacht und geordnet werden.

b) Eine wichtige Rolle spielen die sprachlichen Begleitungen der kindlichen Aktivitäten und der Versuch, den Kindern einen Wortschatz zur Ordnung ihrer Lernerfahrung zu vermitteln. Die vermittelten Begriffe und die Übungen zur Verbalisierungsfähigkeit beziehen sich auf die akustischen Materialien (Geräte, Instrumente im weiteren Sinne u. a.) und Schallquellen (z. B.: „Das ist eine Klingel"), klangerzeugende Aktionen, akustische Verläufe, Klangeigenschaften, emotionale Qualitäten und Entsprechungen zwischen visuellen und akustischen Strukturmerkmalen.

c) Sprachliche Übungen werden so weit wie möglich durch spielerische Aktivitäten mit akustischen Materialien vorbereitet und ergänzt (z. B. lange und kurze Wörter durch Spiele mit langen und kurzen Klängen). Da im sprachlichen Bereich wegen der noch größeren Abstraktion der Übungen schneller Schwierigkeiten und Ermüdungserscheinungen auftreten können, sind hier vielfältige Aufgaben und wechselnde Aktivitäten besonders wichtig. Die sprachlichen Übungen teilen sich auf in Laut- und Wortdiskrimination, Artikulationsübungen, Zerlegungsübungen, Sprech- und Hörspiele u. a. m.

4. Aufbau der Übungsfolge

Die Übungsfolge zur auditiven Wahrnehmungsförderung umfaßt insgesamt sechs inhaltliche Bereiche:

I. Schallquellen – Schallerzeugung
II. Diskrimination
III. Schalleigenschaften
IV. Lautmalerische und emotionale Qualitäten von Sprache und Musik
V. Klanggestalten und graphische Zeichen
VI. Langzeitkonzentration

Jeder Bereich gliedert sich jeweils in neun Übungsabschnitte (ÜA). Ein Übungsabschnitt (ÜA) bietet Lerninhalte für ca. 20–30 Minuten. Angegebene weiterführende Übungen können zur Vertiefung mit Schwerpunkt Sprache bzw. Musik im Deutsch- oder Musikunterricht aufgenommen werden. Selbstverständlich sind der Erweiterung der Übung durch den Übungsleiter keine Grenzen gesetzt.
Die Lerninhalte der Bereiche sollen im Folgenden kurz dargestellt werden.

Bereich I: Schallquellen – Schallerzeugung

Kennenlernen von Instrumenten, Klangerzeugern, Tonband, Schallquellen, Geräuschen – Bewußtmachung der akustischen Komponente der Sprache – Erprobung von Klangerzeugungsmöglichkeiten – hörendes Erkennen von Instrumenten, Klangerzeugern, Schallquellen, und von klangerzeugenden Aktionen. In den ersten neun Übungsabschnitten werden die Kinder schrittweise an die verschiedensten akustischen Materialien herangeführt. Im Vordergrund steht das Erproben der Klangerzeuger, das Wiedererkennen der Instrumente und verschiedener Schallquellen, die nicht im Klassenraum vorhanden sind (z. B. Umweltgeräusche), sowie das Benennen der Schallquellen und der Schallerzeugung.
In spielerischen Übungen, ,,Geheimsprachen", Reimen und Nachsprechübungen soll den Kindern die akustische Komponente der Sprache bewußt gemacht werden.
Die Wiedererkennungsübungen (Instrumente/Aktionen/Sprache) dienen der Hörsensibilisierung im weitesten Sinne. Die Erfahrung des Zusammenhangs zwischen Beschaffenheit der Schallquelle und der Art der Aktionen einerseits und dem Klangcharakter andererseits ist wichtig für das bewußte Erkennen von Schallquellen.

Bereich II: Diskrimination

Die Diskriminationsfähigkeit besteht aus zwei Teilqualifikationen: dem Erkennen von Schallquellen (Geräusch, Instrument, Sprache) und ihrer

230

hörenden Unterscheidung bei gleichzeitigem Erklingen. Im Bereich I wurde bereits die erste Teilqualifikation geübt. Hier werden nun die verschiedenen „Hörbilder", Schallquellen und Sprachszenen zunächst einzeln erprobt und dann in verschiedenen Kombinationen zum Gegenstand von Hörübungen gemacht. Wichtig sind dabei die visuellen Orientierungshilfen (z. B. Poster von der Hausmusik). Einen besonderen Schwerpunkt bilden in diesem Bereich Übungen zur phonematischen Diskrimination. Diese Übungen, die auch in anderen Bereichen dieser Übungsfolge zu finden sind, wurden deshalb verstärkt aufgenommen, weil ungenaue phonematische Diskrimination ein wesentlicher rezeptiver Aspekt bei Kindern mit Lese-Rechtschreibstörung ist. Unter vorbeugendem Gesichtspunkt ist hinzuzufügen, daß die akustische Durchgliederungsfähigkeit wesentliche Voraussetzung des Lesenlernens ist.

Bereich III: Schalleigenschaften

Die in Bereich I erworbenen Erfahrungen werden hier vertieft. Die Kinder lernen insbesondere Klänge, Geräusche und Sprache im Hinblick auf bestimmte Eigenschaften (laut/leise, lang/kurz) voneinander zu unterscheiden, zu benennen, zu ordnen sowie bewußt und gezielt zu erzeugen. Der Zusammenhang zwischen Klang und Instrument bzw. Klangerzeugung wird systematisch erkundet. Die Verbalisierungsfähigkeiten werden im Verlauf dieser Übungen in anderen Zusammenhängen wieder aufgegriffen und weitergeübt.

Bereich IV: Lautmalerische und emotionale Qualitäten von Sprache und Musik

Erstens wird in diesem Bereich die Fähigkeit geübt, Geräusche mit Hilfe von lautmalenden Verben zu beschreiben. Anhand von einigen exemplarisch ausgewählten Verben wird insbesondere der Zusammenhang zwischen dem Klangcharakter des jeweiligen Geräusches und dem des zugeordneten Begriffs deutlich. Zweitens soll in einer Auswahl von einigen Begriffen zur Kennzeichnung von emotionalen Qualitäten zunächst die inhaltliche Bedeutung erfaßt werden. Als Hilfe bieten sich typisierte, den Kindern bekannte Figuren, einfache Spielszenen und Programm-Musik an.

Bereich V: Klanggestalten und graphische Zeichen

Hier werden den Kindern einige, im Hinblick auf einfache Strukturmerkmale deutlich unterscheidbare Zeichen vorgegeben und von ihnen ein Zusammenhang zu den vorgegebenen Klängen hergestellt. Den Kindern sollen mögliche Entsprechungen zwischen Klangeigenschaften (Bereich III) und Strukturmerkmalen der Zeichen bewußt werden. Dies geschieht vor allem im Vergleich der verschiedenen Zeichen und Klänge.

Bereich VI: Langzeitkonzentration

Geübt wird hier vor allem die Fähigkeit, akustische Verläufe – Sprache, Musik, Geräuschfolgen – über längere Zeit zu verfolgen. Die Fähigkeit hat Bedeutung für das Konzentrationsvermögen insgesamt. Wie eng Interesse und Motivation der Kinder mit ihrem Konzentrationsvermögen zusammenhängen, erlebt jeder Erzieher. Gerade in diesem Bereich müssen deshalb durch motivierende Aufgabenstellung und spielerische Übungen Hilfestellungen gegeben werden.

5. Hinweise zur Anwendung der Übungsfolge

Bei der Durchführung der Übungen zur auditiven Wahrnehmung ist – wie bereits mehrfach betont – primär darauf zu achten, daß die Kinder konkrete Erfahrungen mit den Sachverhalten machen können, d. h., daß zunächst immer mehrere kindliche Sinnesbereiche angesprochen werden, bevor eine intensive Hörschulung stattfinden kann. Stellt der Übungsleiter in seiner Gruppe ein erhöhtes Erfahrungsdefizit fest, sollte er verstärkt Erfahrungsmöglichkeiten für die Kinder bereitstellen (z. B. durch Unterrichtsgänge zum Bahnhof, zur Kreuzung usw.) und evtl. stärker den Schwerpunkt auf die Anregungen zu den verschiedensten spielerischen Aktivitäten in den Übungsabschnitten legen.

Zur Sitzordnung

In vielen Unterrichtsversuchen, die vor und während der Erstellung der vorliegenden Übungsfolge durchgeführt wurden, erwies sich eine offene Sitzordnung im Halbkreis als günstig. Die Kinder können freier mit den Materialien hantieren und besser aufeinander eingehen.

Auswahl der Instrumente

Neben den in der Aufstellung über die Materialien genannten Instrumente, die für die Durchführung der Übungen benötigt werden (s. Umschlagseite 2), sollte der Übungsleiter zusammen mit den Kindern die verschiedensten klingenden Materialien sammeln und in einem „Klangkoffer" oder in einer „Klangkiste" für Experimente zur Verfügung stellen. Hierzu zählen z.b. Gläser, Flaschen, Blechdosen, kurze Stöcke (Klanghölzer) und vieles andere mehr.

Hinweise für die Durchführung der Übungen

Diese Übungsfolge zur auditiven Wahrnehmungsförderung soll alle Kinder im Hinblick auf eine differenzierte Hörfähigkeit fördern. Diese Förderung kann in Kindergärten, Vorschulklassen, Schulkindergärten und im Förderunterricht der 1./2. Grundschulklassen stattfinden. Sie kann vorbereitend und begleitend zum Leselernlehrgang eingesetzt werden. Darüber hinaus hat die Übungsfolge besondere Bedeutung für lernbehinderte und verhaltensgestörte Kinder in Sonderschulen. Durch die Art dieser Übungen mit verstärkter Eigenaktivität könnten vor allem Lerndefizite aufgrund sozio-kultureller Benachteiligung abgebaut bzw. ausgeglichen werden. Unterrichtsversuche bei lernbehinderten und verhaltensgestörten Kindern in der Vorstufe und im 3. und 4. Jahrgang der Sonderschule zeigten, daß die Kinder durch diese Art von Übungen – verbunden mit vielen spielerischen Aktivitäten – stark angesprochen werden und gute Lernerfolge bringen. Durch ihre starke Motivation während der Übungen und Erprobungen entwickelten sie eine konzentrierte Hörhaltung und Merkfähigkeit, die man vorher nicht an ihnen beobachten konnte.

Zur zeitlichen Abfolge

Damit eine möglichst umfassende und kontinuierliche Förderung gewährleistet ist, sollten mehrere Übungsabschnitte in der Woche durchgeführt werden. Am günstigsten erwies sich bei der Erprobung, einen Übungsabschnitt von 20 bis 30 Minuten an jedem zweiten Tag durchzuführen, so daß in ungefähr einem halben Jahr die vorliegende Übungsfolge durchgeführt werden könnte. In Kindergärten, Vorschulklassen und Sonderschulen wird sich sicherlich ein anderer zeitlicher und schwerpunktmäßiger Einsatz ergeben müssen, vor allem, wenn die weiterführenden Übungen mit eingeplant werden.

Die Gruppengröße

Die Gruppe sollte während der Übungen 15–20 Kinder umfassen, da gewährleistet sein muß, daß immer alle Kinder konkrete Erfahrungen mit den Materialien machen können. Bei einer größeren Gruppe muß beachtet werden, daß das Konzentrationsvermögen der schwächeren Kinder nicht zu stark belastet wird.

6. Einige Übungsbeispiele

Schallquellen-Schallerzeugung

Lerninhalte:
— Mit dem Tonbandgerät und mit dem Kassettenrecorder umgehen.
— Stimmen anhand von Tonbandaufnahmen wiedererkennen.
— Stimmeigenschaften beschreiben und erkennen: dunkel/hell; Männer-, Frauen-Kinderstimmen.
— Instrumente anhand von Tonbandaufnahmen wiedererkennen.

Arbeitsmittel:
Beispieltonband*)
Leerband

Übungs-verlauf:

Ül geht als „Interviewer" zu jedem Kind und stellt eine Frage.

Ki hören die Aufnahme insgesamt und benennen jeweils den Sprecher, den sie auf dem Tonband hören.

Ül hat auf dem Leerband vorher verschiedene, den Kindern bekannte Personen in der Schule interviewt.

Ki erraten die Stimmen.

Ül spielt vom Beispieltonband verschiedene Stimmen vor: Männer-, Frauen-, Kinderstimme.

Ki nennen die Stimmqualitäten und ahmen sie nach,
— nennen die Personen, denen die Stimmen gehören.

Diese Übungen dienen primär der Einführung, durch die die Kinder Freude bekommen und mit der Bedienung des Tonbandgerätes vertraut gemacht werden sollen.

Spiele mit Tierstimmen.

Diskriminationsübungen

Lerninhalte:	— Zwei unterschiedliche Geräusche auseinanderhören. — Das „Hörbild" nachahmen und die Tonbandaufnahmen vergleichen.

Arbeitsmittel:	Beispieltonband Leerband Instrumente Tafelzeichnung (Kuckucksrufe)

Übungsverlauf:

ÜI erinnert die Kinder noch einmal an das Hörbeispiel „Kuckuck und viele Vögel".

🔊 10 **Ki** hören das Hörbeispiel und ein Kind zeigt während des Hörens an der Tafel die Kuckucksrufe mit.

ÜI weist auf die verschiedenen Vögel hin.

Ki probieren verschiedene Möglichkeiten der Imitation der Vögel.

▲ Sehr gut eignen sich hierfür einfache Kinderinstrumente — Windschläuche — Vogelpfeifen. Vokal können ebenfalls verschiedene Möglichkeiten erprobt werden.

Ki gestalten ein „Morgenkonzert der Vögel".

▲ Ein Vogel beginnt und nacheinander setzen die anderen dazu ein. Wenn alle singen, ruft der Kuckuck. Zum Schluß hören die Vögel wieder nacheinander auf.

✏️ **ÜI** nimmt die Nachgestaltung auf.

Ki hören ihre Aufnahme ab und vergleichen sie mit dem Hörbild.

● In ähnlicher Art können Vögel / Hummel / Wind / Eule / Turmuhr usw. besprochen und nachgeahmt werden.

Diskriminationsübungen

Lerninhalte:
— Den Sprachklang als Informationsträger identifizieren und bestimmten Personen zuordnen.
— Sprachklänge verschiedener Menschen aufgrund des Informationsgehaltes der Aussagen und aufgrund der Stimme identifizieren und benennen.
— Gleichzeitig hörbare Sprachklänge voneinander unterscheiden und die Sprecher identifizieren und benennen.

Arbeitsmittel:
Beispieltonband
Plakat B
Arbeitsblatt 9
Scheren

Übungsverlauf:

ÜI erinnert an die ,,Hausmusik" der beiden vorangegangenen Übungsabschnitte und fordert die Kinder auf, genau zuzuhören, weil es jetzt etwas ähnliches zu hören gäbe.

15.1 **Ki** hören Beispieltonband,
— stellen Vermutungen an und identifizieren aufgrund der erkennbaren Informationen einzelne Personen oder Situationen.

PL B **ÜI** hängt Plakat B auf.

15.1 **Ki** betrachten das Bild und hören die Bandaufnahme nochmals an,
— verfolgen anhand des Plakats, was sie hören; identifizieren und benennen jeweils, was sie bereits erkannt haben.

AB 9 **ÜI** verteilt Arbeitsblatt 9 und Scheren.

Ki schneiden das Arbeitsblatt auseinander,
15.2 — hören Beispieltonband,
— suchen den richtigen Hausausschnitt und legen ihn vor sich hin, so daß das fertige Haus nach und nach wieder entsteht.
▲ Bei Schwierigkeiten kann das entsprechende Teilbild am Plakat gezeigt werden.

● **Ki** spielen selbst die gehörten Mietparteien, während die anderen Kinder auf dem Plakat und den Arbeitsblatt-Bildern zeigen, welche Wohnpartei gerade gespielt wird.

237

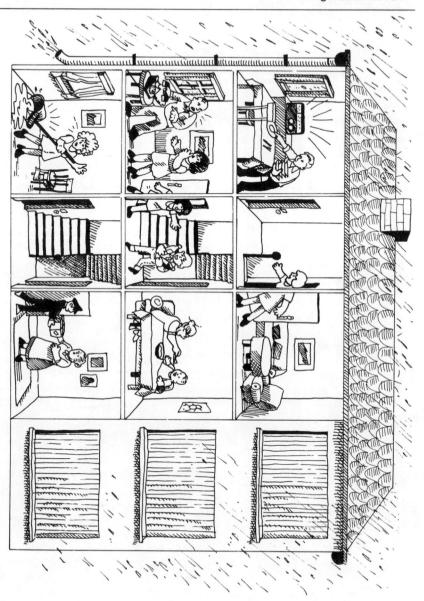

Lautmalerische und emotionale Qualitäten
von Sprache und Musik

Lerninhalte:
— Den Gefühlsausdruck bestimmter sprachlicher und nicht-sprachlicher Klänge und Klangverläufe erkennen und benennen.
— Sprachliche und nicht-sprachliche Klänge und Klangverläufe mit bestimmten Affektqualitäten vokal/instrumental erzeugen.

Arbeitsmittel:
Beispieltonband
Arbeitsblatt 18
Scheren
Klebstoff
Handpuppen

Übungsverlauf: ▲ Handpuppen verschiedenster Art eignen sich gut zur Darstellung der unterschiedlichen emotionalen Qualitäten von Sprechklängen. Stehen keine Kasperpuppen zur Verfügung, sollte der Übungsleiter einfache Handpuppen aus Tüten oder Papprollen anfertigen, die auch mit den Kindern gebastelt werden können.

ÜI stellt den Kindern fünf Handpuppen vor: Kasper, Großmutter, Polizist, Hexenmeister und eine Puppe mit dem Namen Friederich.

Ki beschäftigen sich kurze Zeit frei mit den Puppen.

ÜI erzählt danach folgende Geschichte:
Friederich ist sehr böse und wütend. Kasper ist wie immer lustig und lacht über den Wüterich. Die Großmutter ist jedoch traurig über ihn und klagt ihr Leid dem Polizisten; der Polizist redet sehr ernst und streng daher. Der Hexenmeister hat eine Medizin gebraut, die den Bösewicht wieder lieb machen soll, er tut sehr geheimnisvoll. Alle sagen: Der Friederich, der Friederich, das ist ein böser Wüterich.

▲ — nimmt beim Erzählen der Geschichte die einzelnen Puppen hoch und bewegt sie, den Gefühlsäußerungen entsprechend hin und her und spricht mit ihnen,
AB 18 — verteilt das Arbeitsblatt 18.

Ki benennen die einzelnen Puppen auf ihrem Arbeitsblatt.

ÜI erklärt den Kindern, daß diese Puppen ganz verschiedene Eigenschaften haben, sie sind lieb oder böse, traurig oder lustig. Diese Eigenschaften kann man vor allem an der Stimme erkennen,
◐ 29 — spielt die verschiedenen Tonbandbeispiele vor.

Ki hören den Vers „Der Friederich..." in den verschiedenen Stimmungen und bestimmen den jeweiligen Sprecher mit Hilfe des Arbeitsblattes.
Gesamtergebnis: (evtl. an die Tafel schreiben):
Friederich — böse/wütend
Kasper — lustig/froh/lachend
Großmutter — traurig
Polizist — ernst/streng
Hexenmeister — geheimnisvoll

 ▲ **Ki** basteln einfache Handpuppen oder schneiden die Puppen des Arbeitsblattes 18 aus, malen sie bunt und kleben sie als Fingerpuppen zusammen.

Klanggestalten und graphische Zeichen

Lerninhalte:
— Graphische Zeichen vokal/instrumental realisieren.
— Zusammenhänge zwischen den strukturellen Eigenschaften graphischer Zeichen und den Klangeigenschaften herstellen und benennen.

Arbeitsmittel:
Leerband
Instrumente

Tafelzeichnung:

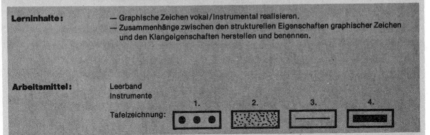

Übungs-verlauf:

TA **ÜI** malt vier Zeichen an die Tafel.

KI äußern sich zu den Zeichen.

ÜI gibt den Hinweis, daß man diese Zeichen auch auf Instrumenten spielen oder mit der Stimme nachmachen kann.

KI erproben verschiedene Möglichkeiten und
— begründen ihr Spiel. •

▲ Zunächst sollten alle Lösungen ohne besondere Bewertung aufgenommen werden. Wahrscheinlich werden die Kinder zunächst Gegenstände mit ähnlicher Form mit den Zeichen in Verbindung bringen, z.B. zu 1. Schlegel, 2. Rassel, 3. Stock.

ÜI lenkt die Aufmerksamkeit auf die erarbeiteten Begriffe zur Klangeigenschaft;
— fragt, welches Zeichen stärker **längere**, welches **lautere** und welches **hellere** Klänge bedeuten könnte,
— schreibt die Begriffe unter die Zeichnungen, z.B.

TA

dunkel   heller   lang   lang
laut   leiser   heller   dunkel
     kurz

KI versuchen, die Zeichen mit Instrumenten oder mit der Stimme zu realisieren;
— geben sich gegenseitig Rätsel: Ein Kind spielt ein Zeichen und fragt die Gruppe, welches Bild wohl gemeint war.

ÜI malt zwei Zeichen untereinander und fordert die Kinder auf, diese Zeichen gleichzeitig zu spielen, z.B.

TA

 KI kombinieren die verschiedenen Zeichen und spielen sie gleichzeitig.

Literatur

Abel-Struth, S.: Hörwelt und Musik, in: Deutscher Bildungsrat, Gutachten und Studien der Bildungskommission, Band 48/1. Die Eingangsstufe des Primarbereichs 2/1: Spielen und Gestalten, Stuttgart 1975, S. 151 ff.

Angermaier, M./Meyer, H./Schneider-Rumer, M./Valtin, R. (Hrsg.): Fernstudienlehrgang Legasthenie Bd. 4, Weinheim 1974, S. 29–49 und S. 107–121.

Bödecker, H./Dunkmann, G. u. a.: Zwischen Fibel und Lesebuch. Ein Unterrichtswerk zur Förderung der Lesefähigkeit (Schülerbuch, Arbeitsblock, Lehrerheft), Dortmund 1975

Bräuer, G.: Vom menschlichen Hören, in: Fuchs, P. (Hrsg.): Musikhören, Stuttgart 1969, S. 27–57

Daniels, J. C.: Kinder mit Lesestörungen, in: *Ingenkamp, K.* (Hrsg.): Lese- und Rechtschreibschwäche bei Schulkindern, Weinheim 1966, S. 24–29

Eggert, Dieter, Schuck, K. D. und Wieland, A. J.: Ergebnisse eines Untersuchungsprogramms zur kontrollierten Behandlung lese-rechtschreibschwacher Grundschüler, Teil I: Diagnose. In: *Valtin, Renate* (Hrsg.): Einführung in die Legasthenieforschung, Weinheim 1973

Friedemann, L.: Kinder spielen mit Klängen und Tönen, Wolfenbüttel/Zürich 1971

Fritze, Chr.: Untersuchungen zur Förderung auditiver Wahrnehmung bei lernbehinderten Sonderschülern, unveröff. Diplomarbeit, Päd. Hochschule Ruhr, Dortmund 1974

Fritze, Chr.: Schallquellen – Unterrichtsbeispiel zur Förderung der auditiven Wahrnehmung, in: Ztschr. Lehrmittel-aktuell, 1976, Heft 3, S. 35 f.

Frostig, M. und Lockowandt, O.: Frostigs Entwicklungstest der visuellen Wahrnehmung. FEW, deutsche Bearbeitung von O. Lockowandt, Weinheim 1974

Frostig, M. und Reinartz, A. u. *E.:* Visuelle Wahrnehmungsförderung, Übungs- und Beobachtungsfolge für den Elementar- und Primarbereich, 2. Auflage, Dortmund 1977

Geest, van der A. N. u. a.: Sprachaktivierung, Integrierte Übungsfolge zur Sprachförderung im Elementar- und Primarbereich, Dortmund 1974

Graumann, C.-F.: Nichtsinnliche Bedingungen des Wahrnehmens, in: Handbuch der Psychologie I/1, Göttingen 1966, S. 1031–1096

Günther, U. u. Gundlach, W. (Hrsg.): Musikunterricht auf der Grundstufe, Arbeitskreis Grundschule, Frankfurt 1974

Heyer, P., u. a.: Leselehrgang des Pädagogischen Zentrums, Einführung und Kommentar, Weinheim 1971, S. 27 ff.

Heyer, D.: Vorkurs zum Lesenlernen, Berlin 1973

Heyer, P.: Erstleseunterricht: Nicht als Trockenschwimmkurs, in: betrifft: erziehung 10/1973, S. 28–29

Heyer, D. und P.: Akustische Übungen zum Erstleseunterricht, Weinheim 1975

Holzkamp, K.: Die Entwicklung der kognitiven Fähigkeiten, in: betrifft: erziehung – Redaktion (Hrsg.): Familienerziehung, Sozialschicht und Schulerfolg, Weinheim 1971, S. 83–114

Katzenberger, L.: Schulanfänger und Lesenlernen, in: Schule und Psychologie 14 (1967), S. 345 ff.

Kagel, M.: Kinderinstrumente, Köln

Keller, W.: Ludi musici 2 Schallspiele, Boppard 1972

Keseling, G. u. a.: Sprach-Lernen in der Schule, Köln 1974

Knupfer, Karolus: Spiele mit Geräuschen zur auditiven Wahrnehmung, Stuttgart 1973

Kossow, Hans-Joachim: Zur Therapie der Lese-Rechtschreibschwäche, Berlin-Ost, 1972

Küntzel-Hansen, M.: Musik mit Kindern, Versuche mit Geräusch und Klang, Stuttgart 1973 (Anregungen zum Basteln von Geräuschinstrumenten, Seiten 27–38)

Meyer-Denkmann, G.: Klangexperimente und Gestaltungsversuche im Kindesalter, Wien 1970

Menzel, W.: Kreativität oder: Nicht jedes O ist rund, Spiele mit Sprache, Unterrichtsmodell 1. Schuljahr, in Ztschr. Praxis Deutsch, 5/74, S. 22–24

Nickel, H.: Entwicklungspsychologie des Kindes- und Jugendalters, Bd. I: Allgemeine Grundlagen. Die Entwicklung bis zum Schuleintritt, Bern/Stuttgart/Wien 1972, Bd. II, 1974

Niemeyer, H.: Bremer Hilfen für leserechtschreibschwache Kinder, Übungen zur Lautdiskrimination, Übungen zum Klanggedächtnis, Übungen zur Artikulation, didaktische und methodische Hinweise, Bremen 1975

Pech, K.: Hören im optischen Zeitalter, Karlsruhe 1969

Peukert, K. W.: Sprachspiele für Kinder, Stuttgart 1973

Piaget, J.: Das Erwachen der Intelligenz beim Kinde, Stuttgart 1969

Probst, W.: Musik in der Sonderschule für Lernbehinderte, 2. Auflage, Berlin 1976

Reinartz, E.: Förderung visueller Wahrnehmung – Verhinderung und Behebung von Lernschwierigkeiten, in Ztschr. Die Grundschule, Braunschweig 1973, Heft 4, S. 275–281

Reinartz, E.: Visuelles Wahrnehmungstraining und psychomotorische Förderung als prophylaktische Maßnahmen gegenüber Lernschwächen in der Schule, in: Rehabilitation Behinderter durch Förderung der Motorik, hrsg., v. G. Hesse, Berlin 1975, S. 91–115.

Reinartz, A. u. *E.:* Vorschulmaterialien und Arbeitsmittel für Sonderschulen und für Fördermaßnahmen, in: Ztschr. Lehrmittel aktuell, Braunschweig 1974, Heft 2, S. 2–17.

Reinartz, A. u. *E.:* Neuere Materialien für vorbeugende Maßnahmen und Förderung lese-rechtschreib-schwacher Kinder, in: Ztschr. Lehrmittel aktuell, Braunschweig 1975, Heft 4/75, S. 4 ff.

Reinartz, A. u. *E.:* Materialien zur Förderung der auditiven Wahrnehmung, in: Ztschr. Lehrmittel-aktuell, 1976, Heft 3, S. 37–40.

Rohracher, H.: Einführung in die Psychologie, Wien/Innsbruck 1965

Rubinstein, S. L.: Grundlagen der allgemeinen Psychologie, Berlin 1968

Schmalohr, E.: Zur akustischen Durchgliederungsfähigkeit als Voraussetzung des Lesenlernens bei 4- bis 6jährigen Kindern. In: Schule und Psychologie, 1968, S. 295–303

Schmalohr, E.: Frühes Lesenlernen, Heidelberg 1973

Schwartz, E.: Der Leseunterricht, Braunschweig 1964

Segler, u. a. (Hrsg.): Musikbuch – Primarstufe A, Hannover 1971

Stadler, U., Seeger, F., Raeithel, A.: Psychologie der Wahrnehmung, München 1975

Valtin, R.: Prinzipien für alternative Sprachförderungsprogramme. In: betrifft: erziehung 5/1972, S. 34–38 und 6/1972, S. 39–43

Valtin, R.: Empirische Untersuchungen zur Legasthenie, Hannover 1972

„Schalleigenschaften"

Unterrichtsbeispiel zur Förderung der auditiven Wahrnehmung

Von Christa Fritze

Schulart: Grundschule, Sonderschule
Schulstufe: Primarbereich
Fach: Sprache/Musik, Auditive Wahrnehmungsförderung
Lernbereich: Schalleigenschaften
Thema des Übungsabschnitts: Vergleich der Klangdauer von Wörtern
Medien: Hören – Auditive Wahrnehmungsförderung – Eine Beobachtungs- und Übungsfolge für den Elementar- und den Primarbereich, W. Crüwell Verlag, Dortmund 1976, Beispielband, Arbeitsblatt zu Übungsabschnitt 23, Tonbandgerät, Scheren
Lernziele: Die Kinder sollen die akustisch wahrnehmbare Länge eines Wortes im Vergleich herausfinden können; sie sollen auf einem Arbeitsblatt verschiedenen Bildzeichen, die Gegenstände mit unterschiedlicher Wortlänge darstellen, kurze oder lange Striche zuordnen können.
Die Verfasser der Beobachtungs- und Übungsfolge „Hören" gehen in ihren Überlegungen davon aus, in den Übungsabschnitten mehrere Ebenen der akustischen Umwelt des Kindes miteinander zu verbinden und diese in den verschiedenen Wahrnehmungsbereichen erfahrbar zu machen. Sprache, Musik, Zeichen, Experiment und Bewegung sollen in spielerischer Form miteinander kombiniert werden. Am Übungsabschnitt 23 aus dem Bereich III, „Schalleigenschaften" soll diese Konzeption verdeutlicht werden.
Während in Bereich I („Schallquellen – Schallerzeugung") der Übungsfolge die Kinder schrittweise die verschiedensten akustischen Materialien kennenlernen, erproben, benennen und ordnen, werden diese Erfahrungen in Bereich II „Schalleigenschaften" erweitert und vertieft.
Die Kinder lernen insbesondere Klänge, Geräusche und Sprache im Hinblick auf bestimmte Eigenschaften (laut/leise, lang/kurz), voneinander zu unterscheiden, zu benennen, zu ordnen, sowie bewußt und gezielt zu erzeugen.

Analyse des Inhalts und methodische Konsequenzen

Eine wesentliche Voraussetzung zum Lesenlernen ist die Fähigkeit,

Lautworte differenziert aufzufassen, akustisch zu gliedern und vergleichen zu können. Im Übungsabschnitt 23 sollen Wörter in bezug auf ihre Klangdauer verglichen werden. Verschiedene wissenschaftliche Versuche haben gezeigt, daß die Frage: Welches Wort klingt länger, „Haustürschlüssel" oder „Schiff", für viele Kinder zunächst wenig verständlich ist. Sie antworten: „Schiff" und geben dazu die Begründung, „das ist größer und länger. Da gehen viele Leute rein." Die Kinder reagieren demnach stärker auf den inhaltlichen Aspekt des Wortes und sind anscheinend nicht zur abstrakten Sprachbetrachtung fähig. Vorbereitende Übungen und die Übertragung der Eigenschaft Dauer auf Instrumentenklänge (Triangel, Becken, Holzstäbe) sowie die Umsetzung in Bewegung und die Verbindung zum Zeichen (langer und kurzer Strich) können wesentlich zum Aufgabenverständnis beitragen und eine distanziertere Sprachbetrachtung vorbereiten.

Lernvoraussetzungen

Die Kinder werden bereits in den Übungsabschnitten 4, 5 und 22 der Übungsfolge „Hören" mit der Dauer von Instrumentenklägen vertraut gemacht. Die Übertragung auf die Bewegung: Schleiche, so lange du den Klang hörst, und auf das Zeichen: langer und kurzer Strich, wurde ebenfalls schon vollzogen. Treten im folgenden Übungsabschnitt erneut Verständnisschwierigkeiten auf, sollte der Übungsleiter immer wieder auf den akustischen Längenvergleich zurückkommen. Eine weitere Hilfestellung zum Verständnis dieser Aufgabe kann durch gleichzeitiges Sprechen der Wörter gegeben werden. Das Kind, das das kurze Wort spricht (z. B. Licht) darf dieses so lange sprechen, wie es das lange Wort (z. B. Eisenbahnschranke) hört. Wichtig ist, daß sich die Wörter in ihrer Klangdauer klar unterscheiden. Vor der Bearbeitung des Arbeitsblattes 23 sollten zunächst gemeinsam die Bildzeichen benannt werden, damit keine Deutungsschwierigkeiten auftreten.

Übungsabschnitt 23

ᴖᴖ = Beispielband
▲ = methodischer Hinweis
● = weiterführende Übungen

Übungsverlauf

Übungsleiter erinnert die Kinder an die Spiele mit den langen und kurzen Klängen,

☐ fordert die Kinder auf, beim folgenden Hörbeispiel zu überlegen, ob sie einen langen oder einen kurzen Klang hören,

☐ spielt Tonbeispiel vor (Frauenstimme singt einen langen Klang auf sinnlosen Silben: malatanasa) ☙

Kind macht an der Tafel während des Hörens einen Strich, und ein anderes Kind darf dazu – wie in Übungsabschnitt 4 – so lange schleichen, wie die Stimme zu hören ist.

Kinder finden heraus: Das ist ein langer Klang. Wir können lange danach schleichen und malen einen langen Strich dazu.

Übungsleiter spielt das nächste Tonbeispiel vor (Frauenstimme – kurzer Klang: plepp) ☙

☐ gibt zwei Kindern schon vor dem ersten Hören den Auftrag, zum Tonbeispiel einen Strich zu malen bzw. während des Hörens zu schleichen.

Kinder stellen fest, daß man zu diesem Hörbeispiel nur einen kurzen Strich malen kann, man kann nur kurz dazu schleichen.

Z.B. Tafelzeichnung

Übungsleiter gibt nach dieser kurzen Wiederholung den Kindern etwa folgende Erklärung: Wie bei kürzer und länger klingenden Klängen gibt es auch beim Sprechen Wörter, die ganz kurz klingen – man bewegt den Mund nur kurz dabei, und Wörter, die länger klingen, ohne daß man sie gedehnt spricht. Man muß den Mund länger dabei bewegen.

Übungsleiter gibt ein Beispiel und fordert ein Kind auf, zu seinem Sprechen zu schleichen.

Kind spricht: Eisenbahnschranke.

Kinder finden heraus, daß es sich um ein längeres Wort handelt und ordnen es dem längeren Strich an der Tafel zu.

Übungsleiter demonstriert noch einmal die Länge des Wortes, indem er es über den langen Strich an die Tafel schreibt: Man muß auch lange schreiben! Z.B. Eisenbahnschranke.

Übungsleiter gibt ein weiteres Beispiel und wiederum dazu die Aufgabe, dazu zu schleichen,

☐ spricht: Hans.

Kinder finden heraus, daß es sich um ein kurzes Wort handelt. Man kann nur kurz dazu schleichen, und es paßt zum kurzen Strich.

Übungsleiter schreibt das Wort über den kurzen Strich mit dem Hinweis: Das Wort klingt kurz, man braucht nur kurz zu schreiben, z.B. Hans.

Übungsleiter spricht weitere Beispiele:

Arbeitsblatt 23.

Haustürschlüssel – Bett
Kamm – Kanarienvogel
Schiff – Schreibtischlampe usw.
Kinder nennen jeweils das längere (kürzere) Wort.
Übungsleiter verteilt *Arbeitsblatt 23.* Aufgabe: Die nebeneinanderliegenden Wörter sollen in ihrer akustischen Länge verglichen werden und mit dem langen oder kurzen Strich in Verbindung gebracht werden
Kinder benennen die Bildzeichen.
Übungsleiter bespricht mit den Kindern erstes Beispiel auf dem Arbeitsblatt.
▲ *Kinder* sprechen sich gegenseitig leise das Wort vor und entscheiden sich in Partner- oder Einzelarbeit für eine der Längen. Der passende Strich wird noch einmal nachgezogen und der nicht passende durchgestrichen.
● *Kinder* schneiden Bilder aus Katalogen und Zeitungen aus und kleben sie geordnet nach der Wortlänge auf.

Bemerkung: Nachdruck aus Ztschr. Lehrmittel aktuell (2) (Westermann-Verlag, Braunschweig), 1976, Heft 3, S. 35 ff.

Tab. 1

Optische Merkmale	Aufgaben	Lernziele	Methodische Arrangements
— quantitative Form mehr/weniger m, n; v, w; B P; M N, E F; f l; r n; ⨍ℓ; ℐℱ; ℬ℘; ℘ℛ	Was ist mehr/weniger?	Verschiedene Schriftzeichen sollen auf ihre Quantität hin unterschieden werden (hier: Mengenverhältnis)	• Mengenvergleiche aus der Umwelt • Würfelspiele; wer hat mehr/weniger? • Sprechspiele: z. B. Kofferpacken u. ä. • Ketten stecken: was ist mehr/weniger?
— qualitative Form groß—klein AA; O o; S s; ℓℯ; 𝒰𝓊; 𝒢𝓰; 𝒲𝓌; P p; 𝒰𝓋	Was ist größer/kleiner?	Verschiedene Schriftzeichen sollen auf ihre Qualität hin unterschieden werden (hier: Größenverhältnis)	• Vergleiche aus der Umwelt: optische: großes/kleines Spielzeug messen: mit Lineal, Zollstock; Schnur aufbauen: Türme aus Holzklötzen; Büchern; Joghurtbechern etc. • Buchstaben von verschiedener Größe aus Zeitschriften ausschneiden — aufkleben
— ähnliche Formen	Was ist gleich/anders?	• Gleiche Bilder; Figuren; Schriftzeichen sollen als solche erkannt werden • Veränderungen sollen erkannt werden	• gleichgroß; gleichalt; ~ farbig; ~ hell; ~ hoch — Legelottos: Bilder oder Buchstaben • Spiele in denen Situationen (Sitzordnung) oder Gegenstände verändert/verstellt werden
• Drehungen rechts—links d b; s z; p q	Was guckt nach rechts/links?	• Orientierungsrichtungen einer Fläche und den Zeichen sollen bewußt gemacht und unter- schieden werden	• Rechts-Links-Orientierungsspiele: Kreisspiele; z. B. . . . mein rechter Platz ist leer etc. • Umwelt: Rechtsverkehr; Kaffeemühle; Uhr; Fahrersitz etc. • Schneckenhaus; Spinnennetz malen
• Umkehrungen oben—unten d q; u n; M W; i j; a d; 𝒽𝓰	Was ist oben/unten?	• Orientierungsrichtungen einer Fläche bzw. an den Zeichen sollen bewußt gemacht und erkannt werden (Oberlängen—Unterlängen)	• Tatsächliche oder konstruierte Dinge aus der Umwelt beschreiben / oben—unten: im Raum; auf einer Fläche; an einem Zeichen Ratespiel: Ich sehe was, was du nicht siehst, und das ist oben (auf dem Schrank)
— symmetrische Formen • senkrechte Achse **A H M O V W** • waagerechte Achse **E B C H K** • Verdoppelungen ℓℓ; 𝑜𝑜	Was fehlt? Was ist 2mal da?	Das Fehlen einer symmetrischen Hälfte soll erkannt und das Fehlende ergänzt werden	• Spiegelbilder; ~ hälften • symmetrische Bilder abdecken • Suchbilder: Was fehlt?
— verschiedene Schriftformen • Schreibschrift-Druck ~ P 𝒫; O 𝒪; A 𝒜; a 𝑎; e 𝑒 • Druckschrift und deren Variationen **A ᴀ A Ā** • Groß- und Kleinbuch- staben 𝒢𝓰; K k; O o; P p; S s	wie oben bzw. entsprechend vorhan- denen oder selbst- erfundenen Spielregeln	Schreib- und Druckschriftzeichen sollen als teilweise ähnlich erkannt und richtig zuge- ordnet werden Abwandlungen sollen als zu einer bestimmten Form zugehörig erkannt werden Groß- und Kleinbuchstaben sollen als ähnlich erkannt und richtig zugeordnet werden können	• Konkrete Spielformen wie oben • Stempelkasten; Schreibmaschine Buchstabensammlung aus Zeitungen ausschneiden • Buchstabenkarten selber herstellen und Spiele erfinden: — paarweises Zuordnen — Legelotto — „Ziehen" wie beim Kartenspielen

Tab. 2

Akustische Merkmale	Aufgaben (Fragen)	Lernziele	Methodische Arrangements
— Wir hören Geräusche — Wir hören Sprache	• Was hört sich an wie? • Wie hört sich das an? • Wer spricht? • Wieviele sprechen? • Was wird gesprochen? • Wie wird gesprochen?	Es soll erkannt werden, daß Geräusche und Sprache gehört werden kann, und daß es qualitative und quantitative Unterschiede gibt	Von konkreten Geräuschquellen als akustische Reize zu sprachlichen Äußerungen: • Geräusche der Umwelt hören: Wer sie macht, Wie sie gemacht werden, Woher sie kommen (lokal) Wie sie sind: laut—leise lang—kurz • Geräuschspiele mit eigenen Spielregeln oder abgewandelten Regeln: z B. Ich höre was, wa du nicht hörst! • Spiele mit verbundenen Augen — Blindekuh — Hänschen piep mal — Jakobinchen wo bist du? — Topf schlagen etc.
— Wir hören Namen — Wir hören Wörter	Wie heißt du? Wie heißt das? Was ist das? Wieviel Namen/Wörter hörst du?	Es soll erkannt werden, daß Dinge Namen haben und daß Namen Wörter sind Aus quantitativen Aufzählungen soll die Anzahl der Wörter wiedergegeben werden können bzw. eine vorgegebene Anzahl soll in ebensoviele Wörter umgesetzt werden können	• Kindernamen • Namen = Wörter = Namen für Gegenstände — Konkreta/Abstrakta • Zahlen sind Wörter = Namen • Quantitative Anzahl (Spiele, z. B.) 2 Namen = 2 x klopfen etc. 4 Wörter = 4 x mit dem Fuß stampfen 3 Wörter = 3 Punkte malen • Umkehrung der Spiele: 2 Striche = 2 Wörter weitere Spiele erfinden
— Wir hören Sätze	Wieviele Wörter hat der Satz?	Es soll erkannt werden, daß ein Satz aus mehreren Wörtern besteht. Es soll herausgehört werden können, wieviel Wörter ein vorgegebener Satz enthält	• Zwei- und Mehrwortsätze suchen, sprechen lassen • ähnliche bilden • Anzahl symbolisch darstellen gegenständlich oder zeichnerisch • Sätze auf Tonband sprechen lassen und auf quantitative Anzahl hin analysieren • 2 Sätze auf ihre Wortanzahl hin unterscheiden: gleichlang / länger / kürzer • Sätze in der Länge auf-/abbauen, z. B. — Mach die Tür zu. — Mach bitte die Türz zu. — Mach doch bitte die Tür zu. — Mach die Tür doch bitte leise zu.
— Wir hören Wörter — hier ein- und mehrsilbige — quantitative Länge-	Welche Wörter sind gleichlang? Welches Wort ist länger/kürzer?	Die quantitativ-objektive Länge eines Wortes soll herausgehört werden können. Ganze Wörter sollen als ein- bzw. mehrsilbig erkannt werden.	• Kindernamen analysieren: — singen lassen (in Kinderpentatonik) E - va An-ne-gret etc. — klatschen; u. ä. — zeichnerisch darstellen • Wortbilder (Fotos) aus Zeitschriften ausschneiden lassen nach Silbenanzahl sortieren und zuordnen: VW-; Fenster; Käse; Bank; Mann; Brot; Haus Pullover; Fernseher; etc.
— Wir hören Wörter — hier einsilbige Wörter — qualitative Länge	Welches Wort klingt lang/kurz?	Einsilbige Wörter sollen auf ihre qualitative Länge hin unterschieden werden Langgesprochenen (—) bzw. kurzgesprochenen (•) Wörtern soll ein entsprechendes dynamisches Zeichen zugeordnet werden können	— (lang) z. B. Kuh; Mond; Schuh; Brief; Huhn • (kurz) z. B. Bett; Mund; Ball; Hund; STOP etc. — tatsächliche Gegenstände — Abbildungen — Spielkarten — Fotos aus Zeitungen — gesprochene Wörter
— Wir hören Wörter — hier zweisilbige Wörter — qualitativ-rhythmische Länge	Welches Wort klingt lang—kurz/kurz—lang? kurz—kurz/lang—lang	Zweisilbige Wörter sollen auf ihre unterschiedliche Klangdynamik hin unterschieden werden	Spiele: wie oben • — Turnschuh • — Schlittschuh — • Schere — • Flugzeug • • bitte • • Roller etc.
— Wir hören Laute — am Anfang — am Ende — in der Mitte	Was klingt am Anfang/am Ende/in der Mitte wie . . . ?	Ein spezieller Laut (Vokal; Umlaut oder dehnbarer Konsonant) soll als Stellungslaut herausgehört werden	— Vorübungen mit Vokalen — Kindernamen mit gleichen Anfangsbuchstaben E-va; Erika Ulla; Ulli etc. — dehnbare Konsonanten M-ichael M-onika — Nach Oberbegriffen — Gruppen mit gleichen Anlaut suchen Tiere: Esel; Elefant; Ente etc. Früchte; Eßwaren etc. — Bilder zu einem Anfangslaut sammeln F: Frosch; Feuer; fünf; Fallschirm; Fenster etc. — Unterscheidungsspiele — Paare bilden — ☐ ☐ ☐ → eintragen Anfang Mitte Ende lassen
— Wir unterscheiden Laute: — harte und weiche Verschlußlaute — stimmhaft—stimmlos	Was klingt (am Anfang) „weich"/„hart"?	Harte und weiche Verschlußlaute sollen als solche identifiziert und unterschieden werden. Ebenso stimmhafte von stimmlosen Konsonanten.	— b p; d t; g k durch Anlegen der Hand an den Hals kann ein stimmhafter von einem stimmlosen Laut unterschieden werden. — Spiele wie oben
— Mehr als ein Laut/Buchstabe klingen gleich — am Wortanfang — am Wortende	Was klingt am Anfang—Ende gleich?	Gleiche Buchstabenverbindungen (Konsonant—Vokal/Konsonant—Konsonant) am Anfang sollen herausgehört werden können sowie Endungen -en; keit; -ung etc.	• Montag — Dienstag etc. Zusammengesetzte Hauptwörter Sonnen-Brille Sonnen-Schirm Regen-Schirm • Blitz — Bluse; Hund — Hut; Schnee — Schnecke; Zweig — Zwiebel etc.
— Wir bauen Wörter auf — Bilderlexikon — Bilder-ABC	Lege mit dem Bilder-ABC das Wort . . . . . . (deinen Namen)	Die Laute/Buchstaben eines vorgegebenen Wortes sollen mit Bilder-ABC-Karten gelegt werden können Au - t - o	Bilder-ABC herstellen — für jeden Buchstaben ein Bild mit demselben Wortbild (Foto oder Zeichnung) — Ein- bzw. zweisilbige Wörter (Kindernamen) — keine Wörter mit orthographischen Schwierigkeiten, die vom Akustischen her nicht unterschieden werden können Wald; Riese; Eva